معجم مصطلحات التاريخ

تأليف
يحيى نبهان

2008

دار يافا للنشر والتوزيع

نبهان، يحيى

معجم مصطلحات التاريخ/ يحيى محمد نبهان .ــ

عمان: دار يافا العلمية ، ٢٠٠٧

(   ) ص

ر.إ : ٢٠٠٧/١١/٢٦٧٤

الواصفات : / التاريخ/ / القواميس/ /

* تم إعداد بيانات الفهرسة الأولية من قبل دائرة المكتبة الوطنية

جميع الحقوق محفوظة لدار يافا العلمية للنشر والتوزيع

جميع الحقوق محفوظة ويمنع طبع أو تصوير الكتاب أو إعادة نشره بأي وسيلة إلا بإذن خطي من المؤلف وكل من يخالف ذلك يعرض نفسه للمساءلة القانونية

الطبعة الأولى ، 2008

دار يــــافـــا العلمية للنشر والتوزيع

الأردن – عمان – تلفاكس ٠٠٩٦٢ ٦ ٤٧٧٨٧٧٠

ص.ب ٥٢٠٦٥١ عمان ١١١٥٢ الأردن

E-mail: dar_yafa @yahoo.com

إلى كل الذين يبحثون عن الحقيقة

إلى إخواني وأخواتي

في وطننا العربي الكبير

مقدمــــة

إن عمل القواميس ليس بالعمل السـهل، بـل يتطلـب جهـدا عظيما حتـى يستطيع الباحـث، أن يضـع أمـام أصحاب العلم كل ما توصل إليه، خلال حقبة من تاريخ حياته، ويختلف العمل المعجمي كل الاختلاف عن غيره مـن الأعمال الإبداعية التي يطرقها الدارسون في مجالات كتاباتهم، وهـذا الاخـتلاف لا يقـدره سـوى النفـر مـن الدارسـين الذين أقحموا أنفسهم في هذا المجال من العمل العلمي.

ومع ذلك فإني أعتقد أيضا أن كتابة القواميس يجب أن تضطلع بها لجان، لا أن تـترك لاجتهـاد الأفـراد، فهـؤلاء مهما بذلوا من جهد ومهما صرفوا من وقت، ومهما حاولوا التجرؤ، لن تأتي معاجمهم إلا صورة من تفكـيرهم الخـاص وتفضيلهم الشخصي ونزعاتهم المخفية.

وقد يقال الشيء الكثير عن قدم عهد هذا العلم منذ نشأته على يد الإغريق أو العرب أو الحضارات التي أوصلتنا علومها من خلال آثارها التي ما زالت باقية إلى الآن، فالتـاريخ جاءت مصطلحاته كلهـا أو جلهـا مـن صنع الجامعـات الأوروبية والأمريكية، والواقع أن تاريخ هذا العلم ومصطلحاته يرتبطان ارتباطا وثيقا بتاريخ أقسام التـاريخ وتطورهـا في هذه الجامعات، في وقت لم تكن فيه الصلة بين هذه المعاهد بعضها بـبعض صـلة قويـة وثيقـة أو سـهلة، فكانـت لكل مدرسة عدتها اللغوية الخاصة بها، كما كان لبعضها تفوق أو تخصص في فرع من فروع التاريخ مـما أدى إلى وفـرة قسم من المصطلحات وغناها في بعض اللغات عنها في الأخرى.

وأخيرا إن هذا العمل ليس سوى لبنة أولى توضع في المكتبـة العربيـة التـي مـا زالـت بحاجـة ماسـة إلى هـذه المعاجم. ومما لا شك فيه أنني بذلت من الجهد المتواضع ما يقارب الخمس سنوات في جمع هذه المصطلحات، وأنـا على يقين تام بأن أي عمل يقوم فيه الإنسان لا يمكن أن يخلو من هنات، وإن شاء اللـه يحسبه في ميزان حسناتي.

و اللـه من وراء القصد

المؤلف

حرف الألـف

الإبـداع، الابتـكار:

هي عملية ينتج عنها عمل جديد يـرضي جماعـة مـا، أو تقبلـه عـلى انـه مفيـد، ويتميـز الإبداع بالانحراف بعيدا عن الاتجاه الأصلي والانشقاق عن التسلسل العادي في التفكير إلى تفكير مخالف كلية ويتمثل الإنتاج الإبداعي في الأدب والموسيقى والتصوير والاختراع...... الخ.

الاتحاد:

هو انضمام بعض الأفراد والجماعات إلى بعضـها الـبعض لتحقيـق هـدف مشـترك كاتحـاد الطلبة واتحاد الدول.

الاتحاد الأفريقي الملاجا شي:

هو اتحاد بين عدد من الدول الأفريقية قام في ١١/ سبتمبر: ١٩٦١م، بعد عقد سلسلة مـن المؤتمرات اشتركت فيها ثلاث عشرة دولة جميعها تقريبا من المستعمرات الفرنسـية التـي أعلنـت استقلالها في نفس التاريخ والهدف منه تنظيم التعاون بين هذه الدول والارتبـاط بميثـاق الـدفاع المشترك، وهذه الدول هي: ((السنغال، أفريقية الوسطى، الكونغو برازافيـل، الكنغـو بولـد فيـل، (كانت مستعمرة بلجيكية)) داهومي ساحل العـاج، الكـاميرون، النيجـر، توجـو، جـابون، تشـاد، موريتانيا، ثم، مدغشقر ((مالا جاشي)) وجعلت فرنسا من الاتحاد وسـيلة لبسـط سـيطرتها عـلى مستعمراتها.

اتحاد تعاهدي:

هو نظام من الأنظمة الدولية نشأ بقيام اتحاد بين دولتين أو اكثر، بمقتضى معاهدة بيـنهما لرعاية المصالح المشتركة في المحيط الدولي لمنع

الحرب أو الدفاع المشترك بينها (ويتميز هـذا النظـام الـدولي بـأن كـل دولـة مـن الـدول الأعضاء تحتفظ بسيادتها الداخلية والخارجية).

اتحاد الدول العربية المتحدة:

اتحاد كونفدرالي قام بين الجمهورية العربية المتحدة (مصرـ وسوريا) علـى ميثـاق وقع بدمشق في ٨/ مارس/ ١٩٥٨م وكان يتكون الميثـاق مـن ثـلاث أبـواب بنـاء و (٣٢) مـادة، نصت المادة الأولى: على تكوين هذا الاتحاد الذي يشمل كذلك الدول العربية التي تقبل الانضمام إليه.

ونصت المادة الثانية: على أن تحتفظ كل دولة بشخصيتها الدولية وبنظام الحكـم الخـاص بها، وجاء في الباب الثاني من الميثاق على أن شؤون الاتحاد ويشرف عليه مجلس أعلى يتألف من رؤساء الدول الأعضاء، ويعاونه مجلس يسمى مجلس الاتحاد، ويتشكل مـن عـدد متسـاوي مـن ممثلي الدول الأعضاء، وتتكون رياسة مجلس الاتحاد سنويا بالتناوب بين الـدول الأعضاء ويشبه هذا التنظيم الاتحاد الفيـدرالي مـن حيـث انـه ألغـي التمثيـل السـياسي بـين أعضـائه وقـرر أن العلاقات بـين الـدول الأعضـاء تنظمهـا القـوانين الاتحاديـة لا المعاهـدات وانفـض هـذا الاتحـاد (١٩٦٢م).

الاتحاد الدولي لجمعيات الصليب الأحمر والهلال الأحمر:

نشئ عام ١٩١٩م في باريس - فرنسا واستقر عام ١٩٣٩م في جنيف، ويهدف إلى المسـاعدة في تنمية الجمعيات الوطنية الأعضاء في الاتحـاد والتنسيق بيـنهما في الإغاثـة الدوليـة في حـالات الكوارث الطبيعية والحروب.

اتحاد دولي:

هو عبارة عن هيئة متخصصة تنشأ بمقتضىـ اتفـاق بـين عـدد مـن الـدول لفـرض تنسـيق المصالح المتعارضة لهذه الدول في شأن من شؤونها بما يكفل تحقيق المصالح الذاتيـة لكـل منهـا، وقد أصبحت الحاجة إلى تكـوين هـذه الاتحـادات ضروريـة منـذ أن تطـورت العلاقـات الدوليـة وازدادت دول العالم

تقاربا، وكانت الخطوة الأولى نحو تحقيق هـذه الغايـة هـي تنظيم المؤتمرات المفتوحة لاشتراك الدول الراغبة في بحث المسالة التي يناقشها المؤتمر والخروج من ذلك إلى إقرار توصيات وعقد اتفاقيات يوقعها الأعضاء عن رضا دون حفظ أو إلزام، وعندما نشبت الحرب العالمية الأولى عام ١٩١٤ كان عدد الاتحادات الدولية قد ارتفع إلى (٥٠) اتحادا التزمت بعدة اتفاقيات، منها الاتحاد الدولي للتلغراف والاتحاد الدولي للبريد،واتحادات للتعريفة الجمركية، ولحماية الملكية الصناعية وللعلاقات الخارجية التجارية وللمكاييل والموازيين والحجر الصحي.

اتحاد العمال العرب:

يعرف باسم" الاتحاد الدولي لنقابات العمال العرب" وهو اتحاد يضم اتحادات العمال في الدول العربية، وتشمل الأردن، الجزائر، السودان، عدن، العراق، الكويت، سوريا، فلسطين، لبنان، ليبيا، تونس، المغرب، كما يشترك في المؤتمرات التي يعقدها مراقبون من اليمن وأرتيريا وغيرها.

اتحاد قومي:

هو هيئة شعبية قامت عام (١٩٥٩) بناء على نص في الدستور المؤقت للجمهورية العربية المتحدة لعام (١٩٥٦م) جاء فيه ((يكون المواطنون اتحادا قوميا للعمل على تحقيق الأهداف التي قامت من اجلها الثورة، وحث الجهود لبناء الأمة بناء سليما من النواحي السياسية والاقتصادية والاجتماعية)) وقد جاء إنشاء الاتحاد القومي تطويرا للتنظيم الشعبي الذي هو ((هيئة التحرير)) التي تكونت عام (١٩٥٣م).

اتفاق الهدنة:

هو اتفاق بين دولتين متحاربتين أو اكثر، ينسق إبرام معاهدة الصلح بينهما ويتقرر بمقتضاه وقف القتال كما يتقرر بموجبه الإجراءات والشروط التي تتبع إلى أن يتم الاتفاق على شروط الهدنة النهائية، ومثال ذلك اتفاق الهدنة

بين الحلفاء وألمانيا الذي أنهى عمليات الحرب العالمية الأولى، ووقع في ١١/نوفمبر/١٩١٨م، بينما وقعت معاهدة الصلح المعروفة باسم معاهدة فرساي في ٢٨/يونيه/ ١٩١٩م، والى أن يتم توقيع معاهدة الصلح تعتبر الدولتان أو الدول ما زالتا حالة في حرب مع أن العمليات الحربية بينهما قد توقفت.

اتحاد فويبص:

هي مجموعة من الشركات الأوروبية شكلت فيما بينها اتحادا سمي بهذا الاسم إضافة إلى وزارة الطاقة والثروة المعدنية الأردنية.

اتفاقية:

هو اتفاق بين دولتين أو عدد من الدول مبرمة في شان من الشؤون تترتب عليه نتائج قانونية، ويرى بعض فقهاء القانون الدولي إن اسم "اتفاقية" يقتصر على الشؤون السياسية والمسائل الحيوية الهامة، وفي هذه الحالة يفضلون استخدام اسم " المعاهدة" ولكن التفريق بين المعاهدة والاتفاقية ليس له نتائج عملية، ومن المسائل التي تنظمها الاتفاقيات الدولية الشؤون الاقتصادية والثقافية ونحوها كتسليم المجرمين أو تبادل الأساتذة والطلبة أو دفع الديون والتعويضات مثلا.

اتفاقية الحكم الذاتي:

اتفقت بريطانيا ومصر على وضع السودان تحت الحكم الثنائي،على أن يكون الحاكم العام للسودان بريطانيا،وان تلغي الامتيازات الأجنبية في السودان،وان تقوم الحكومة المصرية بالاتفاق على المشروعات العامة في السودان.

إتلاف أو تخريب:

اعتداء العمال على أدوات العمل أو السلع وإلحاقهم الضرر بالمحل بهدف تعطيل المحل مؤقتا والأضرار بصاحب العمل حتى يرغم على التساهل والتفاهم معهم والإتلاف من الجرائم التي يعاقب عليها القانون.

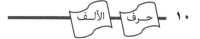

أثنولوجيا:

علم يهتم بتصنيف الشعوب على أساس خصائصها ومميزاتها السلالية والثقافية، وتغير توزيعها في الوقت الحاضر أو في الماضي كنتيجة لتحرك هذه الشعوب واختلاطها وانتشار الثقافات، ولقد كانت الكلمة ولا زالت أحيانا تطلق كمرادف لعلم الأنثروبولوجي.

أثيوبيا

كلمة في وصف الأجناس التي لا تمت بصلة إلى أثيوبيا بمعناها السياسي المعروف حاليا كدولة، إنما هي نسبة إلى أثيوبيا القديمة التي كانت تشمل في أفكار الإغريق المنطقة الممتدة من النوبة حتى الجنوب إلى غير حدود واضحة في أذهانهم، وهي مجرد تسمية لسلالة تسكن شرق أفريقية.

أثيوبيا هي الترجمة اليونانية للكلمة توش التي وردت في الكتاب المقدس وفي هذا اصله بالقديم.

الإجارة:

عقد يلزم فيه المؤجر بتمكين المستأجر من الانتفاع بالشيء المؤجر إلى اجل معين مقابل اجر معلوم وينظم القانون عادة العلاقة بين المالك والمستأجر.

الإجراءات:

يراد بها المعنى الواسع فرع من علم القانون خاص بقواعد النظام القضائي واختصاص المحاكم وتحقيق القضايا وتنفيذ الحكام، وبالمعنى الضيق مجموع الأعمال التي يجب القيام بها للوصول إلى حل قضائي ومن الناحية الإدارية العمليات والوسائل التي يتكون منها نظام العمل وتوضع عادة خريطة لإجراءات العمل وتبين تتابع العمليات التي تتكون منها إجراءات العمل.

الأجرة والمرتب:

كل ما يصرف للعامل نظير العمل الذي يقوم به، وتقرر عادة فئة الأجرة لكل وظيفـة مـن الوظائف، وقد توضع شرائح للأجور لتحديد الحد الأدنى والحد الأعلى للأجـور التـي تعطى لكـل فئة من فئات العاملين في المنشأ حسب كفاءتهم وقدراتهم.

الاحتكار:

مصطلح اقتصادي يعنـي سـيطرة منتـج واحـد فـردا كـان أو شركـة علـى إنتـاج سـلعة أو تسويقها بقصد تحقيق ربح ممكن ومن باب التحكم بهذه السلعة لغرض غير إنسـاني، وكثـير مـا يؤدي ذلك إلى استغلال المستهلك بفرض ثمن مرتفع لا يملك إلا قبوله.

وقد ينشأ الاحتكار في صناعة من الصناعات لنمو أحد المشروعات نموا كبيرا واستيلائه علـى المشروعات الأخرى بدمجها في المشروع الكبير، وهو ما يعرف باسم ((الترست)) وقد ينشأ الاحتكار في بلد معين أو في مجموعة من الدول باتفاق بين المشروعات في صناعة معينة على تحديد الثمن أو تقسيم الأسواق فيما بينهم، ويعرف ذلك باسم ((الكارتل)) وقد يكون الاحتكار شراء(طلـب) يتآمر المحتكرون على بخس أثمان المواد الخام التي تنتجها البلاد النامية.

الاحتلال:

يقصد بالاحتلال في القانون الدولي قيام إحدى الـدول بالاستيلاء علـى أراضي دولـة أخـرى وفرض سلطتها عليها.

الإحساس:

هو العملية التي تنشأ عن تأثر أعضاء الحس بالمنبهات الخارجية ويمر الإحساس في مراحل ثلاث.

١- مرحلة فزيقية وهي المؤثرات الفيزيقية كالضوء والحرارة.... الخ التي تنبعث عن الأشياء الخارجية وتصل إلى أعضاء الحس.

٢- مرحلة فسيولوجية: ويتم في هذه المرحلة تأثر أعضاء الحس، ثم انفعال أعصاب الحس العامة أو الخاصة ووصول الإثر إلى المراكز العصبية.

٣- مرحلة نفسية وهي الشعور بهذا الإثر ولا يتم الإحساس إلا في هذه المرحلة.

الإحصاء:

علم يبحث في طريقة جمع الحقائق الخاصة بالظواهر العلمية والاجتماعية التي تمثل في حالات أو مشاهدات متعددة وفي كيفية تسجيل هذه الحقائق في صورة قياسية رقمية وتلخيصها بطريقة يسهل بها اتجاهات هذه الحقائق وعلاقات بعضها ببعض والقوانين التي تسير تبعا لها.

إحصاء اجتماعي:

هو مجموعة البيانات الرقمية النوعية التي تحصل عليها أجهزة الدولة المختصة عن الظواهر الاجتماعية للسكان وتشمل: الحالة الصحية فيتضمن الإحصاء بيانات مجدولة عن ذوي العاهات المستديمة " كالعمى" وعدد الإصابات بالأمراض المعدية ونسبة الوفيات وعدد المستشفيات والأطباء والمشتغلين بالخدمات الصحية،ثم الحالة الزوجية وتشمل عدد العزاب والمتزوجين والمطلقين والأرامل والحالة العقائدية، وتشمل ديانات المواطنين والحالة المعيشية وتوزع السكان على المهن والحرف المختلفة بما في ذلك الوظائف العامة والحالة المعيشية ونسب المتعلمين والأميين والطلبة في مختلف مراحل التعليم وعدد المدارس والمعاهد موزعة توزيعا جغرافيا على الإقليم، بيانات عن المحاكم ودرجاتها والجرائم والجنح والمخالفات والسجون والمسجونين وغير ذلك من الظواهر الاجتماعية.

إحصاء اقتصادي:

هو مجموعة البيانات الرقمية المجدولة التي تهدف إبراز الحقائق ذات الأهمية بالنسبة للنشاط الاقتصادي في إقليم الدولة، وعلى أساسها تخطط برامج الاقتصاد القومي لا سيما في الدول الاشتراكية، التي تقوم منها أجهزة الدولة ومؤسسات القطاع العام بالجانب الأكبر من هذا النشاط وفضلا عن البيانات ذات الطابع الاقتصادي البحت، فان الدراسات الاقتصادية تعتمد لحد كبير على الإحصاءات السكانية كالهجرة الخارجية والداخلية والحالة الصحية والحالة العلمية للسكان.

إحصاء سكاني:

هو الإحصاء الحيوي الذي يقصد فيه البيانات العددية عن السكان عامة في إقليم الدولة أو تفصيلا بالنسبة إلى وحدتها الإدارية الداخلية، فهو يشمل حصر عدد السكان على أساس الجنس والمواليد والوفيات ومتوسطات السن والكثافة (أي متوسط التجمع في الميل الواحد) وحركة الهجرة الخارجية والداخلية بين المدن والريف مثلا ونسبة المواطنين والمستوطنين والأجانب.

أحلاف عسكرية:

معاهدات تحالف ذات طابع عسكري تبرم بين دولتين أو اكثر للتعاون في تنظيم الدفاع المشترك بينهما والواضح أن الأحلاف العسكرية تبرم بين دولة كبرى وبعض الدول الصغرى التي يدخل في دورها بأنها مهددة بخطر خارجي، فبذلك تفرض الدولة الكبرى سيطرتها عليها سواء في وقت السلم أو في الحرب، وتتضمن هذه المعاهدات إنشاء تحالف عسكري ونظام للدفاع المشترك والاحتفاظ بقواعد عسكرية في أراضي الدولة الصغرى مع السماح للدولة الكبرى بحرية استخدام الموانئ والمطارات والمواقع الاستراتيجية، لهذا

كانت سياسة الأحلاف العسكرية الثنائية و المعاهدات التي عقدتها الولايات المتحدة الأمريكية مع المملكة العربية السعودية عام ١٩٥١م واستأجرت بمقتضاه قاعدة الظهران، ومع المملكة الليبية وأعطت الحق بمقتضاه في إقامة قواعد عسكرية في ولايتي طرابلس وبرقة، وفي المملكة المغربية وهي التي منحت الولايات المتحدة حق إقامة عسكرية بحرية وجوية لها على ارض المغرب.

أحوال المعيشة:

تتضمن أحوال معيشة الفرد، ما يتمتع به من مسكن ومأكل وملبس وتتحدد عادة بمستوى دخلة وبالبيئة التي يعيش فيها وبالطبقة الاجتماعية التي ينتمي إليها.

إخاء:

هو أن تعامل غيرك بمثل ما تود أن يعاملك.

الاختبار:

هو مجموعة من الميراث (أسئلة شفوية أو كتابية أو صور أو رسوم) أعدت لتقيس بطريقة كمية أو كيفية سلوك ما.

اختلال اتزان النظام البيئي:

تغير في مكونات النظام البيئي الحية وغير الحية، وما يعقب ذلك من تغير في العمليات التي تحدث في النظام والمنتجات التي يكونها.

الأخلاق:

علم يدرس سلوك الإنسان، ويحكم على صحة هذا السلوك أو خطأه.

الإدارة اللامركزية:

هي توزيع بعض السلطات أو صلاحيات الدولة على المحافظات بحيث تقوم كل محافظة بإدارة شؤونها بنفسها دون الرجوع إلى الإدارة المركزية

الإدارة المركزية:

هي الجهاز الحكومي الموجود في العاصمة الذي يتولى جميع الأعمال الإدارية المتعلقة بالخدمات العامة مثل التعليم والمياه والكهرباء... الخ وتكون كافة الصلاحيات بيدها وحدها.

الإدراك الحسي:

عملية عقلية بها نعرف العالم الخارجي وهي تعتمد على الاحساسات المباشرة بالإضافة إلى مجموع العمليات العقلية المختلفة مثل التذكر والتخيل والحكم.

الادخار:

المبالغ التي يحتفظ بها للاحتياط أو للاستثمار عندما تفيض دخولهم على ما ينفقون على الاستهلاك.

آدم سميث:

من كبار المفكرين الاقتصاديين، من أصل استكلندي، درس بجامعة جلاسجو، ونشر كتاب له في طبيعة و أسباب ثروة الأمم (١٧٧٦م) ويعرف اختصارا باسم " ثروة الأمم" وهو يعد أساس علم الاقتصاد الحديث.

الإدماج:

هو التخلي والبعد عن المواضيع المنفردة، ومحاولة دمج الدروس الاجتماعية أو صهرها في ميدان واحد.

اذونات الخزينة:

وهي قروض قصيرة الأجل تتراوح مدتها من (٣٦) شهور، تعرض على البنوك عن طريق مناقصة ويكتتب فيها البنك الذي يمنح القرض للحكومة بأحسن الشروط وتستخدم الاذونات أما لمواجهة حالة عجز مؤقت في ميزانية الدولة أو كغطاء لإصدار أوراق النقد لتمويل المشروعات الإنتاجية في المرحلة الأولى من تنفيذها قبل أن تقدر تكلفتها.

الإرادة:

وهي الشعور بالغرض الـذي يريده الإنسـان والتصميم عـلى تحقيقـه والإرادة في ضوء الاعتبارات الخلقية، نشاط يومي يرمي إلى حل الصراع بين عـدة غايـات بتغليب الغاية التي يلازمها الشعور بالواجب والالتزام على سواها من الغايات التي تبعثها الشهوة وحرية الإرادة في الفلسفة الأخلاقية تتخذ اتجاهين:

١- اتجاه يرى أن الإنسان هـو المسؤول عـن أفعالـه وان سـلوك الفرد مستقل عـن المؤثرات الخارجية أو الداخلية.

٢- واتجاه يقوم على فكرة الحتمية ويرى أن الفرد لا يملك حرية الاختيار بمعناها الكامل.

الاردوفيشي:

يشبه كثيرا التكوينات الكمبرية ويمتاز بأنواع الجيرابتوليت والتريلوبيت التـي تكثر بـين طبقاته وفيها أيضا الشعاب المرجانية والقنافذ البحرية وبعض الحيوانات المحاربة.

الإرساليات التبشيرية:

١- هي عبارة عن طريقة فكرية استعملتها فرنسا لتعزيز نفوذهـا السـياسي في مصر- وبـلاد الشام.

٢- هي عبارة عن بعثات دينية هدفها الظاهري نشر المذهب البروتستانتي بين المسيحيين الشرقيين، والشعوب الوثنية في إفريقيا وآسيا، وأما هدفها الحقيقي فهو التمهيد للاستعمار من الناحيتين الدينية والثقافية.

الأرستقراطية:

١- كلمة يونانية تعني سلطة خواص الناس، وفي العلوم السياسية تعني الحكم بواسطة خير المواطنين لصالح الدولة، وكفكره سياسية تدين في تكوينها لأفلاطون في كتاب الجمهورية إذ كان يكره الحكم الديمقراطي ويرغب أن يحكم البلاد طبقة من الأرستقراطيين أو كما يسميهم ((بالطبقة الذهبية)) ولكن مفهوم أفلاطون للروح الأرستقراطية مفهوم قيمي لا طبقي. وقد صنفها أرسطو ضمن النظم السياسية وحددها بأنها سلطة الحكماء التي لا تلبث أن تنحط وتصبح اوليفارشية أي حكم بعض الأسر التي ترتكز تاريخيا على الأراضي المملوكة والموروثة.

٢- نظام سياسي يتميز بان يتولى الحكم تبعا له طبقة من النبلاء أو أفراد من الطبقة الخاصة ويكون احتكار منهم، وأرستقراطية كلمة يونانية مكونة " دو ممتاز وحكم" والحكم الأرستقراطي مبني على أساس أن بعض الأفراد اصلح من غيرهم للسيادة، وإبراز عيوبه الميل إلى الاستبداد وعدم تمثيل الإرادة الشعبية، ويعتبر هذا النظام من الناحية التطبيقية معدوما.

الازدحام:

زيادة في المجتمع أو الاحتشاد بدرجة شديدة وغير طبيعية وقد يحدث الازدحام في المواصلات وكما قد يحدث في الأرض بين زيادة كثافة السكان وازدحام المساكن بمجاورتها البعض للبعض دون أن يتخلل بينها الفراغ الكافي

أو الازدحام في الغرف بزيادة متوسط عدد الأفراد الذين يقيمون في الغرفة الواحدة.

الأزمة:

يقصد بالأزمة من الناحية الاجتماعية توقف الحوادث المنتظمة والمتوقعة واضطراب العادات والعرف مما يستلزم التغير السريع لإعادة التوازن ولتكوين عادات جديدة اكثر ملاءمة والأزمة الاقتصادية هي اضطراب في الحالة الاقتصادية العادية أي في التوازن الاقتصادي، أما الأزمات النفسية فقد تنشأ عن الحرمان الشديد وتنطوي على الانفعالات العنيفة.

الاستبداد:

هو عبارة عن سيطرة مجموعة أو فرد على شعب، ويقع عليهم الظلم نتيجة لذلك.

الاستبداد السياسي:

انفراد الحاكم بإدارة شؤون الدولة دون إشراك ممثلين عن الشعب في المناقشة أو اتخاذ القرارات العامة أو اخذ رأيهم في المسائل المتعلقة بهم.

استثمار:

١- مصطلح اقتصادي يقصد به: توفير أدوات الإنتاج التي تستخدم بقصد إنتاج سلع الاستهلاك أو أدوات إنتاج جديدة، على أن الحافز على الاستثمار في ظل النظام الرأسمالي ينبثق من الأرباح وسعر الفائدة.

٢- هو اصطلاح تكوين رأس مال جديد ينفق لزيادة الطاقة الإنتاجية لسلع ذات قيمة اقتصادية، فكل استثمار يعني زيادة في رأس المال القومي، والهدف من الاستثمار هو الحصول على عائد أو ربح سواء في المرحلة الإنشائية للمشروع كاستصلاح الأراضي الزراعية أو في الإنتاج الفعلي

للمشروع، وقد يكون الاستثمار غير مباشر كما في حالة شراء سندات حكومية تستخدم الحكومة حصيلتها في القيام بمشروعات اقتصادية، غير أن الدولة لا تقيس صلاحيات المشروعات التي نضطلع بها وتستثمر أموالها فيها دائما بما تحققه من أرباح، فقد يكون الغرض منها مثلا مكافحة البطالة بتشغيل الأيدي العاملة خلال فترات الكساد في تعبيد الطرق وشق الترع وإقامة السدود ومد الخطوط الحديدية وأسلاك التلفون وإقامة مولدات الطاقة الكهربائية، وغير ذلك من المرافق العامة التي تساعد في النهاية على ازدهار النشاط الاقتصادي.

الاستراتيجية:

هي العلم أو الفن الذي بموجبه تجند كافة إمكانات الدولة للوصول إلى الهدف.

الاسطرلاب:

هو آلة حاسبة وجهاز لقياس الزوايا تطور مع الزمن إلى آلة السدس المستعملة حاليا في البحر والجو وقد عدله الفزاري وجعله مناسبا للتقويم الهجري ويستفاد منه في معرفة أوقات الصلاة وله وجهان الأول يحمل ذراعا مرتكزة في وسطه ودائرة مدرجة لقياس الزوايا بالنسبة للنجوم والثاني يحمل شبكة مثقبة تمثل النجوم في السماء بحسب دائرة عرض معين للرصد.

الأسطورة:

هي المعتقدات المشبعة أو المحملة بالقيم والمبادئ التي يعتنقها الناس والتي يعيشون بها أو من اجلها ويرتبط كل مجتمع بنسق من الأساطير يعبر عن الصور الفكرية المعقدة التي تتضمن في الوقت نفسه كل نواحي النشاط الإنساني.

الاستعمار:

١- ظاهرة سياسية اقتصادية وعسكرية ظهرت بظهور الإمبراطوريات منذ العصر القديم آشور وبابل وفارس، وظهرت في أوروبا في العصر الحديث بظهور القوميات وحركة الكشوف الجغرافية وقيام المذهب التجاري، متأثرة في أصولها الفكرية برواسب الفلسفة الارسطية في العقلية الأوروبية حيث نبرة استعلاء الجنس الآري وتميزه وان من عداه فهو عبد وله عقلية العبيد وينبغي أن يعامل بما تعامل به البهائم، وقد عبر عن هذه النظرة الشاذة المتطرفة" ردياروكنج" في العصر الحديث بقوله: أن غير الأوروبي هو من السلالات الأدنى التي لا قبل لها بالقانون فكل من لم يكن ابيض أو بريطانيا فهو مرتبة أدنى، وتتجسد الظاهرة الاستعمارية في قدوم موجات متتالية من سكان البلدان الاستعمارية إلى المستعمرات قبل الاحتلال أو بعده بقصد الهيمنة على الحياة الاقتصادية والثقافية، واستغلال ثروات البلاد، وترافق هذه الظاهرة حملات عسكرية، ويأخذ الاستعمار أشكالا عدة منها الاستعمار الاستيطاني، والاستعمار الجديد وغيرها.

٢- هو تسلط دولة على بلاد غير بلادها الأصلية، من اجل استغلال ثروة هذه البلاد الاقتصادية، وتعمل الدولة المستعمرة على بسط نفوذها السياسي على البلاد المستعمرة من اجل تحقيق أهدافها، ويتخذ أشكالا متعددة منها الاحتلال العسكري المباشر والغزو الفكري عن طريق نشر لغة وفكر الدولة المستعمرة أو صورة اتفاقات سياسية أو شكل سياسة عنصرية مثل سياسة البيض ضد السود في دولة جنوب أفريقيا.

استعمار جديد:

١- هو فرض السيطرة الأجنبية من سياسية واقتصادية على الدولة مع الاعتراف باستقلالها وسيادتها، دون اللجوء إلى الأساليب الاستعمارية

التقليدية. ويطلق عليه اسم الإمبريالية الجديدة، ويستخدم وسائل جديدة وحديثة لتماشي المعارضة الشعبية أو الرأي العام، وذلك عن طريق عقد الاتفاقات بناء الجسور والمطارات وإعطاء المنح والقروض وذلك من اجل التدخل مستقبلا في شؤونها من كثرة الديون المتراكمة عليها، وبهذه الطرق والأساليب المختلفة تستطيع فرض السيطرة على البلاد.

٢- ظهر بعد الحرب العالمية الثانية وهو فرض السيطرة الأجنبية سياسية واقتصادية وثقافية على دولة ما مع الاعتراف باستقلالها وسيادتها من غير الاعتماد في تحقيق ذلك على أساليب الاستعمار التقليدية وأهمها الاحتلال العسكري والأمر الوحيد الذي تغير هو أن الدول الاستعمارية قد ابتكرت طرائق جديدة ومموهة تتميز عن النظام السابق بأنها لا تؤدي إلى ضم الأقاليم المستعمرة إليها، بل تكتفي بممارسة السيطرة عليها بطريقة غير مباشرة مثل الولايات المتحدة الأمريكية التي تميزت بهذا النظام الجديد.

الاستعمار القديم:

ظاهرة قديمة بدأت على شكل موجات تشبه النزوح، ثم أخذت صورة الغزو السياسي والعسكري الذي دمر الشعوب وضرب أراضيها، وطرد الشعوب من أراضيها وإجبارهم على العمل بالزراعة.

الاستفتاء العام:

وهو في القانون الدستوري استفتاء أفراد الشعب في بعض الأمور العامة أو مسألة معينة بالتصويت عليها.

الاستقراء:

١ – عملية فكرية ينتقل فيها الفكر والذهن من ملاحظة الأمثلة الخاصة أو الحقائق المحسوسة إلى القاعدة العامة.

٢ – هو انتقال من الحكم على أفراد أو جزيئات إلى الحكم الكلي أو التعميم على جميع الفئات التي ينتسب إليها الأفراد.

٣ – هو دراسة وتفحص حالات فردية لموضوع ما، أو حالة معينة أو ظاهرة بعينها، ثم استنتاج حكم عام ينطبق على جميع أفراد الموضوع، أو الحالة أو الظاهرة.

الاستقراء التام:

١- هو إصدار حكم كلي على موضوع ما، بعد أن نكون قد درسنا جميع الحالات الفردية فيه.

٢- هو أن ندرس جميع حالات ظاهرة ما أو موضوع معين، ثم نستنتج الحكم العام.

الأسرة:

هي الخلية الأولى في المجتمع العربي الإسلامي، إذ تتكون من الزوج والزوجة وأبنائها ويعيشون معا في منزل واحد.

استيطان:

يعد من اقدم أشكال الاستعمار إذ تتوافر في هذه المستعمرات نسب كبيرة من المستعمرين بسبب الهجرة من البلد الأم لاستغلال ثروات هذه المستعمرات والإقامة فيها.

احمد بن بللا:

ولد سنة(١٩١٩م) في وهران وتعلم بتلمسان، والتحق بخدمة الجيش الفرنسي ورقي إلى درجة ضابط صف، واسهم في معارك الجبهات الفرنسية والإيطالية في أثناء الحرب العالمية الثانية، وانتخب عام (١٩٤٦م) بمجلس بلدية (مرتبة) نائبا عن حركة انتصار الديمقراطيات، وعين قائد لولاية وهران، واشترك مع الزعماء الجزائريين الذين أعلنوا الثورة المسلحة لتحرير الجزائر عام (١٩٥٤م) وعين رئيسا للجزائر بعد الاستقلال عام(١٩٦٣م).

احتلال عسكري:

هو اقدم أشكال الاستعمار التي عرفتها البشرية بوصفه نوعا من السيادة السافرة التي لا تحتاج إلى التستر لأن القوة وحدها هي الفيصل بين الشعوب الضعيفة والقوية.

الأسرة:

هي الوحدة الاجتماعية الأولى التي تهدف إلى المحافظة على المجتمع البشري وتقوم على المقتضيات التي يرتضيها العقل الجمعي والقواعد التي تقررها المجتمعات المختلفة ويعتبر نظام الأسرة نواة المجتمع لذلك كان أساسا لجميع النظم وتختلف النظم العائلية في جميع مظاهرها باختلاف الجماعات كما يختلف نظامها، فأحيانا يتسع حتى يشمل جميع أفراد العشيرة كما هو الحال في العشائر الطوطمية وأحيانا يشمل الزوج والزوجة وأولادهما الصغار كما تضم المتزوجين منهم وصغارهم، وأحيانا يضيق حتى لا يتجاوز نطاق الأب والأم وأولادهما الصغار كما هو الحال في المجتمعات الحديثة.

الأسرة الأساسية:

هي الأسرة التي يرأسها رب الأسرة وتعيش في منزلها.

الأسرة الثانوية:

١- هي الأسرة التي يرأسها رب المنزل الذي تقيم فيه الأسرة والتي تعيش في منزل أسرة أخرى.

٢- وهي الأسرة التي تتكون من الزوج والزوجة والأولاد فقط ولا تضم أي أقارب أو آخرين.

الأسرة المشتركة:

هي الأسرة التي تتكون من الزوج والزوجة وأولادهما الصغار كما تضم المتزوجين منهم وصغارهم، وتقيم غالبا في منزل واحد أو منازل متجاورة. انظر: الأسرة الممتدة.

الإشاعة:

كل قضية أوعبارة نوعية أو موضوعية قابلة للتصديق تتناقل من شخص إلى آخر، عادة بالكلمة المنطوقة وذلك دون أن تكون هنالك معايير أكيدة للصدق.

اشتراكية:

مذهب سياسي، ظهر بصفة جدية منذ منتصف القرن التاسع عشر- وهناك عوامل ومحاولات ترجع للعصر الإغريقي القديم، وتتمثل في الصورة المثالية التي رسمها الفيلسوف أفلاطون في كتابه الجمهورية، ومع تعدد مدارس الاشتراكية، فإنها تنبثق من فكرة فلسفية وهي ((أن الدولة هي الغاية القصوى من المجتمع الإنتاجية، ومن الضرورة التدخل مباشرة وتشرف اشرافا مطلقا على كل ما يتصل بشؤون الحياة وان تحل محل الأفراد في توجيه نشاط المجتمع، لهذا تعتبر الاشتراكية)) كما يدل عليها اسمها" ممثلة للمذهب الجماعي في التفكير السياسي ويقابلها المذهب الفردي الذي يجمد

الفرد ويجعل من الدولة أداة لحماية حرياته ونشاطه على ألا تتـدخل أو تشـارك في هـذا النشاط.

الاشتراكية الخيالية:

ظهرت في مطلع القرن التاسع عشر وكان عملها انتقـاد النظـام الرأسمـالي وكشـف عيوبـه ودعوا إلى تنظيم المجتمع الرأسمالي من جديد وتوزيع الثروة توزيعا عادلا إنسانيا.

الاشتراكية العلمية:

مذهب علمي له أسسه وقواعده أطلق عليه الاشتراكية العلمية تميـزا لهـا عـن الاشـتراكية الخيالية كما ترى الاشتراكية العلمية أن اصل المشكلات لا يكمن في الأخلاق بل هو جوهر النظام الرأسمالي.

الاشتراكية القومية:

أيديولوجية، وحركة أنشأها (أدولف هتلر) في العشرينات لحكم ألمانيا

(١٩٣٣١٩٤٥) ويقوم هذا المذهب على العنصرية المغالي فيها حيث يعتبر التـاريخ بمثابـة صراع بين السلالات الراقية والسفلى كما يرى أن الشعوب الآرية هي أعلى الجماعات التي تواجه خطـر مـن الاختـلاط العنصري وتسـلط اليهـود الـذين يعملـون عـلى تقـويض قـوة الأمـم التـي تستضيفهم عن طريق أفكار ونظم الحرية والديمقراطية التي تؤدي إلى حكم الأثرياء الرأسماليين إلى تقسيم الأمة عن طريق الصراع بين الطبقات والهدف النهائي لحركة الاشتراكية القومية توحيد القوى تحت زعامة قوة وإعادة تسليح الأمـة مبنيـة عـلى ألمانيـا الكـبرى وهزيمـة العـدو الغـربي وبنوع خاص فرنسا وأخيرا غزو الفراغ الحيوي لسيادة السلالة الألمانية في الشرق.

الإشراق:

مذهب الإشراق هو جميع الآراء والتيارات التي راجت في الديانات القديمة الإغريقية والفارسية، ولذا فهو فرع من فروع الفلسفة اليونانية، والأفلاطونية الجديدة على وجه الخصوص، ويقوم في جملته على القول:"بأن مصدر الكون هو النور، فهو يعبر عن الله سبحانه وتعالى، ويصف العوالم بأنها أنوار مستمدة من النور الأول والمعرفة الإنسانية في مفهوم الإشراقيين "إلهام" من العالم الأعلى يصل بواسطة عقول الأفلاك وهو ما يسمى بالكشف، أو الإشراق أي ظهور الأنوار العقلية للنفوس بعد تجردها.

أشكال الدستور:

تتقسم إلى:

١- يمكن إضافة مواد جديدة إليها أو حذف مواد منها أو تبديل مواد بمواد أخرى مثل الأردن.

٢- الدستور الذي يتم تعديله فيها بالطريقة العادية والصادرة عن السلطة التشريعية مثل: روسيا.

الأصالة:

القدرة على الإبداع والابتكار في إنتاج أدوات أو أعمال فنية أو أدبية وبعبارة أخرى هي امتياز الشيء أو الشخص على غيره بصفات جديدة صادرة عنه.

الاضطهاد:

وهي الأضرار المعنوية أو المادية أو البدنية التي يلحقها ظلما بعض الأفراد بالآخرين كتعذيب الأفراد واضطهادهم لأسباب سياسية أو دينية، وقد يرجع

الدافع للاضطهاد إلى وجود حالة القلق التي يشعرون بها بالتنفيس عنها، وهو غالبا الأقليات الدينية أو العرقية.

الاضطهاد العنصري:

عمل يقوم به عنصر ضد عنصر ـ آخر حسب وضعه الاجتماعي أي الجماعات صاحبة النفوذ الاجتماعي والاقتصادي والسياسي تفرض سيطرتها على الجماعات المستضعفة.

الإعالة:

التزام الرجل بإعالة زوجته وأولاده كما يقصد بهذا الاصطلاح القيام بأمور المحتاجين وتوفير معاشاتهم وحاجاتهم ويقال إعانة معيشية أو نفقه وحكم بالنفقة أو بالإعانة.

الإعانة

هي منحة مالية تقدمها الدولة لغرض تشجيع أو حماية أنواع من النشاط الاقتصادي أوالثقافي أوالاجتماعي وتعتبر الإعانات من الأبواب الثابتة في الميزانية العامة وتشمل الإعانات ما تقدمه الدولة للجمعيات الخيرية والأدبية والثقافية والعلمية التي لا تستطيع أن تباشر نشاطها معتمدة على اشتراكات الأعضاء وحدها وذلك لمعاونتها في أداء رسالتها.

الاعتراف بالاعتماد المتبادل:

هو تعاون جميع الدول سلميا، وان تعترف كل دولة بحاجتها إلى الدول الأخرى في بعض الأحيان.

الاعتماد:

إعتماد شخص على آخر من الناحية القانونية أو الاقتصادية كاعتماد الطفل على والديه واعتماد الزوجة على زوجها لإعالتها.

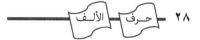

الأعراف:

ما تعارف عليه الناس واصبح ضمن القانون مثل السلام للضيف، وأعراف دولية، مثل: استقبال الملك أوالرئيس وإطلاق إحدى وعشرون طلقة تحية له وأعراف مهنية مثل: الجلوة حتى الجد الخامس والعطوة وغيرها.

إعلان الحرب:

إخطار يسبق البدء في الأعمال الحربية، يفيد أن دولة ما في حالة حرب مع غيرها، ويعتبر صدور هذا الإعلان من مقررات القانون الدولي، فقد نصت اتفاقية لاهاي سنة(١٩٠٧م) على ما يلي (يجب أن لا تبدأ الأعمال الحربية إلا بعد إخطار مسبق لا لبس فيه) كما نصت على وجوب ((إبلاغ قيام الحرب دون تأخيرها إلى الدول المحايدة)) ويلاحظ أن الفترة السابقة للإعلان قبل بداية الأعمال الحربية ((كاجتياز الحدود)) بدقائق فقط، وقد يتضمن الإعلان الأسباب التي من اجلها اتخذت الدولة الحرب وسيلة لفض النزاع بينهما وبين الدولة الأخرى، أو يكون الإعلان حالة الحرب قائمة إذا لم تستجب الدولة الموجه إليها الإنذار لهذه المطالب بعد نهاية المهلة المحددة لها.

إعلان حقوق الإنسان:

هو الإعلان الذي أصدرته لجنة حقوق الإنسان التي شكلها المجلس الاقتصادي والاجتماعي التابع لهيئة الأمم المتحدة في ديسمبر(١٩٤٨م)، وتضمن مجموعة الحقوق والحريات، لكل إنسان حق التمتع بها دون أي تمييز من الجنس أواللون أواللغة أوالدين أوالرأي السياسي أو الأهل أوالثروة أوالميلاد أوالسن، وذلك على أساس أن الإنسان عضو في المجتمع، ويشمل ذلك حقه في العمل وحصوله على اجر عادل وحقه في الراحة وفي الحصول على ما يكفل له المحافظة على صحته وصحة أسرته، وحقه في التعليم والضمان الاجتماعي وحق الأم والطفل في الرعاية.

أغلوطة:

تعرف بأنها استنتاج زائف يقع فيه المرء، ويؤدي إلى تضليل الآخرين دون قصد منه.

أغلوطة الاحتكار:

أنها الادعاء غير المبرر بإن فئة معينة تملك وحدها صفة معينة، فإذا لم يكن الشخص أوالشيء منتميا إلى هذه الفئة فانه لا يمكن بالتالي أن يتصف بتلك الصفة.

أغلوطة الاحتكام للرأي العام:

هي الادعاء بما يقره الناس انه صحيح بالضرورة، ومن هنا فان المغالط كثيرا ما يبرهن على رأيه بالقول، أن هذا هو ما يؤمن به كل الناس ولا يمكن أن يكون كل الناس مخطئين.

أغلوطة التبسيط:

هي محاولة المغالط أحيانا أن يحمل المتكلم على إتيان أمر بواسطة تبسيطه إلى درجة كبيرة.

أغلوطة التشابه أو (التمثيل):

هي الادعاء بإن وجود تشابه بين أمرين مساو للادعاء، بأنهما متماثلان تماما، ولاشك في أن اكثر أساليب التفكير الخاطئ شيوعا بين الناس وتقديم برهان يعتمد على التشابه بين شيء وآخر.

أغلوطة التعميم المتسرع:

هي الادعاء الذي يقوم على دليل بان الحكم الجزئي الذي ينطبق على بعض الأفراد أو الأشياء ينطبق على جميعهم.

أغلوطة التفكير الانفعالي:

هي وصف الواقع من خلال ألفاظ تعبر عن اتجاهات وانفعالات إيجابية أو سلبية إزاءه، وذلك بفرض التأثير على مواقف الآخرين من هذا الواقع، أننا ندعو الكلمات ذات النظم العاطفي العالي باسم (الكلمات الانفعالية) وإذا وقفت في أحاديث الناس والمغالطين وجدت أن هذا النوع من الكلمات هو من اكثر الوسائل التي يعتمدون عليها في إقناع الناس ولا سيما السذج منهم، فالمغالط يهتم في حديثه أو خطبته باستعمال الكلمات التي تثير فينا مشاعر الاستحسان تجاه ما يرغب في حملنا على الاعتقاد به أو مشاعر الأشياء تجاه ما يرغب في حملنا على تركه، انه إنسان يحرك عواطفنا ولا يخاطب عقلنا.

أغلوطة الشفقة:

تعتمد هذه الأغلوطة على إثارة المتكلم لانفعال الشفقة لدى السامع بحيث يتحول تفكيره من الموضوع الأصلي إلى أي موضوع ثانوي جديد.

أغلوطة العلاقة الوهمية:

يحاول بعض المغالطين التأثير في تفكير الآخرين وأحكامهم بذكر أشياء ليست لها علاقة حقيقية بالموضوع.

الأغنية الشعبية:

أشعار قصيرة أو قصة شعرية يتغنى بها الأفراد للترويح عن النفس أو لتخفف عنهم مشقة العمل كما أن العمال الذين يتطلب عملهم وحدة في الحركة ينشرون أغاني خاصة إذ أن النغم يوجد اتساقا في الحركة الجسمية المتكررة.

الأقلية

إحدى المشاكل التي فرضها الاستعمار على الوطن العربي بإيجاد حدود سياسية غير متفق عليها ولا وجود لها أصلا.

الإقليم (والمقاطعة) واللواء:

ترجع كلمة (الكونتية) إلى ممتلكات الكونت فيما مضى وتطلق اليوم على أحد الأقسام التي تقسم إليها لأغراض سياسية أو إدارية أو قضائية، ويتخذ الإقليم مركزا، كما قد يتولى إدارته مجلس إقليمي.

إقليم دستوري:

هو أن يكون الحاكم ملكا بموجب قوانين موضوعة للبلاد.

إقليمية القانون:

اصطلاح يقصد به حق مجال تطبيق القانون في حدود الإقليم الذي تبسط الدولة عليه سيادتها، فإذا لم تسمح بتطبيق سواه من القوانين الأجنبية عرف ذلك بإقليمية القانون " المطلقة" وهي حالة لا وجود لها في العالم المعاصر نظرا لاشتراك الدول في معاملات على مستوى عالمي ولكن لا تتنافى إقليمية القانون بالنسبة مع امتدادية القانون أي تطبيق القانون المحلي خارج حدود الأقاليم مثل: سريان القانون المصري على أشخاص المصريين في الخارج.

الأقليات:

هم مجموعة من الأفراد الذين ينتمون إلى قومية مختلفة أو أصول عرقية مختلفة من الأصل العرقي للغالبية العظمى من سكان الدولة.

إقطاع:

نظام اجتماعي اقتصادي كان شائعا إبان القرون الوسطى، لاسيما في أوروبا، وكان يقوم في الدول المعتمدة اقتصادياتها على الزراعة، فالأرض في المملكة الإقطاعية هي ملك " للملك " يوزعها اقطاعات على الأمراء نظير التزامات يتكفلون بها، ويعيش السادة على عمل الفلاحين الذين يرتبطون بالأرض ويعتبرون جزءا منها ويخضعون لأرادتهم، والمملكة الإقطاعية لا تعتبر

دولة في الاصطلاح السياسي المعاصر، حيث أنها تفتقد الوحدة التي تمكن رئيس الدولة من فرض سيادته الداخلية والخارجية عليها، وذلك نظرا للتنافس بين أمراء الإقطاع، وكثيرا ما يتحول هذا التنافس إلى صراع مسلح، كما أن الحال في مصر- إبان عصر- البكوات المماليك حتى قضى- عليهم" محمد علي" بإقامة دولة موحدة منذ عام (١٨١١م).

الإقطاع الحربي:

نظام ظهر في بعض أنحاء العالم الإسلامي، هدفه تأمين مصدر رزق يعتاش عليه الجيش في وقت عجزت الخزينة عن توفير رواتب لهم.

الاكتشاف:

هو عبارة عن عملية تفكير تتطلب من الفرد إعادة تنظيم المعلومات أو هو التعلم الذي يحدث نتيجة لمعالجة الفرد للمعلومات التي ينظمها تنظيما جديدا.

اكتفاء ذاتي:

نظام اقتصادي يقصد به محاولة الدولة إنتاج ما يلزمها دون الاعتماد على الاستيراد الخارجي لا سيما في الأزمات الاقتصادية، كما حدث أثناء الأزمة الاقتصادية العالمية ١٩٣١ م حاولت بعض الدول التخلص من آثار الأزمة بالتركيز على تطوير اقتصادياتها، وإنتاج السلع الاستهلاكية لإشباع حاجاتها وامتصاص الطاقة المعطلة أو الفائضة من العمال بتحولهم من قطاع لآخر كما تهدف سياسة الاكتفاء الذاتي أبان الحرب لشجب الإجراءات العدائية كالحصار الاقتصادي أو الحصار البحري أو تعذر الاستيراد بسبب أخطار المواصلات، واهتمت بعض الدول الصناعية المتقدمة كألمانيا إبان الحربين الأولى والثانية بإنتاج مواد صناعية بديلة وهي التي أطلق عليها أسم " أرساتز ".

الأكراد:

هم أقلية تسكن شمال شرق العراق، ويقدر عددهم بـ (١.٢٠٠.٠٠٠) نفس، ويكونون (١٣%) من مجموع سكان العراق - وهناك أقلية كردية في سورية ويبلغ عددها ثلث مليون نفس وفي تركيا (١٥) مليون نفس، وفي إيران ويوجد منها أيضا في لبنان.

الآلة:

هي عبارة عن مجموعة من الأجزاء المعدنية التي تكون جسما أو وحدة متكاملة تؤدي عملية معينة ميكانيكية بدلا أدائها يدويا كزيادة القوة أو تغير اتجاهها أو تحويل الطاقة من صورة إلى أخرى.

وقد ساعد على ظهور الآلات الاتجاه المتزايد نحو استخدام المعادن ووقود الفحم، والرغبة في إنتاج مصنوعات رخيصة بكميات كثيرة، ولذلك أدت الآلة إلى تطورات أساسية في طريقة تنظيم الإنتاج في المصنع الميكانيكي الحديث وتخفيض تكاليف الإنتاج وتوفير الجهد الإنساني مما ساعد على تخفيف ساعات العمل وزيادة وقت فراغ العمال.

امتيازات أجنبية:

١- تسهيلات تجارية منحتها الدولة العثمانية للدول الأوروبية منذ عهد السلطان سليمان القانوني بهدف تشجيع رعايا تلك الدول على الإقامة في الدولة العثمانية واستثمار أموالهم وخبراتهم لتطوير التجارة بين الدولة العثمانية والدول الأوروبية.

٢- هي التسهيلات التجارية التي منحتها الدولة العثمانية للدول الأوروبية.

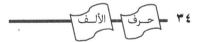

امتزاج الريف بالحضر:

امتزاج الحياة الحضرية بالحياة الريفية عن طريق انتشار السكان الحضريـين في المناطق الريفية ونزوح الريفيين إلى المناطق الحضرية وظهور مناطق مختلفة لا تتصف بالطابع الحضري أو الطابع الريفي على وجه الدقة.

الأمم المتحدة:

منظمة دولية أنشئت عقب الحرب العالمية الثانية لتحل محل عصبة الأمم، ومقرها الدائم نيويورك منذ عام (١٩٥٢) وتقوم فلسفتها على فكرة إقامة الحكومة العالمية أو إقامة تنظيم دولي جديد يعمل على حفظ السلام والأمن الدوليين، بالإضافة إلى تحقيق التعاون الدولي في الشؤون الاقتصادية والاجتماعية والثقافية.

ومن أجهزتها الرئيسية هي:

الجمعية العامة: وتمثل فيها جميع الدول الأعضاء وتعقد دوره سنوية تبدأ يوم الثالث من شهر سبتمبر، ولها أن تعقد دورات استثنائية عند الضرورة.

مجلس الأمن: الذي يتألف من خمسة أعضاء دائمين: روسيا الاتحادية، بريطانيا، الصين، فرنسا، والولايات المتحدة الأمريكية، وعشرة أعضاء غير دائمين يتم اختيارهم مره كل عامين، ولكل عضو دائم حق (الفيتو) "الاعتراض" عند التصويت ليمنع المجلس من إصدار القرار، ولمجلس الأمن الحق في استعمال القوة مع أي دولة تعمل على تهديد السلم من وجهة نظر بقية الأجهزة هي:

الأمانة العامة، والمجلس الاقتصادي الاجتماعي، ومجلس الوصايا، ومحكمة العدل الدولية، كما انبثقت عن الأمم المتحدة عدد من المنظمات التي تعنى بالصحة والثقافة مثل منظمة الصحة العالمية واليونسكو بالإضافة

إلى(١٥٠) منظمة ولجنة وهيئة مبعثرة في جميع أنحاء العالم تحت مسميات مختلفة.

الأمة أو الشعب أو القوم:

مجموعة من الأفراد تجمعهم ثقافة مشتركة تستند إلى وحدة الأصل أو اللغة أو الدين ويربط بينهم تاريخ وتراث اجتماعي ومصالح اقتصادية ويعيشون على أرض واحدة ويعملون على دوام هذه الروابط من الناحية السياسة في إطار الدولة، انظر (المجتمع الشعبي).

أمة عربية:

اسم اصطلاحي يطلق على مجموعة الشعوب المتجاورة، التي تعيش في نطاق ما يعرف جغرافيا باسم العالم العربي أو (الوطن العربي)، وهو حزام إقليمي يمتد من الخليج العربي إلى المحيط الأطلسي ويشارف في جنوبه سلسلة متصلة من الصحراوات، وتربط بين هذه الشعوب قومية مشتركة قائمة على أساس وحدة اللغة والتاريخ والأماني ثم العقيدة ووجد اللفظ مكانه في دساتير بعض الدول العربية منذ حركات التحرير التي برزت بعد الحرب العالمية الثانية، فنص الدستور السوري الأول عام (١٩٥٠ م) على أن (سورية جمهورية عربية ديمقراطية ذات سيادة تامة، وأن الشعب السوري جزء من الأمة العربية) وهذا الاتجاه الدستوري أصبح واضحا في الدساتير المصرية منذ عام (١٩٥٦م)، فنصت المادة الأولى منه (أن الشعب المصري جزء من الأمة العربية) وبقيام الجمهورية العربية نصت كذلك على أن (الجمهورية العربية المتحدة جمهورية ديمقراطية مستقلة وأن شعبها جزء من الأمة العربية) ويعني هذا أن مصيره أو مصير أية دولة عربية، مرتبط بمصير الأمة العربية وأن هذا الكيان المشترك يقوم على أساس وحدة اللغة ووحدة التاريخ ووحدة الأمان وأن هذه الصلات تعتبر أقوى الروابط التي تجمع بين شعوب الأمة العربية.

الأممية الثانية:

ظهرت في النصف الثاني من القرن التاسع عشر بعد القضاء على الأممية الأولى، بعد قيام أحزاب اشتراكية في معظم البلاد الرأسمالية وتحث الروح العمالية إلى إنشاء الأممية الثانية.

الإمبريالية:

ظاهرة اقتصادية عسكرية ظهرت في العصر الحديث على أقدام الدول الاستعمارية (أي الرأسمالية) الصناعية على التوسع وفرض سيطرتها على شعوب وأراضي بدون رضى تلك الشعوب.

الأمن:

مفهوم شامل لجميع مناحي الحياة للمواطن والوطن.

الأمن الطاقي:

هو إنتاج الدولة أو حصولها على مصادر الطاقة اللازمة لديمومة حياتها والمحافظة على هذه المصادر من الاعتداء واتباع الترشيد والاستهلاك.

الأمن القومي:

هو الإجراءات التي تتخذها الأمة في حدود طاقتها للحفاظ على كيانها ومصالحها.

الأمن الوطني:

هو تأمين الحماية الداخلية والخارجية لكل دولة وتنمية إمكاناتها بما يعزز القوة الذاتية لها

الأمن الغذائي:

توفير الغذاء الأساسي لجميع الأفراد مهما تزايدت أعدادهم.

الأمن المائي العربي:

يعني المحافظة على المواد المائية واستخدامها بالشكل الأفضل وترشيد استعمالاتها.

الأمن العام:

هو النشاط الحكومي الذي يهدف إلى استقرار الأمن في البلاد ويتضمن ذلك أعمال الدفاع الاجتماعي والدفاع المدني وتنظيم حركة المرور ورعاية الآداب العامة وإطفاء الحرائق واستقرار الأمن صفة لازمة للأحكام والرخاء.

الأمن الغذائي العربي:

هو إمكانية حصول جميع السكان العرب في الوطن العربي على غذاء كاف ومتوازن.

اللاسامية:

يعني الأوربيون القرين باللاسامية ما كان يلقاه يهود أوروبا من كراهية من جانب المجتمع الأوروبي الذي يعيشون فيه.

الأنباط:

عاصمتها البتراء تقع في وادي موسى غربي معان وحكمها أربعة عشر ملكا فشل الاسكندر المقدوني في فتحها بسبب موقعها الحصين كما حاول الرومان فتحها في عهد ملكهم الحارث الثالث فاضطر لمصادقتهم وفي عهده ضربت اقدم نقود الأنباط وكان الأنباط يتكلمون العربية بحروف نقلوها عن سكان شبه جزيرة سيناء وعرف خطهم بالخط المسند وهي قبائل عربية بدوية ظهرت في شرق الأرباح في القرن السادس (ق.م) وفي القرن الثالث (ق.م) تركوا حياة الرعي إلى الزراعة والتجارة وتحولوا في أواخر القرن الثاني (ق.م) إلى مجتمع منظم.

إنتاج:

اصطلاح اقتصادي كثير التداول، ويقصد به كل عمل تتولد منه منفعة، لهذا يطلق على المشروع الذي يدر منفعة بأنه مشروع إنتاجي أو اقتصادي فالإنتاج يشمل كل محاولة يقوم بها الإنسان لتحويل أو تكييف الموارد الطبيعية في الكون (بما في ذلك الخبرة والمعرفة). بحيث تصبح قادرة على إشباع حاجيات الإنسان، فمن ثم كان العمل هو العنصر ـ الأول الذي يقوم عليه الإنتاج، كما تضاف إليه عناصر أوعوامل أخرى، وهي التي بدونها لا يتحقق الإنتاج، وتشمل الأرض (المكان المادي) ورأس المال والتنظيم وهو القادر على التصرف.

انتخاب:

هو اختيار شخص بين عدد من المرشحين، ليكون نائبا يمثل الجماعة التي ينتمي إليها و كثير ما يطلق الانتخاب على الاقتراع، أي الاقتراع على اسم معين، ومن ثم يختلف الانتخاب عن الاستفتاء الذي يكون اخذ الرأي فيه عن موضوع معين لا عن شخص بذاته، وفي التمثيل الشعبي، كما في انتخابات المجالس المحلية أو الإقليمية أو المجالس البرلمانية، يعتبر الانتخاب حقا عاما للمواطنين ليس لسلطة من السلطات أن تحرم المواطن من ممارسته، ما دام مستوفيا شروط العقل والسن واعتبارات الشرف (ليس مجرما محكوما عليه بقضايا الاختلاس أو الشرف مثلا) فضلا عن شروط الجنسية، غير أن بعض فقهاء القانون الدستوري يعتبروا الانتخاب وظيفة عامة تمارسها الدولة فبذلك اصبح واجبا على مواطنيها ولها أن تحرمهم منه وتحاسبهم عليه.

انتداب:

هو(وضع إقليم أو بلد يقطنه شعب) غير مؤهل " لإدارة شؤونه بنفسه تحت إشراف دولة متقدمة"، تساعده على النهوض لتولي زمام أمره بنفسه"وقد

ابتدعت الدول الأوروبي هذا النظام بعد الحرب العالمية الأول وضـمنته في ميثـاق عصبة الأمم عام (١٩١٩م).

الانتهازية:

تهجير سياسي حديث يقصد بـه انتهـاز الفـرص العاجلـة دون النظـر إلى الأهـداف الآجلـة ويضحي الانتهازي بالأهداف العامة إلى سبيل المغانم الشخصية.

الانثروبولوجيا (علم الإنسان):

هو علم يدرس اصل النوع الإنساني وكل الظواهر المتعلقة به، كما يدرس الثقافة، وتنقسم الأنثروبولوجيا إلى فرعين كبيرين هما:

الانثروبولوجيا الطبيعية والانثروبولوجيا الثقافية، وتشمل الانثروبولوجيا الثقافية:

الاركيولوجيا وهي دراسة الثقافات البائدة الانثولوجيا التي تهتم بدراسة الأجناس البشرية سواء الموجودة الآن، أو التي اختفت من عهد قريب، كما تهتم بدراسـة الظـواهر الاجتماعية في المجتمع البدائي.

انثوغرافيا:

الدراسة الوصفية التحليلية للأدوات والآلات التـي يصـنعها الإنسـان خصوصـا البـدائي، أي كمرادف لعلم (الحضارة المادية) أو التكنولوجيا المقارنة.

انثولوجيا الحضارات القديمة:

تعد الدراسة فرعا من الانثولوجيا تتناول الحضـارات القديمـة المكتوبـة ويفضـل أن يطلـق على هذا الفرع اسم (الانثولوجيا الأثرية).

الانحلال الأسري:

المقصود بذلك اتجاه التفاعل بين الوحدات التي تتكون منها الأسرة ضد المستويات الاجتماعية المقبولة، بحيث يحول ذلك بين الأسرة وبين تحقيق وظائفها والتي لابد لها من القيام بها لتوفير الاستقرار والتكامل بين أفرادها.

الأنصار:

هم الأوس والخزرج الذين تقاسموا مع المهاجرين في كل ما يمتلكونه، وقد أطلق الرسول صلى الله عليه وسلم اسم الأنصار.

الانفجار المدوي:

هو الانفجار الذي يفترض العلماء حدوثه قبل زمن يتراوح بين ١٤و ١٨ بليون سنة ومثل نقطة البداية للكون و الله اعلم.

الانقرائية:

هي قراءة الكلمة، وفهم معناها، وتوظيفها في جمل مفيدة.

انقلاب:

الوقت الذي تكون فيه الشمس عمودية على أقصى نقطة متعامد عليها، بعيدا عن خط الاستواء ويحدث الانقلاب الشتوي بالنسبة لبلادنا بتاريخ (٢١) كانون الأول والانقلاب الصيفي بتاريخ (٢١) حزيران من كل عام.

انقلاب سياسي:

تغيير فجائي في نظام الحكم، تقوم به جماعة من رجال الحكومة أو الجيش، ويطلق عليه عادة بالاصطلاح الفرنسي" كودي تا" وهو يختلف عن الثورة من حيث أنها تبدأ في طبقات الشعب وتمتد إلى الطبقة الحاكمة و بالعكس.

وكان من الأنسب أن يسعى مدبرو الانقلاب الاستيلاء على الأبنية الحكومية ضمانا لنجاتها ولكن هذه الأهداف تحولت لتوليد الكهرباء والماء والمطارات ومحطات السكك الحديدية وغيرها.

الانقلاب السياسي المفاجئ:

الاستيلاء على السلطة عن طريق المناورات السياسية أو القوة، ويجري الالتجاء عادة إلى صيغ الأمر الواقع بالصيغة الشرعية عن طريق الاستفتاء الشعبي.

الإنكشارية:

هم جنود يؤخذون من أبناء المسيحيين في البلقان، بين سن العاشرة والعشرين، ويربون تربية عسكرية في ثكنات خاصة ويندمجون تحت خدمة السلطان عند بلوغهم وتسمى عملية أخذهم بضريبة الدم.

أهل الذمة:

هم اليهود والنصارى والمجوس، وبقوا يعيشون في أحياء خاصة في الأمصار أو في قراهم.

اوتوقراطية:

كلمة يونانية مكونة من مقطعين هما، اوتوس بمعنى نفس وارخوس بمعنى حكيم، ويقصد بذلك نظام الحكم الفردي أو الحكم الاستبدادي كما كان رئيس الدول ملاكا أو أجيرا مطلق التصرف يباشر الحكم بدون هيئات تشريعية أو استشارية مسؤولة وهذا النظام السياسي كان سائدا إبان القرون الوسطى في روسيا القيصرية وعدد من الدول الشرقية.

الأوديسة:

إحدى ملحمتي هوميروس (الأخرى الإلياذة) والتي تحكي عـن محاولـة تليمافوس البحـث عن أبيه اوديسيوس وعثوره عليه، ومحـاولتهما الانتقـام مـن الخطـاب الـذين ضـايقوا بيلوبـا في غياب زوجها، ثم يسترد الأب حكمه ويعيش آمنا في وطنه، وقـد جـاء فيها ذكر لشعب خـرافي يسكن شمال إفريقيا ويعيش مع أكل زهور اللوتس التي تسبب النسيان والتراخي، فأكـل جنـود اديسيوس هذا الطعام فنسوا أصدقائهم وبلادهم مما اضطرهم إلى سحبهم إلى السفينة والعـودة بهم إلى بلادهم، رغم أن الاوديسة والالياذة هما عملان أدبيان رائعان إلا انهما ضمتا الكثير مـن الأسئلة والخرافات المبنية على الشرك والوثنية.

اودلف هتلر:

ولد هتلر في براوناو بالنمسا العليا، من أب كان موظفا صغيرا بـالجمرك النمساوي، درس في ميونخ، وانتقل عام (١٩٠٧م) إلى فينا حيـث رفـض طلـب التحاقـه بأكاديميـة الفنـون، وقضـى بضعة أعوام في فقر مدقع، وبدأت كراهيته العلنية لليهـود في هـذه الفتـرة، انتقـل (١٩١٣م) إلى ميونخ، وانخرط في الجيش البافاري في الحرب العالمية الأول، ووصل إلى رتبة جـاويش وفي أواخر الحرب أصيب بالغازات السامة وبقي بعض الوقت في المستشفى اصبح دكتـاتور ألمانيـا وزعيم (فوهر) الحزب النازي.

ايمانويل كنت:

فيلسوف ألماني عـاش في القـرن الثامن عشرـ ووضع كتـابين هـما (نقد العقل المحض) و(مقدمة نقدية لأي متافيزيقيا مستقبلية).

اريحية:

هي صفة تشير إلى التعامل المريح الحسن مع الآخرين، ويقال أحيانا بمعنى الكرم أو بمعنى الحلم أو التجاوز عن أخطاء الآخرين.

الأيديولوجية:

١- هي مجموعة من النظريات والأهداف المتكاملة التي تشكل قوام برنامج سياسي اجتماعي أو مذهب أو عقيدة أو نظام.

٢- هي نتائج تكوين نسق فكري عام يفسر ـ الطبيعة والمجتمع والفرد ويطبق عليها وكل جماعة تشكل أيديولوجية بيئتها الجغرافية والاجتماعية ونواحي نشاطاتها.

الأيديولوجية التاريخية:

الرأي القائل بان العوامل الأساسية في نمو المجتمعات الإنسانية هي اتساق الفكر ويتعارض هذا المذهب مع مذهب المادية التاريخية.

الأيديولوجية الرأسمالية:

هي أيديولوجية قائمة على قهر الشعوب الضعيفة، وغير الضعيفة حيث الدول القوية تفرض سيطرتها على هذه الشعوب وهذا ما حدث بعد الحرب العالمية الثانية وهي تهدف للوصول إلى المنفعة المادية بكافة الطرق والوسائل تحكمها نزعة السيطرة الحاقدة التي تريد أن تخضع الشعوب تحت إرادتها.

أيلونا:

الاسم الآرامي لمدينة العقبة وهي نسبة إلى الآلهة آيل، ومنه اشتق اسم (آيلة) الذي ساد في العصر الجاهلي، وبعد الإسلام علما على المدينة.

أباضية:

فرقة معتدلة من فرق الخوارج إلا أن أصحابها والمنتسبين إليها ينفون عن أنفسهم هذه النسبة، إذ يعدون مذهبهم مذهبا اجتهاديا فقهيا سنيا يقف جنبا إلى جنب مع الشافعية والحنفية والمالكية والحنبلية.

مؤسسها الأول عبدالله بن إباض المقاعسي المري الذي يرجع نسبه إلى إباض وهـي قريـة بالعرض من اليمامة.

الجذور الفكرية والعقائدية:

١- إن الأباضيون يعتمدون على القرآن والسنة والرأي ومن ثم الإجماع والقياس والاستدلال.

٢- لقد تأثروا بمذهب أهل الظاهر إذ أنهم يقفون عند بعض النصـوص الدينيـة موقفـا حرفيـا ويفسرونها تفسيرا ظاهريا.

٣- وتأثروا كذلك بالمعتزلة كقولهم بخلق القرآن.

الانتشار ومواقع النفوذ:

أ‌) جنوب الجزيرة العربية وكانت لهم دولة عرفت باسم الدولة الرستمية وعاصمتها تاهرت.

ب) حكموا الشمال الأفريقي زهاء مئة وثلاثون سنة.

ج) عمان.

د) وجبل نفوسة بليبيا.

هـ) ما زالوا في كل من عمان وحضرموت واليمن وليبيا وتونس والجزائر وفي واحـات الصـحراء الغربية.

الاستشراق:

هو ذلك التيار الفكري الذي تمثل في الدراسات المختلفة عن الشرق الإسلامي والتي شملت حضارته وأديانه وآدابه ولغاته وثقافته، ولقد أسهم هذا التيار في صياغة التصـورات الغربيـة عـن العالم الإسلامي، معبرا عن الخلفية الفكرية للصراع الحضاري بينهما.

الإخوان المسلمين:

كبرى الحركات الإسلامية المعاصرة، نادت بالرجوع إلى الإسلام كما هـو في الكتـاب والسـنة، داعية إلى تطبيق الشريعة الإسلامية في واقع الحياة، وقد وقفت متصدية لموجة المـد العلـماني في المنطقة العربية والإسلامية.

مؤسسها الشيخ حسن البنا (١٣٢٤-١٣٦٨هـ) (١٩٠٦-١٩٤٩م) ولد في إحدى قـرى البحـيرة بمصر ونشأ نشأة دينيـة في أسرة كانـت بصـماتها واضحـة علـى كـل حياتـه. تكونـت أول هيئـة تأسيسية للحركة عام ١٩٤١م من مائة عضو اختارهم الأستاذ حسن البنا بنفسه.

تنتشر هذه الحركة في مصر وسوريا وفلسطين والأردن ولبنان والعراق واليمن والسـودان وغيرها.

الإسماعيلية:

فرقة باطنية انتسبت إلى الإمام إسماعيل بن جعفر الصادق ظاهرهـا التشـيع لآل البيـت، وحقيقتها هدم عقائد الإسلام، تشعبت فرقها، وامتدت عبر الزمان حتى وقتنا الحاضر.

الأنباط:

بنى العرب الأنباط مدينة البتراء واتخذوها عاصمة لهـم وتقـع البـتراء علـى بعـد ٢٦٢كم جنوب عمان، سماها اليونان بتراء، أي الصخر، بينما أطلق عليها العرب اسـم سـلع أي الشـق في الصخر، وكانت البتراء محصنة لإحاطتها بالجبال من جهاتها الثلاث الشرق والغرب والجنوب وفي البتراء آثار عدة منحوتة بالصخر ويدل ذلك على براعة الأنباط في البناء والنحت ومن أشهر هـذه الآثار الخزنة، المدرج، معبد الأسود المجنحة، الدير، أما المبنى الوحيد الذي لم يحفر بالصـخر فهـو قصر البنت (قصر بنت فرعون).

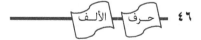

الأهوار:

تطلق على تجمعات المياه في الأحواض القريبة من الأنهار الناتجة عن فيضان الأنهار التي تصبح بعد تجفيفها مناطق خصبة وصالحة للزراعة.

الآشوريون – ٩٠٠ – ٦١٢ ق.م:

من الشعوب السامية، أقاموا في شمال بلاد الرافدين وسموا كذلك نسبة إلى إلههم آشور، الذي حمل اسم عاصمتهم الأولى، ثم نقلوا العاصمة إلى مدينة نينوى (الموصل). وقد خضع الآشوريون لحكم الدول القوية المجاورة كالبابليين والحثيين.

ولكنهم استطاعوا الاستقلال في القرن العاشر قبل الميلاد.

اهتم الآشوريون بالجيش وصناعة الأدوات الحربية، فأكثروا من استخدام الخيول والعربات وصنعوا الأسلحة من معدن الحديد، واستطاعوا تأسيس امبراطورية واسعة وتمكن (سرجون الثاني) من توسيع حدود الإمبراطورية الآشورية، وإخضاع الدولة البابلية والمدن السورية وحاصر السامرة (نابلس) وقضى على مملكة إسرائيل فيها، وأرسى دعائم الاستقرار، أما الملك آشور بانيبال فقد جمع علوم البابليين وآدابهم وكتبها على الألواح الطينية، وخطط في مكتبة نينوى واشتملت أمبراطورية الآشوريين على كل أراضي بلاد الرافدين وبلاد الشام ومصر.

ضعفت الدولة الآشورية، بعد أن أخذت الشعوب الخاضعة لها بالثورة والانفصال، وتمكن القائد نبوخذ نصر الكلداني من القضاء على ما تبقى منها عام ٦١٢ق.م.

الآكاديون ٢٣٥٠– ٢١٥٠ ق.م:

من الشعوب السامية التي عاشت قرب بادية بلاد الرافدين، شمالي مناطق السومريين، وأفادوا من خبرات السومريين في الزراعة، وأسسوا مدينة أكاد، واستطاع ملكهم سرجون أن يوجد المدن السورية مكونا دولة سومر وأكاد

عام ٢٣٥٠ ق.م، وازدهرت في عصره الزراعـة والصـناعة والتجـارة، وعـم الأمـن والاسـتقرار أرجاء إمبراطوريته، واستخدمت اللغـة الأكادية في العقـود والمراسـلات، لم يحكـم المملكـة بعـد سرجون ملوك أقوياء، فبعد وفاتـه ضـعفت الدولـة، وبـدأت الثـورات والفـتن تعـم البـلاد إلى أن انهارت المملكة الأكادية.

الأهرامات:

بنى المصريون القدماء الأهرامات لتكون مقابر للفراعنة، ومن أشهر هذه الأهرامـات هـرم خوفو وخفرع ومنقرع، وتقع إلى الجنوب من القاهرة، وقد بنيت الأهرامات من حجارة صـوانية ضخمة فوق بعضها بعضا على قاعدة مربعة وجوانب مثلثية، بحيث تقل مساحة هـذه القاعـدة بالارتفاع إلى الأعلى، ويوجد داخل كل هرم حجرات وممرات متعددة منها حجرة لوضع الفرعون الميت فيها.

لم يستطع العلماء حتى الآن أن يعرفوا بالتأكيد كيف بنى المصريون الأهرامات، خاصـة أن المصريين لم يتركوا كتبا مدونة تتحدث عن كيفية بنائها.

أدولف هتلر ١٧٨٩- ١٩٤٥م:

ولد في النمسا وأسس حزب العمال الألماني عام ١٩١٩م، وأطلق عليه اسم الحـزب الـوطني الاشتراكي (النازي)، حاول هتلر القيام بعصيان مسلح في ميونيخ عام ١٩٢٣م، إلا أنه فشل وسجن وألف في السجن كتاب (كفاحي) عرض فيه مذهب العنصرية الـذي أصـبح شـعار النازيـة، وقـد توصل الحزب النازي إلى الحكم عام ١٩٣٢م، واتبع نظاما دكتاتوريا بوليسـيا احتـل فيـه البـوليس السري مكانا مرموقا، قاد هتلر ألمانيا في الحرب العالمية الثانية، إلا أن ألمانيا هزمت فيها، وتوفي هتلر في برلين عام ١٩٤٥م.

الأرقام الغبارية:

دخلت هذه الأرقام إلى أوروبا عن طريق الأندلس، وسميت بالأرقـام الغباريـة لأن الهنـود كانوا يضعون غبارا على لوح من الخشب ويرسمون عليه

الأرقام لإجراء عملياتهم الحسابية، ويرى بعض العلماء أن الأرقام الغبارية مرتبة على أساس عدد الزوايا التي يضمها كل رقم منها.

ابن الهيثم:

من علماء القرن الرابع الهجري، ولد في البصرة سنة ٣٥٤هـ/٩٦٥م، وانتقل إلى مصر- وأقام فيها وقد برع في مجال البصريات، وتوفي سنة ٤٣٠هـ/١٠٣٩م.

كان ابن الهيثم من أعظم الفيزيائيين العرب، فقد وصفه بعض علماء الغرب بأنه "أعظم عالم ظهر عند العرب في علم الطبيعة في القرون الوسطى.

أهم منجزاته:

اكتشافه أن الشعاع الضوئي ينتشر- في خط مستقيم ضمن وسط متجانس. واكتشاف ظاهرة انعكاس الضوء، والتمهيد لاستعمال العدسات المتنوعة في معالجة عيوب العين، وتشريح العين تشريحا كاملا وتبيين وظيفة كل قسم منها.

وأهم مؤلفاته: كتاب المناظر، وكتاب الجامع في أصول الحساب، وكتاب الأشكال الهندسية.

ابن خلدون:

ولد في تونس عام ٧٣٢هـ/١٣٣٢م، تلقى العلم على يد أبيه وعلى يد نفر من علماء تونس، تبحر في علوم اللغة والدين، فقد حفظ القرآن والحديث وتعلم اللغة والنحو، ثم توسع في علوم المنطق والفلسفة، انتهى به المقام في القاهرة حيث تولى القضاء مرارا حتى وفاته عام ٨٠٨هـ/١٤٠٦م.

مقدمة ابن خلدون:

تتناول طريقة كتابة التاريخ، وأسباب تقلب الدول، والمظاهر التي يشتمل عليها التاريخ الإنساني، وشملت مقدمة ابن خلدون ما يأتي:

أ-   حقيقة التاريخ ومهمة المؤرخ.

ب- العوامل الطبيعية في تكوين الأمم.

ج- العوامل الاجتماعية في نشوء الأمم.

د- المؤسسات الاجتماعية في البدو والحضر.

هـ- العوامل العارضة في المجتمع الإنساني.

وقد ترجمـت المقدمـة إلى معظـم لغـات العالـم الحيـة، وأصبحـت مـن المراجـع الأساسـية للعلوم الاجتماعية.

ابن رشد:

مـن فلاسـفة المغـرب، ولـد في قرطبـة سـنة ٥٢٠هـ/١١٢٦م واشـتهر بـالعلوم الفلسـفية والطبية، وفسر آثار أرسطو بطريقته الخاصة وتوفي في مـراكش عـام ٥٩٥هـ/١١٩٨م. كـان القـرن السادس الهجري آخر فترة ازدهرت فيها الفلسفة الإسلامية، وفيه برز الفيلسوف ابـن رشـد وهـو صاحب كتاب تهافت التهافت الذي يعكس فلسفته وآراءه ورد فيه عـلى الغـزالي صاحـب كتـاب تهافت الفلاسفة.

ابن حزم الأندلسي:

يعـد مـن أعظـم العقـول في الأنـدلس، وكـان لـه تـأثير في آداب الغـرب، كتـب عـددا مـن الخرافات والحكايات والروايات الأخلاقية، التي انتشرت منـذ القـرن الثالـث عشرـ في كـل أنحـاء أوروبا، وترجمت إلى الإسبانية واللاتينية والعبرية والفارسية والفرنسية.

وذكر الأديب الفرنسي لافونتين أن ابن حزم كان أحد مصادره التي أخذ عنها، كما تـأثر بـه بعض من الأدباء الأوروبيين أمثال بوكاشيو وتشور.

أرستقراطية:

نظام سياسي يتميز بأن يتولى الحكم تبعا له طبقـة النبلاء أو أفراد مـن الطبقـة الخاصـة ويكون إحتكارا لهم، وأرستقراطية كلمة يونانية مكونة من

"ممتاز وحكم" والحكم الأرستقراطي يعني على أساس التمييز الطبقي وعلى أساس أن بعض الأفراد أصلح من غيرهم للسيادة، وأبرز عيوبه الميل إلى الاستبداد وعدم تمثيل الإدارة الشعبية، ويعتبر هذا النظام من الناحية التطبيقية معدوما.

وهي كلمة يونانية تعني سلطة خواص الناس، وفي العلوم السياسية تعني الحكم بواسطة غير المواطنين لصالح الدولة.

أوتوقراطية:

كلمة يونانية مكونة من مقطعين هما: أوتوس بمعنى نفس وآرخوس بمعنى حكيم ويقصد بذلك نظام الحكم الفردي، أو الحكم الاستبدادي كما لو كان رئيس الدول ملاكا أو أجيرا مطلق التصرف يباشر الحكم بدون هيئات تشريعية أو استشارية مسؤولة وهذا النظام السياسي كان سائدا أبان القرون الوسطى في روسيا القيصرية وعدد من الدول الشرقية.

الأعراف:

ما تعارف عليه الناس وأصبح ضمن القانون مثل السلام للضيف، أعراف دولية، مثل: مقابلة الملك للملك أو الرئيس وإطلاق إحدى وعشرين طلقة تحية له وأعراف مهنية مثل: الجلوة حتى الجد الخامس والعطوة "في قضايا القتل".

الاشتراكية:

مذهب سياسي ذو طابع إقتصادي غالبا، ظهر بصفة جدية منذ منتصف القرن التاسع عشر، وهناك عوامل ومحاولات ترجع للعصر الإغريقي القديم، وتتمثل في الصورة المثالية التي رسمها الفيلسوف أفلاطون في كتابه الجمهورية، ومع تعدد المدارس الاشتراكية، فإنها تنبثق من فكرة فلسفية وهي "أن الدولة هي الغاية القصوى من المجتمع الإنساني، ومن الضروري التدخل مباشرة وتشرف إشرافا مطلقا على كل ما يتصل بشؤون الحياة وأن تحل محل الأفراد في توجيه نشاط المجتمع، لهذا تعتبر الاشتراكية "كما يدل

عليها اسمها" ممثلة للمذهب الجماعي في التفكير السياسي ويقابلها المذهب الفردي الذي يمجد الفرد ويجعل من الدولة أداة لحماية حرياته ونشاطه على ألا تتدخل أو تشارك في هذا النشاط.

اورجانون:

هي التسمية التي أطلقها ارسطو على أعماله في المنطق والتي تعني الآلة.

إيمان:

لها معنيان :

الأول: المعنى العام: أن تعرف أن الله موجود ونتوكل عليه .

الثاني: معنى خاص: درجة معينة من المعرفة تصل على القلب.

الاستبداد:

هو عبارة عن سيطرة مجموعة أو فرد على شعب، ويقع عليهم الظلم نتيجة ذلك.

إحسان:

أعلى درجات الدين، حيث يصل فيها المؤمن إلى درجة حق اليقين ويكون معمورا بالحقيقة.

الهام:

هي معرفة صحيحة ومباشرة للروح من الله سبحانه وتعالى، وهي متاحة للناس الأتقياء والأبرار والصالحين مثل سيدنا الخضر.

أفلاطون:

فيلسوف يوناني عاش في القرن الرابع قبل الميلاد حوالي (٤٢٨ ق . م – ٣٤٨ ق.م).

الإدارة المركزية:

هي الجهاز الحكومي الموجود في العاصمة الذي يتولى جميع الأعمال الإدارية المتعلقة بالخدمات مثل: التعليم، المياه، والكهرباء.. إلخ.

اتفاقية الحاكم الثنائي:

اتفقت بريطانيا ومصر على وضع السودان تحت الحكم الثنائي، على أن يكون الحاكم العام للسودان بريطانيا، وأن تلغى الامتيازات الأجنبية في السودان، وأن تقوم الحكومة المصرية بالإنفاق على المشروعات العامة في السودان.

اتفاقية:

هو اتفاق بين دولتين أو عدد من الدول مبرمة في شأن من الشؤون تترتب عليه نتائج قانونية، ويرى بعض فقهاء القانون الدولي أن اسم (الاتفاقية) يقتصر ـ عبر الشؤون السياسية والمسائل الحيوية الهامة، وفي هذه الحالة يفضلون استخدام اسم (معاهدة) ولكن التفريق بين المعاهدة والاتفاقية ليس له نتائج عملية، ومن المسائل التي تنظمها الاتفقات الدولية، الشؤون الاقتصادية والثقافية ونحوها كتسليم المجرمين، أو تبادل الأساتذة والطلبة أو دفع الديون والتعويضات مثلا.

اتفاق الهدنة:

هو اتفاق بين دولتين متحاربتين أو أكثر، ينسق إبرام معاهدة الصلح بينهما ويتقرر بمقتضاه وقف القتال كما يتقرر بموجبه الإجراءات والشروط التي تتبع إلى أن يتم الاتفاق على شروط الهدنة النهائية، ومثال ذلك إتفاق الهدنة بين الحلفاء وألمانيا أنهى عمليات الحرب العالمية الأولى، وقع في (١١) نوفمبر عام ١٩١٨م، بينما وقعت معاهدة الصلح المعروفة باسم معاهدة فرساي في (٢٨)

يونيو عام ١٩١٩م، وإلى أن يتم توقيع معاهدة الصلح تعتبر الدولتان أو الدول ما زالتا في حالة حرب مع أن العمليات الحربية بينهما قد توقفت.

إتحاد قومي:

هو هيئة شعبية قامت عام ١٩٥٩م بناء على نص في الدستور المؤقت للجمهورية العربية المتحدة لعام ١٩٥٦م جاء فيه "يكون المواطنون اتحادا قوميا للعمل على تحقيق الأهداف التي قامت من أجلها الثورة، وحث الجهود لبناء الأمة بناء سليما من النواحي السياسية والاقتصادية والاجتماعية" وقد جاء إنشاء الاتحاد القومي تطويرا للتنظيم الشعبي الذي وهو "هيئة التحرير" التي تكونت عام ١٩٥٣م.

إتحاد العمال العرب:

يعرف باسم "الاتحاد الدولي لنقابات العمال العرب" وهو اتحاد يضم ممثلي اتحادات العمال في الدول العربية وتشمل الجمهورية العربية المتحدة، والأردن، والجزائر والسودان واليمن والعراق والكويت وسوريا وفلسطين ولبنان وليبيا وتونس والمغرب كما يشترك في المؤتمرات التي يعقدها مراقبون من اليمن وأرتيريا وغيرها.

إتحاد دولي:

هو عبارة عن هيئة متخصصة تنشأ بمقتضى اتفاق بين عدد من الدول لغرض تنسيق المصالح المتعارضة لهذه الدول في شأن من شؤونها بما يكفل تحقيق المصالح الذاتية لكل منها، وقد أصبحت الحاجة إلى تكوين هذه الاتحادات ضرورية منذ أن تطورت العلاقات الدولية وازدادت دول العالم تقاربا، وكانت الخطوة الأولى نحو تحقيق هذه الغاية هي تنظيم المؤتمرات المفتوحة لاشتراك الدول الراغبة في بحث المسألة أو المسائل التي يناقشها المؤتمر والخروج من ذلك إلى إقرار توصيات وعقد اتفاقات يوقعها الأعضاء عن رضا دون ضغط أو إلزام، وعندما نشبت الحرب العالمية الأولى عام ١٩١٤م

كان عدد الاتحادات الدولية قد ارتفع إلى (٥٠) اتحادا التزمت بعدة اتفاقات، منها الاتحاد الدولي للتلغراف والاتحاد الدولي للبريد، واتحادات للتعريفة الجمركية، ولحماية الملكية الصناعية وللعلاقات الخارجية التجارية وللمكاييل والموازين والحجر الصحي.

الأنانة:

هي النهاية المتطرفة في الشك التي وصل لها هيوم، وتقول بأن المرء لا يستطيع أن يعرف شيئا حتى لو كان موجودا فعلا.

أرسطو:

فيلسوف إغريقي عاش في القرن الرابع قبل الميلاد، وهو أحد تلاميذ أفلاطون وأول من عبر عن مبادئ المنطق.

إلياذة:

إحدى ملحمتي هوميروس وتقع في ٢٤ جزءا تتناول حروب طروادة بين اليونان وطروادة، والخلاف بين أجاممنون قائد الحملة اليونانية، وأخيل أشجع أبطال اليونان، مما أدى إلى تدخل صديقه باتروكلوس ثم يصفح أخيل عن قائد الحملة اليونانية، وينتقم من هكتور ويقتله، وتنتهي الإلياذة بوصف مؤثر لدفن هكتور، وتعتبر الإلياذة والأوديسة أشهر القصائد الملحمية التي أصبحت نموذجا يحتذى به في الشعر الملحمي.

الأسينيون:

نسبة إلى كلمة أسين، وتعني باليونانية الصامتين، أو الممارسين أو الأنقياء، أو المتشيعين، أو الورعين، وقد أطلقت هذه التسمية على طائفة من بني إسرائيل وجدت قبيل العهد المسيحي واعتزلت الطوائف اليهودية الأخرى،

وعاشت في خربة قمران وفق شرائع محددة وملتزمة بالطهارة والعبادة، وآمنت أن الله هو الخالق الوحيد.

الأيديولوجية:

هي ناتج تكوين نسق فكري يفسر الطبيعة والمجتمع والفرد وقد برزت مجموعة منها في القرن الماضي كان من أهمها الصهيونية، والنازية، والفاشية، والشيوعية، والتطرف.

الاتحاد المغاربي:

أنشئ هذا الاتحاد عام ١٩٨٥م ويضم المغرب وتونس والجزائر وليبيا وموريتانيا، ويهدف إلى تقوية الأخوة، والدفاع عن حقوق الدول الأعضاء، واتباع سياسة موحدة في المجالات السياسية والاقتصادية، ويتألف هذا الاتحاد من مجلس الرئاسة ويرأسه زعماء الدول الأعضاء، كما يتألف من الأمانة العامة التي تتكون من ممثلين للدول الأعضاء، ومن مجلس شورى ويضم عشرة أعضاء لكل دولة، وكذلك من الهيئة القضائية التي تضم عشرة قضاة ممثلين للدول الأعضاء للنظر في تفسير القوانين الموحدة لدول الاتحاد.

الأمن الاقتصادي:

ويقصد به تحقيق الأمن من وجهة نظر الدولة بالنسبة للمواطن وذلك في مختلف المجالات وعلى المستويات السياسية والاقتصادية والاجتماعية كافة.

ابن سينا "الشيخ الرئيس":

ولد في سنة ٣٧٠هـ/٩٨٠م، واشتهر بالطب والفلسفة، وجمع بين العلوم البحتة والعلوم التطبيقية، وألف في الهندسة والفلك والموسيقى والطب والحساب والكيمياء والفيزياء، وكانت وفاته في همذان سنة ٤٢٨هـ/١٠٣٧م.

ونظرا لعلمه وشهرته الواسعة في العالم الإسلامي لقب بـ "الشيخ الرئيس".

ويعد كتاب القانون في الطب أشهر كتبه، وأضخم موسوعة طبية وصلت إلينا من القرون الوسطى، وقد ترجم إلى اللاتينية، وكان يعتمد عليه في تعليم الطب في أوروبا، وقد اشتهر ابن سينا بطرق معالجته للمرض جسديا ونفسيا.

أسد البحر:

الاسم السري الذي أطلقه الألمان على عملية الغزو البري والبحري لبريطانيا، وكان هتلر يرى أن القيام بإنزال بحري في بريطانيا يتطلب تحقيق التفوق الجوي، ولذلك شنت الطائرات الألمانية هجمات مكثفة على المدن البريطانية، إلا أن الهجوم الألماني فشل في إضعاف القوة الحيوية البريطانية، كما أن قادة البحرية الألمانية عارضوا عملية الغزو لأن ظروف الطقس لا يمكن التنبؤ بها، ومتطلبات الجيش في جبهة الإنزال عريضة يستحيل أن تنفذها البحرية الألمانية الضعيفة.

وعلى الرغم من ذلك قرر هتلر في ٣١ تموز عام ١٩٤٠م مواصلة الاستعدادات وتحدده ١١ أيلول موعدا للتنفيذ، وحشد الألمان أسطولا كبيرا من السفن ضم عشرين ألف مركب نقل في المرافئ الألمانية والبلجيكية والفرنسية، ووصلت المخاوف من الغزو إلى الذورة في ٧ أيلول ١٩٤٠م عندما أعلنت هيئة رؤساء الأركان البريطانية الإنذار رقم واحد في ٧ أيلول، وهو أن الغزو وشيك، والأرجح أن ينفذ في اثنتي عشرة ساعة، مما دفع هتلر إلى تأجيل عملية الغزو إلى موعد غير محدد.

الأونروا:

وكالة تشغيل ومساعدة اللاجئين في الشرق الأدنى.

أنشئت هذه الوكالة بموجب قرار الجمعية العامة للأمم المتحدة عام ١٩٤٩م، وبدأت نشاطها عام ١٩٥٠م بتقديم المساعدة لـ ٢.٦ مليون فلسطيني تقريبا ممن أجبروا على ترك أراضيهم في فلسطين نتيجة الاحتلال الإسرائيلي،

ويعيش هؤلاء في مخيمات أقيمت لهم في سوريا ولبنان والأردن ومصر، وتقدم لهم خدمات تشمل التعليم والصحة والخدمات الاجتماعية.

الأنظمة القانونية:

أنظمة تضعها الحكومة لتفعيل بعض القوانين التي تم اختصارها من القواعد الرئيسة للموضوع، ومنها: الأنظمة اللازمة لمراقبة تخصيص الأموال العامة وإنفاقها، أو التقسيمات الإدارية في الدولة، وتشكيلات الدوائر الحكومية، وأسماؤها ومنهاج إدارتها.

إرازموس:

يعد إرازموس الراهب الهولندي (١٤٦٦-١٥٣٦م) من أبرز مفكري الحركة الإنسانية، انتقد في كتاباته سلوك رجال الكنيسة الذين يركزون على الظواهر والطقوس ودعاهم إلى التركيز على القيم والمعتقدات الدينية.

إسحق نيوتن:

ولد إسحق نيوتن عام ١٦٤٢م في بريطانيا والتحق بجامعة كيمبردج في الثامنة عشرة من عمره، وحصل على البكالوريوس في الرياضيات عام ١٦٦٥م، وقد وضع نيوتن وهو في الرابعة والعشرين من العمر أعظم إنجازاته العلمية، التي خلدته في التاريخ، فوضع القوانين الأساسية في الميكانيكا التي عرفت بقوانين نيوتن في الحركة وطبقها على حركة الأجرام السماوية، واكتشف قانون الجاذبية، كما اخترع حساب التفاضل والتكامل.

وعندما بلغ نيوتن السادسة والعشرين من العمر حصل على رتبة أستاذ الرياضيات في جامعة كيمبردج، وفي عام ١٦٨٧م نشر نيوتن كتابه "المبادئ الرياضية للفلسفة الطبيعية" ضمنه أفكاره وإنجازاته العلمية، وتوفي نيوتن عام ١٧٢٧م.

الأرض:

ونعني بها تلك المسافة المحددة المعالم التي يسكن (يقطن) عليها الشعب، وما يقع تحت سطح هذه الأرض، وما يكون فيها من ثروات مختلفة كالبترول والمعادن وغيرها.

الإقليم:

يعرف الإقليم بأنه بقعة محددة من الأرض يستقر عليها الشعب ويمارس فيها نشاطه وأعماله بشكل دائم.

الإمبراطور:

لقب يطلق على الحاكم في الدولة، وتفرضه طبيعة نظام الحكم فيها، ولا علاقة له باتساع مساحة الدولة أو مدة حكم الشخص الذي يتولى هذا المنصب.

الإتحاد الفدرالي (المركزي):

ينشأ هذا الاتحاد من انضمام عدة دول بعضها إلى بعض، بحيث تكون دولة واحدة جديدة هي دولة الاتحاد، وتفقد الدول الأعضاء سيادتها الخارجية، وجزءا من سيادتها الداخلية، وتخضع جميع الدول لرئيس واحد هو رئيس الدولة الفدرالي.

ومن أمثلة الاتحاد الفدرالي:

١- ألمانيا.

٢- الأرجنتين.

٣- البرازيل.

٤- ليبيا.

٥- الولايات المتحدة الأميركية.

الإتحاد الكنفدرالي (الاستقلالي أو التعاهدي):

يتكون هذا الاتحاد من دولتين أو أكثر تحتفظ كل منها بسيادتها في الداخل والخارج، ولكنها تنشئ فيما بينها نوعا من الارتباط والاتحاد بقصد تحقيق مصالح مشتركة يتم الاتفاق عليها في معاهدة تبرمها هذه الدول.

ومن أمثلة الاتحاد الكنفدرالي:

١- الاتحاد الجرماني من عام ١٨١٥ - ١٨٦٦م.

٢- الاتحاد السويسري.

آسيا:

أكبر قارات العالم، تقع في نصف الكرة الشمالي، تعتبر آسيا مهد الحضارات، ومهبط الرسالات، ولقد انتشر الإسلام في آسيا منذ فجر التاريخ الإسلامي.

آسيا الصغرى:

شبه جزيرة تحتل الطرف الغربي من قارة آسيا بين البحر الأسود والبحر المتوسط، وغالبا ما تعتبر مرادفة للأناضول،فتحها المسلمون أثناء الخلافة الأموية (٤٠-١٣٢هـ/٦٦١-٧٥٠م) لوضع حد لهجمات البيزنطيين على حدود الدولة الإسلامية، ولقد بقيت آسيا الصغرى تحت سلطة السلاجقة لمدة قرنين من الزمان، كمااستطاع الخليفة العثماني مراد الثاني إخضاع جميع أراضي آسيا الصغرى تحت حكم العثمانيين.

آسيا الوسطى:

منطقة بوسط آسيا تضم تركيا وأفغانستان وباكستان، في القرن الثالث عشر الميلادي اجتاح المغول العالم الإسلامي، ثم اعتنقوا الإسلام ولعبوا دورا بارزا في التاريخ الإسلامي الوسيط والحديث.

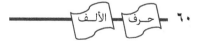

أجنادين:

إقليم فلسطيني، حدثت به موقعة مشهورة تغلب فيها المسلمون بقيادة خالد بـن الوليـد على البيزنطيين عام ١٣هـ/٦٣٤م.

أخته:

شبه جزيرة في الشمال الشرقي من اليونان، أبعد شبه جزر كيكلاديس مـن ناحيـة الشرق، وكان محمد علي قد أرسل حملة عسكرية لمهاجمة العثمانيين بعد أن استقل بمصر عنهم، وتمكن من إلحاق الهزيمة بهم في نصيبين، ١٨٣٩م (الأمر الذي أتاح للحملة فرصة التوغل حتى أخته).

أدرنة:

اسمها القديم أدرينية، مدينة تركية شمال غـرب إسـتنبول عـلى الحـدود اليونانيـة، كانـت أدرنة عاصمة للدولة العثمانيـة مـن ١٣٦٢م وحتـى ١٤٥٣م، مـن أهـم آثارهـا الإسلاميـة جامع السليمية.

أذربيجان:

أحد جمهوريات القوقاز، تقع على بحـر قـزوين شـمالي إيران، فتحهـا المسـلمون في عـهد عثمان بن عفان، وفي القرن الثالث عشرـ الميلادي وقعـت أذربيجـان تحـت سـيطرة المغول ثـم اجتاحها تيمورلنك سنة ١٣٨٠م، وبعد سـقوط الإمبراطوريـة المغوليـة في القرن الخـامس عشرـ الميلادي انقسمت أذربيجان إلى دويلات صغيرة.

أردبيل:

مدينة شمال غربي إيران، اتخذها الشاه إسماعيل الصفوي (٨٩٣-٩٣٠هـ/١٤٧٨-١٥٢٤م) مركزا لتأسيس الدولة الصفوية في فارس، تشتهر المدينة بآثارها الإسلامية.

أرسوف:

مدينة بين يافا وقيسرية، تطل على البحر المتوسط، استولى عليها الصليبيون في القرن الحادي عشر بيد أن بيبرس نجح في استردادها عام ٦٦٤هـ/١٢٦٥م، وهي الآن جزء من الأراضي المحتلة في إسرائيل.

أرمينيا:

منطقة جبلية في غرب آسيا بين الأناضول وأنجاد إيران جنوب جورجيا، قديما كانت مملكة امتدت من شمال غرب تركيا حتى شمال غرب إيران، فتحها المسلمون في خلافة عثمان بن عفان (توفي ٣٥هـ/٦٥٦م) كما تأكد فتحها في العصر الأموي (٤٠-١٣٢هـ/٦٦١-٧٥٠م).

أسبانيا:

دولة في أوروبا الغربية على الأطلسي والمتوسط بين فرنسا والبرتغال، تغطي القسم الأكبر من شبه الجزيرة الأيبيرية وجزر البليار والكناري، ولقد كان عثمان بن عفان (توفي ٣٥هـ/٦٥٦م) أول من فكر في غزو أوروبا من خلال أسبانيا، وفي ١٣٩هـ/٧٥٦م أصبحت قرطبة عاصمة للدولة الأموية في الأندلس.

أصفهان:

مدينة في وسط إيران بين طهران وشيراز، فتحها العرب عام ٢٠هـ/٦٤٠م في خلافة عمر بن الخطاب، وسقطت في يد العثمانيين عام ١٥٤٨م، اتخذها عباس الأول الصفوي عاصمة بدل قزوين عام ١٥٩٣م، من آثارها مسجد الشاه عباس.

أفريقيا:

ثاني أكبر القارات من حيث الحجم، يحيط بها المحيطان الأطلسيـ والهندي، يفصلها عن أوروبا مضيق جبل طارق وعن آسيا قناة السويس ومضيق

باب المندب، تعرف مع أوروبا وآسيا بالعالم القديم، وبعد أن فتح المسلمون شمال أفريقيا في القرن السابع الميلادي انتشر الإسلام في أجزاء متفرقة من القارة عن طريق التجار المسلمين الذين لعبوا دورا مهما في نشر الثقافة الإسلامية بين الشعوب الأفريقية.

أفغانستان:

دولة إسلامية في آسيا ا لوسطى شمالي الاتحاد السوفيتي (سابقا) بين إيران وباكستان والصين، دخل الشعب الأفغاني في الإسلام سنة ٦٥١م أثناء الخلافة الأموية، ولعبوا منذ ذلك الحين دورا هاما وحساسا في التاريخ الإسلامي، يتميز الشعب الأفغاني بالتنوع العرقي حيث يشتمل على العرب والأتراك والفرس والمغول.

ألبانيا:

جمهورية إسلامية في البلقان على البحر الأدرياتيكي بين اليونان ويوغوسلافيا السابقة، فتحها الأتراك العثمانيون سنة ١٤٧٨م وبقيت تحت السيادة العثمانية الإسلامية لمدة أربعة قرون.

أمول:

مدينة في طبرستان ولد بها المؤرخ والمفسر الشهير أبو جعفر محمد بن جرير بن يزيد الطبري عام ٨٣٩م.

أنطاكية:

مدينة على نهر العاصي قرب مصبه في البحر المتوسط، فتحها المسلمون سنة ٦٣٦م أثناء خلافة عمر بن الخطاب كما كانت أحد الإمارات التي أسسها الصليبيون سنة ١٠٩٨م، بيد أن نور الدين محمودا استطاع عام ٥٥٩ هـ/١١٦٣م تحرير أنطاكية من يد الصليبيين وإيقاف زحفهم تجاه شمال العراق.

أنقرة:

عاصمة تركيا في وسط البلاد من ناحية الغرب، تعتبر مركزا تجاريا هاما منذ زمن بعيد وحتى نهاية القرن التاسع عشر، في عام ٨٠٥هـ/١٤٠٢م استطاع تيمورلنك إلحاق هزيمة منكرة بجيوش بايزيد الأول وأسره في موقعه أنقرة، ثم إنحدرت الأهمية الإستراتيجية والتجارية لأنقرة إلى أن حلت محل إستنبول كعاصمة لتركيا عام ١٩٢٣م.

أوروبا:

من أصغر القارات مساحة وأكثرها كثافة بالسكان، يحيط بها المحيطان المتجمد الشمالي والأطلسي والبحر المتوسط وفروعه والبحر الأسود وبحر قزوين، يفصلها عن آسيا مضيق الدردنيل وجبال الأورال وعن أفريقيا مضيق جبل طارق، تمثل الحملات الصليبية في القرن الثاني عشر- نقطة تحول مهمة في تاريخ العلاقات بين أوربا المسيحية والعالم الإسلامي، وكان للمسلمين في إحدى حقب التاريخ من الصولات والجولات ما هز أوروبا بأسرها وخاصة الجزء الشرقي منها، كما استطاع المسلمون إحكام سيطرتهم على أسبانيا والبرتغال وجزيرة صقلية وغيرها من المواقع الأوروبية، خاصة في عهد الدولة العثمانية التي كادت تسيطر على أوروبا حقبة طويلة من الزمن وامتدت فتوحاتها في أوروبا حتى فيينا عاصمة النمسا.

أوزبكستان:

إحدى الجمهوريات الإسلامية بالاتحاد السوفيتي (السابق)، تقع في وسط آسيا من ناحية الغرب، وتعتبر مدينة بخارى من أهم مدنها والتي شهدت مولد الإمام البخاري (توفي ٢٥٦هـ/٨٧٠م) إجتاحتها قوات جانكيز خان وتيمورلنك، واستطاع الشعب الأوزبكي أن يحكم نفسه بنفسه في أوائل القرن السادس عشر، في القرن التاسع عشر إجتاحت روسيا المنطقة بأسرها بما فيها أوزبكستان.

إزمير:

مدينة تركية في غرب البلاد على خليج إزمير وبحر أيجه، سار إليها تيمورلنك بعد أن استولى على آسيا الصغرى (١٤٠٢م) في موقعة قونية.

إستنبول:

عرفت قديما ببيزنطة، مدينة تاريخية كبرى في تركيا على ضفتي البوسفور بين خليج القرن الذهبي وبحر مرمرة، عاصمة الدولة العثمانية، فتحها محمد الثاني الفاتح (عام ١٤٥٣م)، بها ما يزيد على ١٥٠٠ مسجد على الطراز العثماني والذي تأثر بالتراث المعماري للحضارات السابقة، من أشهر مساجدها مسجد السلطان أحمد ويسمى بالمسجد الأزرق.

إشبيلية:

مدينة في جنوب غربي أسبانيا على الوادي الكبير، فتحها العرب سنة ٧١٢م، كانت عاصمة الأندلس في عهد عبدالعزيز بن موسى بن نصير (توفي ٩٧هـ/٧١٦م) كما كانت مركزا تجاريا وثقافيا أيام المرابطين (٤٤٨-٥٤١هـ/١٠٥٦-١١٤٧م) والموحدين (٥١٥-٦٦٧هـ/١١٢١-١٢٦٩م) شهدت المدينة ازدهارا غير مسبوق مع اكتشاف العالم الجديد.

إفريقية:

تونس الحالية، دولة عربية في شمال أفريقيا على البحر المتوسط، فتحها المسلمون بقيادة عقبة بن نافع في عهد معاوية بن أبي سفيان في القرن السابع الميلادي، وبنى فيها مدينة القيروان.

إندونسيا:

جمهورية إسلامية في جنوب شرق آسيا، لعب التجار المسلمون دورا هاما في نشر الإسلام في تلك البقاع النائية واستطاع الإسلام بقوة زخمه أن يزيح من أمامه البوذية والهندوسية اللتين كانتا متفشيتين في تلك البقاع.

إيزنك:

مدينة شمال غرب تركيا اشتهرت بالآجر الذي يستخدم في تزيين وبناء حوائط ومحاريب المساجد.

إيطاليا:

شبه جزيرة في جنوب أوروبا شمال البحرالمتوسط بين البحرين الأدرياتيكي والأدرياني، وكانت دولة الأغالبة في تونس (١٨٤-٢٩٦هـ/٨٠٠-٩٠٩م) قد أرسلت أسطولا بحريا لمهاجمة جنوب إيطاليا، ونجح الأسطول في مهمته ووضع يده على عدد من المدن هناك.

الأردن:

دولة عربية في الشرق الأوسط في الشمال الغربي من شبة الجزيرة العربية، فتحها المسلمون بقيادة شرحبيل بن حسنة في خلافة أبي بكر الصديق.

الأناضول:

شبه جزيرة في غرب آسيا على البحرالمتوسط تشمل معظم الأراضي التركية وتعرف بآسيا الصغرى، ولقد شهد الجزء الشمالي الغربي من الأناضول توحد راية العثمانيين تحت لواء عثمان بن أرطغرل والذي سميت الدولة فيما بعد باسمه، وفي عام ١٢٣١م تم تأسيس إمارة في الأناضول، في عام ١٣٩٠م استطاع بايزيد الأول إلحاق الهزيمة بالصليبيين في موقعة نيكوبول الشهيرة ١٣٩٦م.

الأندلس:

اسم أطلقه العرب على أسبانيا والبرتغال بعد أن فتحها موسى بن نصير ومولاه طارق بن زياد، تتكون من معظم شبه الجزيرة الأيبيرية وجزر الكناري، وكان عثمان بن عفان (توفي ٣٥هـ/٦٥٦م) أول من فكر من

الخلفاء في فتح أوروبا عن طريق أسبانيا، أصبحت قرطبة عاصمة للدولة الإسلامية في الأندلس عام ١٣٩هـ/٧٥٦م أثناء حكم الأمويين لها، ولقد اشتهرت الأندلس قديما بروعة وعظمة الآثار الإسلامية الموجودة فيها ومن أهمها المسجد الكبير بقرطبة.

الإسكندرية:

مدينة قديمة جنوب تركيا مكان الإسكندرونة الحالية على البحر المتوسط، الميناء الرئيسي لتركيا على البحر المتوسط، أثناء حكم كمال اتاتورك استطاعت تركيا بدعم من فرنسا إحكام سيطرتها على جميع أراضي الإسكندرونة بما فيها هتاي عام ١٩٣٩م.

الإسكندرية:

مدينة مصرية على البحر المتوسط غربي فرع رشيد (من نهر النيل) فوق شريط ضيق يفصل بحيرة مريوط عن المتوسط، أسسها الإسكندر الأكبر عام ٣٣٢ قبل الميلاد، فتحها المسلمون بقيادة عمرو بن العاص بعد معاهدة الإسكندرية بينه وبين المقوقس حاكم مصر الروماني، وفيها تعهد الثاني بإجلاء الجيش البيزنطي من الإسكندرية وتعهد الطرف الأول بضمان الحرية الدينية.

البحر الأدرياتيكي:

بحر يتفرع من المتوسط بين إيطاليا والبلقان، ويمتد من خليج البندقية إلى مضيق أوترانتو الذي يربطه بالبحر الأيوني، في عهد السلطان العثماني أورخان (١٣٢٤-١٣٦٠م) بسط العثمانيون نفوذهم على أطراف أوروبا الشرقية، ثم جاء مراد الأول (١٣٥٩-١٣٨٩م) ليكمل التوسعات التي ابتدأها أبوه أورخان في أوروبا، ثم توغلت قوات مراد الأول إلى عمق أوروبا الشرقية حتى وصلت إلى ساحل الأدرياتيكي.

البحر الأسود:

بحر داخلي بين أوروبا وآسيا يتصل ببحر إيجه من خلال البوسفور وبحر مرمرة والدردنيل، ولقد أحكم العثمانيون سيطرتهم على المنطقة المحيطة بالبحر الأسود لفترة طويلة في التاريخ الإسلامي.

البرتغال:

جمهورية في جنوب غرب أوروبا على المحيط الأطلسي بشبه جزيرة أيبيريا، تتبعها جزر آزور وماديرا في شمال المحيط الأطلسي، فتحها المسلمون في أوائل القرن الثامن الميلادي عندما تمكن الجيش الإسلامي بقيادة طارق بن زياد من إلحاق الهزيمة بجيوش القوط الغربيين بقيادة روديرك في موقعة شريش (٩٢هـ/٧١١م) وأتاح هذا النصر ـ للمسلمين إحكام سيطرتهم على أسبانيا والبرتغال.

البصرة:

مدينة جنوب شرق العراق على شط العرب بالقرب من الخليج العربي، وهي أحد مرافئ العراق الهامة، وأحد المدن التي نالت شرف استلام نسخة من القرآن الكريم الذي جمعه عثمان بن عفان (توفي ٣٥هـ/٦٥٦م) وبالقرب من البصرة وقعت موقعة الجمل (٣٦هـ-٦٥٦م) التي انتصر فيها علي بن أبي طالب على خصومه، أنجبت علماء ومحدثين ونحويين، وكانت مع الكوفة مركزا للثقافة العربية.

البلقان:

شبه جزيرة بجنوب شرق أوروبا بين البحر الأسود والمتوسط والأيوني والأدرياتيكي، وقعت تحت الحكم العثماني بحلول عام ١٥٠٠م على يد مراد الأول والذي توغلت قواته في عمق أوروبا الشرقية حتى وصلت إلى ساحل الأدرياتيكي.

التبت:

منطقة في جنوب غرب الصين بين جبلي الهيمالايا وكنلن، شهدت المنطقة فترة من الازدهار عندما كانت مملكة مستقلة في القرن السابع الميلادي، وقعت تحت النفوذ المغولي من القرن الثالث عشر وحتى القرن الثامن عشر الميلادي، وفي عام ١٧٢٠م أصبحت جزءا من الإمبراطورية الصينية.

الجزائر:

دولة عربية في شمال أفريقيا يحدها من الشمال البحر المتوسط ومن الشرق تونس وليبيا ومن الجنوب النيجر وموريتانيا ومالي ومن الغرب المملكة المغربية، فتحها المسلمون بقيادة عقبة بن نافع والحسن بن النعمان وموسى بن نصير (٦٨٢م) أثناء الفتح الإسلامي للمغرب العربي في الخلافة الأموية (١٣٢-١٤٠هـ/٦٦١-٧٥٠م).

الجزائر العاصمة:

عاصمة الجمهورية الجزائرية وأكبر مدنها، وتقع شمال البلاد على البحر المتوسط، وواحدة من أهم الموانئ في شمال أفريقيا، في عام ٧٠٠م فتح المسلمون العاصمة الجزائرية.

الجزيرة العربية:

شبه جزيرة في جنوب غربي آسيا يحدها من الشمال الأردن والعراق ومن الشرق الخليج العربي وخليج عمان ومن الجنوب بحر العرب وخليج عدن ومن الغرب البحر الأحمر، ويعتبر إنطلاق الإسلام وانتشاره من الجزيرة من أهم العلامات المميزة في تاريخها، كما أن بها مكة والمدينة، حيث الكعبة المشرفة والمسجد الحرام والمسجد النبوي وغيرهم من الأماكن المقدسة للمسلمين.

الحبشة:

أثيوبيا الحالية في الشمال الشرقي من أفريقيا، مع بداية ظهور الإسلام كانت الحبشة مملكة يحكمها نجاشي عرف بسماحته وعدله، ولذا هاجر إليها بعض المسلمين بعد تشديد قريش الخناق عليهم حيث لاقوا كل ود وترحاب وحماية من النجاشي.

الحجاز:

إقليم في السعودية غربي نجد على البحر الأحمر، يمتد من خليج العقبة شمالا حتى عسير جنوبا، من مدنه مكة والمدينة، ولتوسطه بين البلاد اشتغل معظم سكانه قبل الإسلام بالتجارة، كانت الحجاز نواة الدولة الإسلامية وعاصمتها في عهد الرسول صلى الله عليه وسلم والخلفاء الراشدين، كما اتخذ معارضو الخلافة الأموية من الحجاز قاعدة لهم، ولذا نقل الأمويون مقر الخلافة إلى الشام.

الخليج العربي:

ذراع من البحر العربي يمتد بين العراق وإيران والكويت وشبه الجزيرة العربية، أطلق عليه بحر العرب وبحر فارس والخليج الفارسي والخليج العربي، يصله مضيق هرمز بخليج عمان، من أهم جزره البحرين وخرج، لعب دورا هاما في التاريخ الإسلامي كمعبر للتجارة.

الدرعية:

مدينة سعودية في نجد، كانت قاعدة الدولة الوهابية التي أسسها محمد بن عبدالوهاب في القرن الثامن عشر الميلادي.

* * * * *

حرف البـــاء

باكونين ميخائيل:

فوضوي روسي من اصل أرستقراطي، يرى أن الحرية والعدالة لا تتحققان إلا بالقضاء على الدولة والملكية الفردية، وكان ينادي بالعنف في سبيل الوصول إلى أهدافه، تمتع بنفوذ كبير مع الاشتراكية، إلى أن اختلف مع كارل ماركس في المؤتمر العالمي الاشتراكي الأول عام (١٨٦٨م) وتمكن من طرده من الحركة الاشتراكية.

البحث:

هو التنقيب عن الحقيقة والوصول إلى نتائج محددة قابلة للاختبار بالمنهج العلمي المناسب ومن خلال عملية البحث نقوم بأجراء تجارب أو تجميع معلومات من مصادر مختلفة.

البحث العلمي:

١- هو مجموعة الجهود المنتظمة التي يقوم بها الإنسان مستخدما الأسلوب العلمي وقواعد الطريقة العلمية في سعيه لفهم الظواهر المحيطة به، وحل المشكلات التي تواجهه والسيطرة على بيئته.

٢- ودراسة متعمقة لكشف حقيقة علمية جديدة أو التأكد من حقيقة قديمة مدروسة وإضافة شيء جديد لها.

البدائية:

وهو الاعتقاد في الفردوس المفقود الذي يشمل في المراحل القديمة في تاريخ التطور الإنساني وتمجيد الحياة الطليقة التي تسير فيها الأمور على مجراها الطبيعي فهي افضل للإنسان من الحياة في مجتمع معقد ومصطنع.

البداوة:

١- هم فئة من السكان يتميزون بخصائص معينة، وسلوك خاص ترسمه البيئة الصحراوية المحيطة بهم، ولا تسمح بإقامة حياة سكانية مستقرة.

٢- وتعني البداوة الترحال أو عدم استقرار السكان في مكان ثابت طوال العام إذ تضطر الجماعات أن تغير مناطق أقامتها من وقت لآخر، أو من فصل لآخر سعيا وراء الغذاء أو الماء أو التجارة.

براءة الاختراع:

الشهادة أو الوثيقة التي تسلمها الدول للمخترع والتي تخول له حق الإنتاج باختراعه واستغلاله بما يحقق منفعته الخاصة من ناحية، والمنفعة العامة من ناحية أخرى ويجب أن يتميز الاختراع في هذه الحالة بخاصة وهي أن يكون مبتكرا أو جديدا أو أن يكون قابلا للاستغلال الصناعي وحق المخترع في استغلال اختراعه مؤقت بمدة محددة فإذا ما انتهت تلك المدة، اصبح اختراعه مباحا يجوز لأي شخص استعماله.

البراجماتية:

كلمة يونانية قديمة معناها الفعل أو العمل والممارس، والمتفق عليه: هي قيمة المعرفة أو الحقيقة رهن بالعمل النافع الذي يقود إليه، الترابط والانسجام، وفلاسفة هذا المذهب نيتثه من اصل ألماني والشاعر الألماني جوته، وأبرزهم الفيلسوف الأمريكي وليم جيمس.

البرجوازية:

كلمة فرنسية الأصل، تدل على الطبقة الوسطى القائمة بين طبقة النبلاء والطبقة العاملة، وتستخدم كلمة برجوازية عند الاشتراكية والشيوعية بمعنى

الطبقة الرأسمالية المستغلة، وهي التي تملك وسائل الإنتاج وتستولي على فائض العمل الذي تقوم به الطبقة الكادحة.

وبعد نمو النظام الرأسمالي الحديث، أصبحت كلمة البرجوازية تطلق على الأفراد الذين ترتبط مصالحهم بمصالح أصحاب وسائل الإنتاج.

البرهان:

الدليل أو الأدلة على صحة قول (نص) أحد النصوص أو نفي رأي علم انه مخالف على ما نعت فيه.

بربر:

كلمة أطلقها العالم الخارجي على سكان المغرب، ولا تدل على جنس وقد استعمل الرومان كلمة Berber بمعنى سيروا بسرعة وفي القاموس كلمة البربر معناها الكلام في سرعة الغضب وان من البربر قبائل بين الجوش والزنج ومن المؤرخين من يذكر انهم من بني بر بن قيس بن عيلان بن نصر.

برلمان:

اصطلاح استعمل في اللغتين الفرنسية والإنجليزية في القرن الثالث عشر للإشارة إلى أي اجتماع للمناقشة، والكلمة مشتقة من الفعل الفرنسي Parler بمعنى يتكلم، كما أطلق الاصطلاح على المكان الذي كان ينعقد فيه الاجتماع وأطلقت كلمة (برلمان) في اللغة الإنجليزية على الهيئة التشريعية العليا التي تتكون من مجلس العموم ومجلس اللوردات، ويحكم نفوذ الإنجليز في القرن التاسع عشر والنصف والأول من القرن العشرين، ثم انتقلت التسمية والنظام إلى مناطق كثيرة أخرى من العالم ووظيفة البرلمان في النظم السياسية البرلمانية هي تشريع وإقرار القوانين والميزانية، ومراقبة نشاط السلطة التنفيذية ومنحها الثقة أو حجبها عنها، والبرلمان هيئة ينتخبها الشعب لتمارس الوظيفة التشريعية نيابة عنه، ويتكون من مجلس واحد أو مجلسين.

بروتوكولات حكماء صهيون:

جمـع بروتوكـول وهـي كلمـة مسـتعملة في المصـطلح الـدبلوماسي للوثـائق الرسـمية أو الاتفاقات التي تقرر قواعد سياسية عامة،ولكنها ليست معاهدة أو اتفاقا رسميا وإنمـا تعنـي أن هناك أمورا قد تم عليها الاتفاق، وبروتوكولات حكماء صهيون اسم كتاب كثر حوله اللغط بـين مشكك في صدق نسبته إلى اليهود وبين مثبت لذلك يرى بعض المترجمـين لـه، الـدكتور إحسـان حقي، أنها من صنع جماعة من اليهود أو أنها من صنع وتأليف أحد اليهود الذي كتبها في صورة محاضرات أو بحوث، ثم تلقفها اليهود وتبنوها وصنعوا حولها الدعاية لترويجها ولبث الرعب في قلـوب مخـالفيهم، إلا انهـم أحيانـا يتـبرءون منهـا، كـما يعـترض كـذلك عـلى صـحة تسـميتها بـ((بروتوكـولات)) لعـدم مطابقتهـا للمعنـى الـدقيق للبروتوكـولات، حيـث وردت في الترجمـة الفرنسية بعنوان ((جلسات أو اجتماعـات)) حيث وضعها وجهاء اليهـود بلغـات مختلفـة خـلال اجتماعات اللجنة، التحضيرية للمؤتمر الدولي الصهيوني عام (١٨٩٥م) وتحتوي هذه البروتوكولات على أربعة وعشرين برتوكولا تـتلخص في كيفيـة تـدمير غـير اليهـود ((الجـوييم)) بنشر- الرذائـل والمنكرات بينهم، وإفساد الرأي العام من خـلال افتعـال الأزمـات الاقتصـادية والحـرب الكونيـة، وإقامة المذاهب، والأفكار التي تمهد لإلغاء الديانات، غير اليهودية لإقامة مملكة اليهود العالميـة، وتنصيب ملك اليهود المنتخب من الـلـه في زعمهم.

البروليتارية:

تعبير قانوني روماني يطلق على المواطن الذي ليست له صفة سوى الإنجاب وأطلقه المفكر الاشتراكي الخيالي سان سيمون على من لا يملكون نصيبا من الثروة ولا يتمتعون بـأي ضمانات في الحياة، وقامت التنظيمات والنقابات البروليتارية كرد فعل لازدهار الطبقـة البرجوازيـة، وبـدعم من أصحاب

النظريات الاشتراكية، راجع البرجوازية وقد استخدمت النظرية الاشتراكية العلمية ((الماركسية)) مفهوم البروليتاريا في إنشاء مجتمع الملكية العامة اللاطبقي الذي ادعت إمكانية إنشائه وكذبها الواقع والتاريخ في ذلك.

البطالة:

مصطلح اقتصادي يعني تعطيل الشخص عن العمل، وهناك أربعة أنواع من البطالة، موسمية وخصوصا في الزراعة، وبطالة فنية تنشأ من إحلال الآلات محل الأيدي العاملة، وبطالة دورية ترجع إلى هبوط مستوى الطلب العام على السلع، وبطالة مقنعة، وفيها لا يكون الشخص عادة متعطلا ولكن عمله لا يكون منتجا إنتاجا كافيا أو حيث يقوم عدد من الأفراد بعمل يمكن أن يقوم به شخص واحد.

البطالة الموسمية:

هي البطالة التي تحدث بسبب التغيرات الموسمية التي تؤثر على الصناعات فتعمل في بعض الفصول دون البعض الآخر أو يزيد عملها في جزء من السنة ويقل في جزء آخر.

بطن:

وهي مجتمع صغير يقوم على أساس الصلة الدموية وينحدر من جد واحد من فرع الأم أو من فرع الأب يحمل أفراده اسمه على الدوام ويقال أشقاء للأطفال المولودين من نفس الأبوين، انظر ((قبيلة)) و((عمارة)) و((عشيرة)).

البلشفية:

كانت البلشفية تعني في أول أمرها الأغلبية التي تقابل كلمة المنشفيك التي تعني الأقلية بعد انقسام الحزب الاشتراكي الديمقراطي للعمال الروسي على نفسه سنة (١٩٠٣م) ولكنها تطورت وأصبحت بعد ذلك تعني الكراهية

المواجهة ضد المجتمع البرجوازي، وبصفة خاصة ضد الغرب الرأسمالي، وقد أصبحت أخيرا مرادفة للشيوعية في استعمالها العام.

بلدة:

تطلق هذه الكلمة في إنجلترا على كل بلدة لها أسقف أو مطران أو كان لها أسقيفة في الماضي، وهي في العادة اصغر من المدينة ويحدد صفة البلدة مرسوم ملكي ويديرها مجلس خاص، والبلدة على نوعين: بلدية وهي ذات سلطة واستقلال محدود، وبلدة مقاطعة وهي اكثر سلطة واستقلالا.

بلدة تحت الوصاية:

هي الدولة التي تتولى إدارتها هيئة الأمم المتحدة أو عن طريق دولة أخرى تعهد إليها هذه الهيئة بالوصاية وتصريف شؤونها الداخلية والخارجية بقصد الوصول بها إلى حالة تمكنها من الاستقلال وإدارة شؤونها في المستقبل وذلك وفقا لنصوص ميثاق الأمم المتحدة.

البلدان النامية:

وهي البلدان التي لم تبلغ بعد مرحلة الاستقرار الاقتصادي الذي يعني أن متوسط دخل الفرد فيها دون المستوى اللائق بحياة إنسانية كريمة تحت ظروف بيئة هذا الإقليم.

البلوغ والمراهقة:

هي الفترة من النمو من بدء البلوغ إلى اكتمال الشباب تتميز بنضوج الغدد التناسلية واكتساب معالم جنسية جديدة، ومن أهم خصائص المراهقة الرغبة في التحرر والتميز عن الآخرين والاهتمام بالمستقبل.

بنك المعلومات:

هو مجموعة البرامج الحاسوبية التي تسيطر على الملفات، وتستخدم لتشغيل نظام تجهيز البيانات وإيصال معلوماته إلى المستفيدين عند الطلب.

البنية التحتية:

يقصد بها إنشاء المواصلات وخطوط الكهرباء وتمديدات المياه والمجاري قبل البدء بتنفيذ المشاريع السكنية والصناعية والتجارية.

بنيتوموسوليني:

ولد في ٢٩/يوليو/١٨٨٣م في يدابيسو في إقليم روماني وهي منطقة عرفت بالثورات والتمرد منذ القدم، وكان أبوه حدادا معدما، وكانت أمه معلمة، واشتغل هو نفسه بالتدريس ثم كرهه وسافر إلى سويسرا واشتغل هناك في البناء، ونظرا لأنه كان يخالط الفوضويون كان يطرد كثيرا من الأعمال التي يوظف فيها وحكم عليه بالسجن، ثم غادر سويسرا إلى باريس ليطرد منها بتهمة التشرد ثم انخرط في الجيش، وبعدها اشتغل بالصحافة وعارض دخول إيطاليا الحرب ضد تركيا سنة(١٩١١) وحرض العمال على تخريب السكك الحديدية لمنع إرسال الجنود والمؤن إلى ساحات القتال ثم عمل محررا في صحيفة اشتراكية ولكن عارض الاشتراكية المناديين بعدم دخول إيطاليا الحرب، وطالب بدخولها، وبدأ نجمه السياسي يبزغ بعد الحرب العالمية الأولى.

بوذا ((غوتاما بوذا)):

تعني عند البوذية العارف والمستيقظ، والعالم المتنور أي بتكونات العالم وتقلباته ومبادئه ومناحيه، والعارف بمنابع الآلام، والمستوعب منابت البؤس، والمكتشف مقاليد السرور، والذي استيقظ شعوره وتنورت بصيرته، وذلك بعد أن استمر سبع سنوات يجاهد نفسه بألوان من الرياضيات النفسية القاسية مما أهله للزعامة على أقرانه، وذلك بغية اكتشاف سر الكون، في زعمه.

بيت المال:

هي إحدى صلاحيات القاضي، وكان يرأس القاضي في حماية بيت المال وكان يساعد القاضي أعوان منهم الفقهاء والكتاب والشهود والشرطة لحفظ الأمن في مجلس القاضي ولحماية بيت المال وهو المكان الذي توجد فيه أموال المسلمين جميعا ويقال له اليوم (البنك) ولا تشبيه لذلك، وحاش أن يكون بيت مال المسلمين بنكا ربويا.

بيروقراطية:

اصطلاح سياسي يقصد به نظام الحكم الذي يتمثل في دولة تدير شؤونها طبقة من كبار الموظفين، وبيروقراطية كلمة مشتقة من اللفظ الفرنسي بيرو بمعنى ((منضدة الكتابة)) واللفظ اليوناني" كرابتن" بمعنى الحكم، وقد استخدمت كلمة بيروقراطية في بادئ الأمر في مقام السخرية تشبها بكلمة ديموقراطية وأرستقراطية(وكلاهما من اصل يوناني) ثم أصبحت تستخدم للدلالة على نظام الحكم الذي يعني القائمون فيه بالشكليات والتفاصيل الجزئية وهوامش اللوائح، ولو كانت تفوت الحكمة من وضع التشريعات وسوء ما يعرف بالأساليب الروتينية.

البيطرة:

هو الطب الذي يعالج به الحيوانات سواء الأليفة أو المفترسة وهو لغير البشر.

بيعة خاصة:

هي البيعة التي بويع بها أبو بكر رضي الله عنه للخلافة في سقيفة بني ساعده وشارك فيها نفر من كبار الصحابة من المهاجرين والأنصار.

بيعة عامة:

هي البيعة العامة التي يقوم بها المسلمون في المسجد وظهر من خلالها منصب الخلافة في الإسلام.

البيمارستان:

ويقصد بها المستشفيات الخاصة والحكومية كلها.

البنك الدولي:

تأسس عام ١٩٤٥م، يهدف إلى تطوير اقتصاد الدول الأعضاء ومنح القروض المالية لها وتزويدها بالخبرات الفنية.

البنية التحتية:

هي مجموعة الخدمات التي تسهل عمل الشركات والمشاريع في الاقتصاد وتشجع الاستثمار فيه وتشمل وسائل الاتصال والنقل وشبكة الكهرباء والماء وشبكة المعلومات وغيرها.

البوذية:

هي ديانة ظهرت في الهند بعد الديانة البرهمية في القرن الخامس قبل الميلاد، كانت في بدايتها متوجهة إلى العناية بالإنسان كما أنها دعت إلى التصوف والخشونة ونبذ الترف والمناداة بالمحبة والتسامح وفعل الخير لكنها لم تلبث بعد موت مؤسسها أن تحولت إلى معتقدات باطلة ذات طابع وثني، ولقد غالى أتباعها في مؤسسها حتى ألهوه.

أسسها سدهارتا جوتاما الملقب ببوذا (٥٦٠-٤٨٠ ق.م) وبوذا تعني (العالم) ويلقب أيضا بسكيا موني ومعناه المعتكف، وقد نشأ بوذا في بلدة على حدود نيبال، وكان أميرا فشب مترفا في النعيم وتزوج في التاسعة عشرة من عمره ولما بلغ السادسة والعشرين هجر زوجته منصرفا إلى الزهد والتقشف والخشونة في المعيشة والتأمل في الكون ورياضة النفس وعزم على أن يعمل

على تخليص الإنسان من الآفة التي منبعها الشهوات ثم دعا إلى تبني وجهة نظره حيث تبعه أناس كثيرون.

وانتشر في بلاد كثيرة منها الصين واليابان والتبت ونيبال وسومطرة وفي مينامار (بورما سابقا) وسيلان وسيام.

بناي برث أو أبناء العهد:

جمعية من أقدم الجمعيات والمحافل الماسونية المعاصرة وذراع من أذرعتها الهدامة، ولا تختلف عنها كثيرا من حيث المبادئ والغايات إلا أن عضويتها مقصورة على أبناء اليهود، وخدمتها موجهة أساسا لدعم الصهيونية في العالم.

مؤسسها اليهودي الألماني (هنري جونس) من مدينة هامبورغ، ترأس عشرة من اليهود الذين هاجروا إلى نيويورك وحصلوا في ١٨٤٣/١٠/١٣م على ترخيص بتأسيس هذه الجمعية.

أماكن انتشارها الولايات المتحدة الأمريكية، وبريطانيا وألمانيا وفرنسا وأستراليا وأفريقيا، وبعض دول آسيا.

البلاليون:

(أمة الإسلام) أمة ظهرت بين السود في أمريكا وقد تبنت الإسلام بمفاهيم خاصة غلبت عليها الروح العنصرية، عرفت فيما بعد باسم (البلاليين) بعد أن صححت كثيرا من معتقداتها وأفكارها.

مؤسس هذه الحركة والاس د. فارد وهو شخص أسود غامض النسب ظهر فجأة في ديترويت عام ١٩٣٠م داعيا إلى مذهبه بين السود، وقد اختفى بصورة غامضة في يونيو عام ١٩٣٤م.

تنتشر في الولايات المتحدة الأمريكية خاصة في ولايات ديترويت وشيكاغو وواشنطن.

البريلوية:

فرقة صوفية ولدت في الهند أيام الاستعمار البريطاني وقد غالى أفرادها في محبـة وتقـديس الأنبياء والأولياء بعامة، والنبي محمد صلى اللـه عليه وسلم بخاصة، وأضفوا عليهم صفات تعلو بهم عن خصائص البشر.

مؤسس هذه الفرقة أحمد رضا خان بن تقي علي خان (١٢٧٢-١٣٤٠هـ) الموافق (١٨٦٥-١٩٢١م) ولقد سمى نفسه عبد المصطفى، ولد في بلدة بريلي بولاية ترابوديش وتتلمذ على الميرزا غلام قادر بيك الشقيق الأكبر للميرزا غلام أحمد القادياني.

تنتشر ـ في الهنـد والباكستان ولهـم وجود في إنجلـترا إذ تـسمى جمعيتهم هنـاك باسم (جمعية أهل السنة) وجمعية تبليغ الإسلام.

البابية والبهائية:

حركة نشأتها سنة ١٢٦٠هـ/١٨٤٤م تحت رعاية الاستعمار الـروسي واليهوديـة العالميـة والاستعمار الإنجليزي بهدف إفساد العقيدة الإسلامية وتفكيـك وحدة المسـلمين وصرفهم عـن قضاياهم الأساسية.

أسسها المرزا علي محمد رضا الشيرازي (١٢٣٥-١٢٦٥هـ) (١٨١٩-١٨٤٩م) وأعلن أنه الباب سنة ١٨٤٤م/١٢٦٠هـ ولما مات قام بالأمر من بعـده المـرزا حسـين علي الملقـب بالبهاء وسـمى الحركة بالبهائية وله كتاب سماه "الأقدس" وقد توفي سنة ١٨٩٢م.

أماكن انتشارها إيران والعراق وسوريا ولبنان وفلسطين المحتلة.

البولشفيك:

اسم أطلق على الجناح اليساري للحزب الاشـتراكي الـديمقراطي الـروسي الـذي قـاده لينـين ابتداء من عام ١٩٠٣م والذي وصل إلى السلطة. ومعنى كلمة بولشفيك بالروسية فئة الأكثريـة، ويعود تاريخ هذا المصطلح إلى عام ١٩٠٣م عندما عقد الماركسيون الروس اجتماعـات عـدة نال خلالها المطالبون بالتشدد

في تطبيق الأفكار الاشتراكية أكثرية مقابل الأقلية من الماركسيين المعتدلين، وأطلق الفريـق المنتصر على الفريق المهزوم اسم منشفيك أي الأقلية، وبعد تولى الشيوعيين الحكـم عـام ١٩١٧م أسس الشيوعيون الحزب الشيوعي البلشفي.

البنك الدولي للإنشاء والتعمير:

أنشئ البنك الدول للإنشاء والتعمير بمقتضى اتفـاق أقرتـه الـدول في (بريتـون وودز) سـنة ١٩٤٤م، وتم التصديق عليه سنة ١٩٤٥م، وقد كان الغرض مـن إنشـاء هـذا البنـك إعانـة الـدول الأعضاء فيه علىتمويل عمليات تعمير المناطق التي دمرتها الحرب من ناحية، والنهوض بالمنـاطق التي ينقصها التقدم من ناحية أخرى.

* * * * *

حرف التـاء

التأثير أو النفوذ:

وهو أحد أنواع السلطة وهو غير مباشر وغير منتظم وإذا كانت السلطة تفهم من الناحية السلوكية على أنها تظهر في خضوع الأشخاص والجماعات سواء أكان ذلك الخضوع صريحا أم ضمنيا لشخص أو جماعة أخرى، فان النفوذ يدل في الغالب على المواقف التي تستخدم فيها هذه السلطة بدون تسلط أو إصدار أوامر صريحة وللنفوذ نطاق واسع ويفيد في الغالب تكييف نسق الحكم لوقائع السياسة.

التآزر:

هو أحد أشكال التعاون بين الأفراد أو الجماعات عندما يخضع هؤلاء لمصالحهم الذاتية ويساهمون في نفس الوقت دون أن يدركوا في تحقيق الصالح المشترك.

تأميم:

نظام اقتصادي ذو طابع سياسي من شأنه تحويل مصادر الثروة الطبيعية في الدولة والمرافق الحيوية ملكا للامة لتكون في خدمة الأمة، وتحت سيطرتها وتتولى الدولة نيابة عنها إدارتها واستغلالها، ويتم التأميم بنقل ملكية الارض أو المصانع أو الشركات أو أي أموال أخرى إلى اشراف الدولة أو سيطرتها مباشرة.

تأمين:

يعرف بالسيكورتاه، وهو إجراء مالي يتم بناء على عقد بين طرفين الأول هو الشركة المؤمنة والثاني الشخص (أو الهيئة المؤمن عليه) الذي يقوم بدفع

قسط معين بصفة دورية وبنظام متفق عليه في نظير أن تتكفل الشركة المؤمنة (أو شركة التأمين) بدفع تعويض الخسارة أو الضرر الذي يلحق بالمؤمن عليه، أو بدفع مبلغ معين بشروط متفق عليها بعد فترة معينة، كما في حالة التأمين على الحياة، كما تشمل عمليات التأمين، التأمينات الاجتماعية ضد البطالة والعجز والتأمين ضد حوادث المرور والتأمين البحري، والتأمين على بعض أجزاء الجسم كالأصابع لعازف موسيقي مثلا، والتأمين ضد الحريق والكوارث غير المنظورة، وإذا قامت شركات التأمين بدورها بالتأمين على العمليات التي أجرتها أمام شركات تأمين أخرى يعرف هذا الإجراء بإعادة التأمين.

التاريخ:

عرض منظم ومكتوب في الغالب للأحداث المتعاقبة ومحاولة الكشف عن أسبابها وبيان ما بينها من ترابط وتداخل بحيث تشكل قصة واحدة، ويقسم التاريخ الأحداث إلى مراحل وهي العصور القديمة والعصور الوسطى والعصور الحديثة والتاريخ المعاصر وغيرها.

تاريخ الأرض:

((أو تاريخ الأرض)) أو ((جيوكرونولوجيا)) وهي دراسة المقاييس الزمنية لمختلف العصور الجيولوجية، انظر (زمن) انظر(حقب).

التبعية الاقتصادية:

هي خضوع البلد التابع لتأثيرات أي توجيهات تباشرها المراكز من خارج البلد من اجل الحصول على اكبر قدر ممكن من غير النظر إلى المصالح الذاتية.

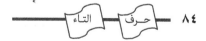

التبعية السياسية:

هي سياسات محلية وطوعيه تقرها الفئات الحاكمة في الدول التابعة تمهيدا للهيمنة الخارجية والتداخلات الأجنبية.

التتريك:

هي السياسة التي مارسها الاتحاديون تدعوا لجعل السيادة للعنصر التركي على غيره من العناصر الأخرى المؤلفة للدولة ومن بينها العرب وتمجيد العنصر التركي.

تجارة حرة:

يقصد بها تبادل تجاري لا يخضع للتدخل الحكومي في أية صورة من صور التدخل، ففي حالة التجارة الدولية يقوم هذا التبادل بين الدول دون قيود من السلطات الحكومية كالحواجز الجمركية أو الحظر على أنواع معينة من السلع، أو ربط هذا التبادل برخص الاستيراد والتصدير، وفي حالة التجارة الداخلية يتمثل التدخل الحكومي في التشريعات التي تسنها بفرض رسوم أو منح إعانات، وغير ذلك من القيود التي تقلل من إمكانيات المنافسة الحرة.

التجريح:

يصدر التجريح عن الشخص الذي لا يملك الحجة، والتجريح عدم احترام آراء الآخرين وصدور أقوال تقوم بجرح الآخرين.

التجزئة:

عملية تفتيت وتقسيم سياسي على تنفيذها الدول الاستعمارية، اثر الحروب والأحداث العسكرية عن طريق فرض المعاهدات الدولية التي تهدف إلى السيطرة على الكيانات المجزأة سياسيا واقتصاديا وعسكريا وفق مبدأ (فرق تسد) حيث تعرضت الأمة العربية لمرحلة خطرة من الاستعمار، وتفتيته

إلى دويلات صغيرة وبث التفرقة بين هذه الدول ووضع أسباب عرقلة نحو الوعي القومي في سبيل حرمان الأمم من التطلعات القومية.

التحدي الصليبي:

هو من الأخطار القديمة التي تعرضت لها الأمة العربية في العصور الوسطى وهو تحديا تمثل في جميع المقومات العربية من اجتماعية وثقافية واقتصادية وسياسية فالخطر الصليبي مأساة شملت العالم العربي وهي موجات هاجمت بلاد الشام ومصر.

تحديد النسل:

استخدام الزوجين للوسائل المختلفة لمنع الحمل ومنها الوسائل الطبيعية كالانتفاع بفترة الأمان والعزل والوسائل الطبية وأهمها أقراص منع الحمل والحاجز المهبلي.

التحضر:

انتقال السكان من الأرياف والبوادي إلى المدن بفعل عوامل ترغبهم في حياة المدينة،وأخرى تنفرهم من حياة الريف والبوادي.

التحضر المتفجر:

زيادة سكان المدن للتصنيع وهجرة السكان الريفيين إلى المدن وازدياد عددهم بمعدل أسرع من معدل زيادة عدد الوظائف والأعمال في هذه المدن.

التحليل:

صورة نقد للنص تقيمية لمعرفة إمكانية الاعتماد عليه في تكوين الأحكام الخاصة، وكشف ما فيه من أخطار للرد عليها، وتتطلب الدقة التامة في فهم الأفكار المعروضة.

التحنيط:

فـن أتقنـه المصريون القـدماء واليمنيـون، فكـانوا يجوفـون جثـة الميـت، ثـم يعالجونهـا ويحشونها بمواد معينة فتحفظها طويلا.

التخطيط الاجتماعي:

يقصد به وضع الخطط المتعلقة بالموارد والمؤسسات الاجتماعية لإجابة حاجات المجتمع أي الأمة بأجمعها وعلى ذلك يعتبر اصطلاح التخطيط الاجتماعي مرادفا لاصطلاح تخطيط المجتمع كذلك يستخدم أحيانا اصطلاح التخطيط الاجتماعي للدلالة على التخطيط الـذي تقوم به جماعة من الخبراء في مقابل التخطيط الذي يقوم به فرد واحد.

التخلف الاقتصادي:

يقصد به انخفاض مستوى المعيشة في البلدان نتيجة لانخفاض مستوى الدخل لإفراده.

تخطيط إقليمي:

تنظيم خاص تسترشد به الدولة في تنظيم العلاقـة بين أقاليمها المتباينـة لتحقيـق تكافؤ الفرص لكل إقليم وإبراز مواهبه وإمكانياته الجغرافية الكامنة ودعم شخصيته المحلية وإعادة التوازن بين الأقاليم المختلفة داخل الدولة، انظر (إقليمية) ويستعمل اصطلاح (التخطيط الإقليمي) أحيانا في اكثر مـن معنى فقـد يقصـد بـه (تخطيط المـدن الإقليمي) أو (التخطيط القومي) أو (تخطيط الموارد) ولقد كانت الدولة الاشتراكية والشيوعية من اسبق الدول إلى الأخذ بهذه السياسة.

التخطيط الآمر:

هو التخطيط الإجباري الذي يعتمد على وجود قطاع عـام يشـمل الاقتصاد الـوطني كلـه والتنفيذ فيه يتم بدون تأخير، وهو ملزم خلال جدول زمني محدد.

التخطيط التأشيري:

هو التخطيط الذي تعطى فيه الحوافز لمؤسسات القطاع الخاص المختلفة للمساهمة في تنفيذ الخطة، ويكون التنفيذ للمشروعات غير ملزم والخطة هي (الخطة الوطنية).

تخطيط قومي أو ((تخطيط الموارد)).:

ويقصد به تطبيق احسن الطرق العلمية لتحقيق احسن استغلال للموارد الطبيعية والبشرية وذلك بالسعي إلى الوحدات الطبيعية المتجانسة الكبرى في الدولة لتستخدم كإطار لتنمية الموارد القومية، ولقد انتشرت هذه الحركة في كثير من دول أوروبا والولايات المتحدة الأمريكية وتستهدف تحديد أقسام طبيعية اكبر من الوحدات المحلية القائمة، خصوصا بعد أن اتضح أن هذه الوحدات اصغر من أن ترتبط بحقائق الحياة الحديثة وحاجاتها وبالتخطيط الواسع المدى على النطاق القومي.

التخطيط الدراسي:

عملية تصور مسبق للمواقف التعليمية التي يهيئها المعلم للتلاميذ، لتحقيق الأهداف التربوية واختيار، أساليب متعددة لتحقيقها على الوجه المطلوب.

التخريب أو الإتلاف:

هو اعتداء العمال على أدوات العمل أو السلع وإلحاقهم بالمحل التلف بهدف تعطيل المحل مؤقتا والأضرار بصاحب العمل حتى يرغم على التساهل والتفاهم معهم والإتلاف من الجرائم التي يعاقب عليها القانون.

التخلف:

١- هي حالة من الجمود الفكري أصابت الفكر العربي بسبب التفكيك الداخلي والتمزق السياسي الذي خلفته الدول الاستعمارية بزج عناصر غير عربية في مراكز حساسة أثناء سيطرتها.

٢- هو حالة البلاد التي تتميز بانخفاض الدخل الحقيقي للفرد بسبب قصور سكانها عن استغلال مواردها كما يطلق عليها البلاد المتأخرة.

التخوم:

هوإقليم أو منطقة على الحدود تشكل نطاق فصل لاأو وصل أو أنتقال بين وحدتين سياسيتين أو أكثر.

تخلف ثقافي:

اختلال التوازن في سرعة النمو بين عناصر الثقافة بحيث يتغير كل عنصر بسرعة متفاوتة عن العنصر الآخر،كأن يتغير أحد العنصرين بسرعة الآخر أولا يتغير إطلاقا كتقدم الصناعة مع بقايا أوضاع الأسرة دون تغير.

تدمر:

وتدعى (بالميرا) أو عروس الصحراء، مدينة تقع في قلب الصحراء السورية ضمن محافظة حمص الواقعة على طريق القوافل بين آسيا وموانئ البحر المتوسط. استوطنتها قبائل عربية أنشأت دولة بلغت أوج عزها في بداية التاريخ الميلادي أيام ملكتها " زنوبيا" التي أسرها الإمبراطور الروماني " اورليان" عام ٢٧م.

التدهور أو الانحطاط:

عملية أو نتيجة عملية الانحلال الاجتماعي والذي تفقد فيه النظم الاجتماعية والرقابة الاجتماعية والسمات قدرتها وينقسم المجتمع إلى وحدات صغيرة ينشد أفرادها اللذة والشهوة.

التراث الحضاري:

هو التراث الموجود قبل مجيء الإسلام ولكنه موزع هنا وهناك ولم ينظر العربي ليكون صاحب حضارة عالمية، إلا على يد الإسلام، ولم يتحقق ذلك إلا

بنشاط قوى الحضارة وتوافر الرغبة في الانتقال من وضع حضارة إلى آخر اكثر سمو ورفعة.

الترف:

ينظر إلى الترف على انه مبالغة في الاستهلاك الطبيعي أو في الإنفاق النقدي وهو مرغوب فيه من حيث اللذة الشخصية ولكنه يقابل بالاعتراض من الناحية الخلقية ويتضمن الترف عنصرين:

الأول: هو مقارنة الاستهلاك بين هرم فئات دخل الطبقات الاجتماعية وما يقابلها من مستويات المعيشة من وقت إلى آخر.

الثاني: هو العلاقة بين بعض طرق ومقادير الإنفاق، أي المقارنة بين استهلاك الدخل القومي موزعا بين الطبقات الاجتماعية وبين طرق ومقادير الخدمات الإنتاجية المطلوبة لضمان الحصة القومية اللازمة لإنفاق الفرد أو الجماعة.

التركيب العرقي (الأثني):

هو توزيع الأقليات من غير أهل ذلك المجتمع، ولكنها اندمجت مع سكان ذلك المجتمع وأصبحت جزءا لا يتجزأ منه وأيضا تركيب السكان حسب أصولهم القومية مثل تشيكوسلوفاكيا التي تتكون من أقليات عرقية مختلفة وغيرهما.

التركيب النوعي للسكان:

هو بنية الكان حسب النوع أو الجنس أي توزيع السكان حسب الذكور والإناث.

الترويح:

الترويح عن النفس هو ذلك النشاط الحر الذي يختاره الفرد بمحض اختياره ويمارسه في أوقات فراغه في ناحية تتفق وميوله ودوافعه ويشعر في

أدائه برضاء واستمتاع ومن أمثلة هذا النشاط، الرياضة، والموسيقى، والهوايات المختلفة الخ.

تربيف الحضر:

نقل بعض عناصر ثقافة المجتمعات الريفية إلى المجتمع الحضري وبنوع خاص أنماط السلوك التي ينقلها المهاجرون القادمون من المناطق الريفية وإذا كان عدد هؤلاء المهاجرين كثيرا فانهم يعيشون معيشة منعزلة إلى حد ما ويمكن الكثير من القيم السائدة في الريف أن تقاوم تأثير ثقافة الحضر.

التشرد:

هو أن لا يكون للمرء محل إقامة معروف ولا وسائل معيشة ولا مهنة ولا عمل وركونه إلى الخمول رغم قدرته على العمل وعيشه على التسول والصدقات.

التشريع:

مجموعة القواعد القانونية التي تسنها سلطة مختصة من سلطات الدولة وهي السلطة التشريعية، وإعلان القواعد عن هذا الطريق هو الذي يكسبها قوة القانون ويحمل محاكم الدولة على الاعتراف بها كقانون واجب التطبيق في المستقبل وكلما تطورت الحياة الاجتماعية وكثرت بتطورها العلاقات والروابط البشرية حيث بدت عدم صلاحية العرف كمصدر للقانون وظهرت الحاجة إلى سن التشريعات وإفراغها في قالب قوانين، وقد بلغ من أهمية التشريع في العصر الحديث أن اصبح يطلق عليه لفظ قانون، فإذا ما أطلق هذا الفظ انصرف الذهن مباشرة إلى التشريع إذ انه المصدر الرئيسي للشرائع الحديثة.

التشيع:

هم الشيعة يدعوا انهم أنصار أهل البيت، وانهم حريصون على أهل البيت، وهذا هو شعار المتشيعين من بلاد فارس(ايران) حتى يومنا هذا.

تصويت فردي:

هو أن يختار الفرد فردا آخر يرى فيه مميزات مـع افـرد آخـرين يـرون فيـه ممـثلا عـن مصالحهم

تضخم:

اصطلاح يقصد به حالة عجز في ميزانية دولة من الدول تمر به إذا زادت فيها كمية النقود المتداولة (وتشمل أوراق البنكوت وودائع البنوك) على ما يقابل ذلك من زيادة في المعروض، من السلع الاستهلاكية المطلوبة، أو بمعنى آخر ما يقابل ذلك من زيادة مناظرة في الإنتاج بسبب قلة الأيدي العاملـة أو لعـدم تـوافر الأدوات اللازمـة للإنتـاج ويتبـع ذلـك ارتفـاع في المسـتوى العـام للأسعار، وهو بدوره يؤدي إلى ارتفاع في الأجور وتؤدي هـذه الزيـادة في حجـم النقـود المتداولـة (أي في القوة الشرائية) إلى ارتفاع في الأسعار وهكذا في سلسلة متلاحقة.

تعاهد:

دولة تتفق أو تتعاهد دوليا على إقامة هيئة مشتركة للإشراف على شؤون التعاون والدفاع بين حكومات الدول المتعاهدة دون أن يكون لها سـلطان مبـاشر عـلى رعايا هـذه الـدول ومـن الأمثلة على ذلك التعاهـد الألمانـي (١٨١٥١٨٧٠)، والولايـات المتحـدة الأمريكيـة (١٧٧٦١٧٨٧)، وسويسرا (١٦٤٨١٨٤٨م) انظر (اتحاد تعاهدي) أو (اتحاد دولي).

تعاون:

أحد مظاهر التفاعل الاجتماعي ونمط من أنماط السلوك الإنسـاني، وعمليـة التعـاون هـي التعبير المشترك لشخصين أو اكثر في محاولة لتحقيق هدف مشترك.

والتعاون قد يكون مباشرا أي التعاون عـلى القيـام بأنشطة مترابطـة ومتشابهة في صـورة جماعية أو غير مباشرة أي التعاون الذي يقوم على إنجاز

أنشطة غير متشابهة تكمل بعضها البعض وهي تؤدي جميعا هدف مشترك والتعاون غير المباشر يتضمن تقسيما للعمل وأداء مهام متخصصة.

التعاون الدولي:

هي تقديم المساعدة للدول النامية بشرط أن تستخدم في البيئة التحتية التي تفتقر لها الدول من اجل إنجاح برامج التنمية الاقتصادية والاجتماعية فيها.

التعدد:

وهي حالة الكثرة وزيادة العدد يقال (تعددت الوظائف) لتولي المرء وظيفتين أو اكثر في وقت واحد.

التعددية:

١- هي إعطاء الحق للجماعات في التعبير عن نفسها وتشكل هيئات خاصة بها والعمل مع الشعب ضمن الأطر الحزبية ولها أنواع متعددة مثل تعددية الأحزاب والجماعات والآراء وأهميتها هي أحدث مقومات الدولة الديمقراطية.

٢- مفهوم يقصد به التنوع والتنويع في النظريات والأفكار والآراء والاعتدال في اتخاذ القرارات بما يتناسب مع عملية التغير والتطور لصالح المجتمع.

تعديل الدستور:

هو وضع تعديلات على الدستور نتيجة الظروف والأوضاع التي تعيشها الدولة من الناحية السياسية أو الاقتصادية أو الاجتماعية بهدف التكيف مع هذه الأوضاع الجديدة ومعالجتها.

تعريفة جمركية:

هي الرسوم التي تفرضها الدولة على الواردات أو الصادرات حسب فئـات معينـة، يضمـها جدول يعرف بجدول التعرفة الجمركية، وتحدد هذه التعريفة برسـوم كـما هـو الحـال في مصرـ ونظرا لاستحالة حصر جميع السلع التي تنتج في العالم، فالقاعدة هي أن السـلعة التـي لا تكـون مدرجة في الجدول تعامل معاملة السلعة الأقرب شبها لها، وتنظم التعرفة الجمركيـة بـين الـدول باتفاقات ثنائية يراعى فيها مبدأ المعاملة بالمثل.

التعصب الوطني:

هي الغلو في الوطنية لدرجـة التطـرف الأعمـى والنعـرة الوطنيـة الكاذبـة وهـذه الكلمـة مشتقة من اسم nkolas chauvin أحد جنود الجمهورية الأولى بفرنسا وقد كان ما يظهره علنا من وطنية وارتباط بنابليون موضع سخرية زملائه.

التعلم:

١- عمليـة تعـديل السـلوك أو الخـبرة كنتيجـة للممارسـة والتجربـة وتزويـد الفـرد بالمعـارف والمهارات، ويقاس مدى تقدم الفرد في التعلم بسرعة الأداء والتحرر من الخطأ والقـدرة على التنسيق والاقتصاد في المجهود واهم نظريـات التعلم، والـتعلم الشرطي والـتعلم بالمحاولة والخطأ، والتعلم عن طريق حل المشكلات، والتعلم بالاستبصار.

٢- وهي نقل المعلومات من المعلم إلى المـتعلم بقصد إكسابه ضروبـا مـن المعرفـة وكإحـدى الوسائل في تربيته والتعليم عامل جزئي، أما التربية فأوسع نطاقا إذ تشـمل كـل تنميـة وتهذيب ينصبان على قوى الفرد واستعداداته ونواحي سلوكه بقصد توجيهه.

التفرقة العنصرية:

مصطلح يطلق على محاولات إحلال عنصر غريب محل سكان البلد الأصليين في فترة وجيزة من الزمن مع ما يصحب ذلك من دهاء الساسة وتآمر المغتصبين والعدوان والتقتيل والتشتيت للسكان الأصليين.

التفسير:

التفسير في منهاج البحث ضرب من ضروب التعميم، وعن طريقه يستطيع الباحث أن يكشف العوامل المؤثرة في الظاهرة المدروسة والعلاقات التي تربط بينها وبين غيرها من الظواهر وبدون التفسير تصبح الحقائق التي توصل إليها الباحث لا جدوى من ورائها. والتفسير اعم من التعليل، لان التعليل هو انتقال الذهن من المؤثر إلى الأثر أو إظهار عليه الشيء سواء كانت تامة أو ناقصة، فكل تعليل تفسير، توضيح (ليس كل تفسير تعليلا")

التفسير بالرأي:

هو الاعتماد على العقل والاجتهاد اكثر من لاعتماد على النقل والمأثور في التفسير.

التفسير المأثور:

هو ما اثر عن الرسول صلى الله عليه وسلم وكبار الصحابة في بيان معان القرآن، بما جاء من القرآن نفسه أو من السنة.

التفويض:

هو في القانون المدني أن يخول المرء غيره أن يفعل باسمه شيئا له، وفي القانون العام الوكالة التي يسندها الناخبون إلى الذين ينتخبون، ويقال وكيل منتدب أو مفوض، الشخص الذي يوكل إليه أو ينتدب لإدارة شيء أو القيام به أو رعايته.

تفويض إداري:

هر إعطاء المدير الإداري بعض الصلاحيات إلى موظف أدنى منه درجة لتسريع العمل وزيادة في الإنجاز.

التكامل:

هي فكرة إبقاء فروع الاجتماعيات منفصلة ضمن حدود كل منها ولكنه يتخطى هذه الحدود أثناء الدرس إذا اقتضت حيث يهدف لترابط الخبرات والمعلومات وإشباع حاجات التلاميذ وتنمية ميولهم.

التكتيك أو الخطة النظامية:

١- هو فن القيادة في ميدان المعركة حيث توضع خطة الهجوم أو الدفاع وتنفذ بأرض المعركة.

٢- والتكتيك هو من الناحية السياسية أسلوب النضال وأشكاله ومناهجه لتحقيق مهمة معينة في لحظة معينه.

التكنولوجيا:

هي مجموعة من الخبرات والمهارات المتعلقة بالآلات والمرتبطة بالإنتاج والخدمات التي تخدم أغراض الإنسان.

التلمود:

هو الكتاب الثاني لليهود بعد التوراة والذي هو من وضع كهنتهم بعد تشتيتهم على يد الرومان.

التمرد أو العصيان:

تمرد جانب من الأفراد لفرض تحقيق الحكم الذاتي أو الاستقلال لإقليم ما حيث لا يصل هذا التمرد إلى جانب الإطاحة بالحكومة المركزية.

التمييز العنصري:

هو ممارسة سلوكيات سلبية من أفراد أو عرق أو قومية معينة ضد الأقليات من قوميات أو أعراق أخرى، مثل دولة جنوب أفريقيا بين البيض والسود.

التنافس:

منافسة بين أفراد أو جماعات للوصول إلى نفس الشيء أو نفس الهدف الذي لا يمكن أن يحصل عليه إلا أحد المتنافسين، ويحاول كل طرف أن يكيف سلوكه باستمرار على أساس نجاح أو فشل الطرف المعارض ويمكن أن ينقلب التنافس إلى صراع صريح أو قتال كما يمكن أن تتولد عنه العداوة أو الغيرة أو الكراهية.

التنجيم:

هو علم الغيب، أي معرفة ماذا سيحدث في المستقبل، مثل فتح بفنجان القهوة، والكف، والحجر (الزهر).

تنظيم الأسرة:

هو القيام بمبدأ تحديد النسل للعائلة الواحدة، بما يتلاءم مع الظروف الاقتصادية والاجتماعية بدخل الأسرة الواحدة، وتكون العائلة قادرة على تأمين ما يلزم الفرد من الأكل والشرب والملبس والتعليم كما تفعل الصين أو ما فعلته أوروبا في سياسة تحديد النسل.

تنظيم سياسي:

مجموعة من الناس ذوي الاتجاه الواحد والهدف المتفق عليه فيما يتعلق بالبرامج والمبادئ السياسية يرتبطون ببعضهم بعضا وفقا لقواعد تنظيمية

مقبولة من جانبهم وتحديد علاقاتهم وأسلوبهم ووسائلهم في العمل والنشاط، وقد يكون التنظيم السياسي حزبا أو اتحادا أو هيئة أو جماعة.

تنظيم المجتمع:

النهوض عن طريق العمل المحلي بالمناطق التي تكون فيها مستويات المعيشة مرتفعة نسبيا والخدمات الاجتماعية متقدمة بالنسبة لغيرها ولكن تحتاج إلى درجة أعلى من التضافر من المبادأة من جانب المجتمع ولذلك يتجه تنظيم المجتمع إلى تنسيق الوسائل التي يمكن عن طريقها توجيه الموارد والخبرات والكفاءات نحو تحقيق رفاهية المجتمع.

التنمية:

هي إجراءات تتخذ عن قصد من شأنها زيادة الدخل القومي الحقيقي خلال فترة زمنية معينة بمعدل اكبر من زيادة نمو السكان وتعني تحويل كل الطاقة الذاتية الكامنة، الموجودة فعلا بصورة شاملة واستثمارها، وتحقيق الاستقلال للمجتمع والدولة والتحرر للفرد.

التنمية الاجتماعية:

تتمثل في تطوير أو التوسع في توفير الخدمات الاجتماعية المختلفة: كالصحة والتعليم ورفع المستوى المعيشي.

التنمية الريفية:

خلق ظروف اقتصادية واجتماعية تعتمد على المشاركة الكاملة للعمل الجماعي بين أهل الريف واستغلال جميع الإمكانيات والموارد القائمة في المجتمع ووسيلة ذلك تكون بتحديد الحاجات والمشكلات ووضع الخطط والبرامج التي تهدف إلى تحسين البيئة الريفية ورفع المستوى الاقتصادي والصحي على موارد الريف ومساندة هذه الموارد عن طريق خدمات أجهزة التنمية التابعة للحكومة.

تنمية المجتمع:

عملية تعبئة وتنظيم جهود أفراد المجتمع وجماعاته وتوجهها للعمل المشترك مع الهيئات الحكومية بأساليب الديمقراطية لحل مشاكل المجتمع ورفع مستوى أبنائه اجتماعيا واقتصاديا وثقافيا ومقابلة احتياجاتهم بالانتفاع الكامل بكافة الموارد الطبيعية والبشرية والفنية والمالية المتاحة.

التوتر:

هو الشعور بالضيق واضطراب التوازن والاستعداد لتغير السلوك ليواجه في الغالب عامل تهديد في الموقف، ومن أعراضه القلق والتهيج وانعدام التناسق والنشاط الزائد، وينتج عن وجود مشكلات لا يستطيع الفرد التغلب عليها أو إحباطات أو استشارة مفاجئة شديدة، يسبب آثار ضارة بصحة الفرد النفسية والجسدية.

التوجه أو الاتجاه:

مجموعة الخدمات التي تهدف إلى مساعدة الفرد على أن يفهم نفسه ويفهم مشاكله، وان يستغل إمكانياته الذاتية من قدرات ومهارات واستعدادات وميول، وان يستغل إمكانيات بيئته فيحدد أهدافا تتفق وإمكانياته ويختار الطرق المحققة لها وبحكمة وتعقل، فيتمكن بذلك من حل مشاكله حلا علميا يؤدي إلى تكيفه مع نفسه ومع مجتمعه، فيبلغ أقصى ما يمكن أن يبلغه من النمو والتكامل في شخصيته وقد يكون التوجيه تربويا وهي عملية توجيه التلاميذ إلى اختيار الدراسة الملائمة لهم والتغلب على الصعوبات التي تعترضهم في دراستهم وحياتهم المدرسية بوجه عام كما قد يكون التوجيه مهنيا وهي عملية مساعدة الفرد على اختيار مهنة وإعداد نفسه للالتحاق بها والتقدم بما يكفل له تكيفا مهنيا مرضيا ويقال عدم إدراك الفرد لعلاقاته بالزمان والمكان.

توطين:

١- ينطوي التوطين على قطاع مساحات من الأراضي الصالحة للزراعة وقد يكون إجباريا أو اختياريا كما قد يكون جماعيا يشمل العشيرة بكاملها أو فرديا لتوزيع الأراضي على المستحقين بموجب قوانين الإصلاح الزراعي وتتطلب عملية التوطين تسوية الأرض وعلاج عيوب التربة وتوفير المياه اللازمة للري وتوفير المساعدات الفنية اللازمة للزراعة.

٢- يهدف التوطين إلى نقل الأفراد من منطقة إلى أخرى وقد يكون التوطين قسرا أي (إجباريا) وذلك بإصدار الأمر بوجوب التوطين في أماكن معينة وقد يكون طوعيا أي (اختياريا) وذلك باقتطاع مساحات من الأراضي الصالحة للزراعة للعشائر التي تطلب التوطين كما قد يكون التوطين جماعيا ويشمل العشيرة بأكملها وقد يكون فرديا لتوزيع الأراضي على المستحقين بموجب قوانين الإصلاح الزراعي.

تدمر:

نشأت تدمر في بادية الشام، إلى الشمال الشرقي من مدينة حمص السورية عند نبع للماء وهذا النبع أوجد واحة خضراء أصبحت محطة للقوافل بين الخليج العربي وبلاد فارس وبين موانئ البحر المتوسط وآسيا الصغرى.

تقع واحة تدمر إلى الشرق من مدينة حمص وكانت منذ القدم مركزا لتجمع السكان العرب من مختلف القبائل، فسكنها الكنعانيون والآراميون، وأطلق عليها اليونان اسم بالميرا (مدينة النخيل) واعترف الرومان باستقلالها الذاتي للإفادة منها كطريق تجاري ومحطة عسكرية في الصحراء وكدولة حاجزة تفصل بين الإمبراطورية الرومانية والدولة الفارسية، كما كانت تحمي حدود الدولة الرومانية من غارات القبائل البدوية القادمة من الجزيرة العربية.

التجانية:

فرقة صوفية يؤمن أصحابها بجملة الأفكار والمعتقدات الصوفية ويزيدون عليها شيئا خاصا بهم كالاعتقاد بإمكانية مقابلة النبي صلى الله عليه وسلم مقابلة مادية واللقاء به لقاء حسيا في هذه الدنيا، وأن النبي عليه الصلاة والسلام قد خصهم بصلاة (الفاتح لما أغلق) التي تحل لديهم مكانة عظيمة.

المؤسس هو: أبو العباس أحمد بن محمد بن المختار بن أحمد بن محمد سالم التجاني، وقد عاش ما بين (١١٥٠-١٢٣٠هـ/ ١٧٣٧-١٨١٥م) وكان مولده في قرية (عين ماضي) من قرى الصحراء بالجزائر حاليا.

أنشأ طريقته عام (١١٩٦هـ) في قرية سمغون وصارت (فاس) المركز الأول لهذه الطريقة، ومنها تخرج الدعوة لتنتشر في أفريقيا عامة.

تنتشر في كل من المغرب والسودان الغربي (السنغال) ونيجيريا وشمالي أفريقيا ومصر والسودان وغيرها من أفريقيا.

التنصير:

حركة دينية سياسية استعمارية بدأت بالظهور إثر فشل الحروب الصليبية بغية نشر النصرانية بين الأمم المختلفة في دول العالم الثالث، بعامة وبين المسلمين بخاصة بهدف إحكام السيطرة على هذه الشعوب.

وأبرز شخصياتها ريمون لول: أول نصراني يتولى التبشير بعد فشل الحروب الصليبية في مهمتها إذ أنه قد تعلم اللغة العربية بكل مشقة وأخذ يجول في بلاد الشام مناقشا علماء المسلمين.

تنتشر في كل دول العالم الثالث، وأنها تتمركز في إندونيسيا وماليزيا وبنجلادش والباكستان وفي أفريقيا بعامة.

التغريب:

هو تيار كبير ذو أبعاد سياسية واجتماعية وثقافية وفنية، يرمي إلى صبغ حياة الأمم بعامة والمسلمين بخاصة بالأسلوب الغربي وذلك بهدف إلغاء

شخصــيتهم المســتقلة وخصائصـهم المتفـردة وجعلهـم أسرى التبعيـة الكاملـة للحضـارة الغربية.

بدأ المشرقيون في العالم الإسلامي بتحديث جيوشهم وتعزيزها عن طريق إرسال بعثات إلى البلاد الأوروبية أو باستقدام الخبراء الغربيين للتدريس والتخطيط للنهضة الحديثة، وذلك مع نهاية القرن الثامن عشر ومطلع التاسع عشر وذلك لمواجهة تطلـع الغـربيين إلى بسـط نفـوذهم الاستعماري إثر بـدء عهد النهضـة الأوروبيـة. السـلطان محمـود الثاني قضىـ عـلى الانكشـارية العثمانية سنة ١٨٢٦م وأمر باتخاذ الزي الأوروبي الذي فرضه على العسكريين والمدنيين عـلى حـد سواء.

ومن الذين نادوا بهذا التيار، رفاعة الطهطاوي، ناصيف اليازجي، وجرجي زيدان، وجمال الدين الأفغاني، ومحمد عبده، وطه حسين، وقاسم أمين وسعد زغلول ومحمد حسنين هيكل وزكي مبارك وأمين الخولي.

إن حركة التغريب هجمة نصرانية، صهيونية، استعمارية، في آن واحد، التقت عـلى هـدف مشترك بينها ألا وهو طبع العالم الإسلامي بالطابع الغربي التماسا لمحو الطابع المميـز للشخصية الإسلامية.

تنتشر في كل من مصر وبلاد الشام، وتركيا وإندونيسيا والمغرب العربي.

تمثال أبي الهول:

كان المصريون يبرعون في نحت التماثيل لآلهة الفراعنة، فنحـت تمثال أبي الهـول المشـهور بشكله الآدمي والحيواني، وموجود قرب الأهرامات في الجيزة .

التطرف:

ظاهرة تتلخص بـالخروج عـلى المـألوف ويتمتـع أفرادهـا بأفكـار متشـددة وفيها انتهـاك للقواعد الدينية والعرفية والقانونية والشرعية العامة.

التضخم:

الارتفاع المستمر في المستوى العام للأسعار نتيجة لنمو حجم الطلب الكلي بمعدل أسرع من معدل نمو حجم العرض الكلي.

التوازن التنظيمي والتسليحي:

هو إيجاد تشكيلات متكاملة من مختلف أنواع الأسلحة: مشاة ودروع وقوات خاصة.

توازن القوى:

هو النظام الذي يتم من خلاله مساعدة الدول الأوروبية الأضعف على زيادة قوتها لمنع التفوق الكبير لدولة على أخرى.

توماس هوبز ١٥٨٨-١٦٧٩م:

فيلسوف ومفكر سياسي إنكليزي، أيد الحكم المطلق وقال إن الناس وضعوا بينهم عقدا اجتماعيا تعهدوا فيه بطاعة الحاكم، ألف كتاب "التنين الجبار" دافع فيه عن الحكم المطلق للملوك.

استند لوك وهوبز على فكرة القانون الطبيعي، لتحديد دور الحكومة في المجتمع، وحق الشعوب في الثورة على الحكومات الظالمة، فاعتقد هوبز أن الحكم الفردي الممثل بملك مطلق الصلاحية هو أفضل أشكال الحكومات التي تتلاءم مع طبيعة الناس التي تتصف بالعنف والفوضى، ودور السلطة (الملك) هو المحافظة على حياة الناس والحفاظ على حرياتهم وممتلكاتهم، ولذا يجب على الشعب طاعة الحاكم وعدم الثورة عليه مهما كان ظالما.

التعصب الديني:

هو التعصب لدين من الأديان، ويؤدي هذا التعصب إلى إنكار الديانات الأخرى واضطهاد الأفراد بسبب اعتناقهم دينا من الأديان وتدمير أماكن العبادة أو حرقها، كما يجري الآن في بعض دول العالم.

التعصب السياسي:

هو التعصب لرأي من الآراء أو لحزب أو لقيادة سياسية، ويقصد أصحاب هذا الاتجـاه أن الأحزاب والقيادات التي يؤيدونها أفضل من غيرها، لأنها تعمل لمصـلحة البلـد، بخـلاف الأحـزاب والقيادات الأولى، وهذا الاتجاه خطأ، لأنه لـو نظـرت إلى بعـض البلـدان مثـل لبنـان أو ألمانيـا أو بريطانيا لوجدت فيها أحزابا متعددة تختلف في أفكارها ولكنها تعمل لمصلحة البلد الذي تنتمي إليه.

* * * * *

حرف الثـــاء

ثانية:

قسم من الستين قسما التي تنقسم أليها الدقيقة في قياسات الزاوية، ومن ثم فهي وحدة من وحدات قياس خطوط الطول أو العرض وتساوي ١/ ٦٠ من الدقيقة، وتقدر الثانية العرضية بنحو (٣٠ ,٥) مترا تقريبا.

الثروة:

يعني هذا الاصطلاح من وجهة نظر الفرد على الممتلكات التي لها قيمـة تبادليـة، فـالثروة الفردية تشمل الموارد الصالحة لإشباع الحاجات سواء كانت سلعا مادية أو حقوقا مثل الآخـرين، أما من وجهة نظر المجتمع فتشـمل الـثروة المـوارد الطبيعيـة والسـلع المملوكـة ملكيـة جماعيـة كالمرافق العامة والطرق والمناجم والسكك الحديدية .....الخ.

الثغور:

مفردها ثغر، وهـي مصـطلح إسـلامي يقصـد بـه المنـاطق الحدوديـة الممتـدة بـين الـبلاد الإسلامية، والدول المعادية، وكان يقيم فيها الجنود والمتطوعون للدفاع عن البلاد الإسلامية.

الثقافة:

هو ما يسود المجتمع من عادات وتقاليد ونظم معيشية واحـدة ولا تقـوم حيـاة المجتمـع إلا بعـد تـوفر مشـاعر الأفـراد وأذواقهـم وتوحيـدها، عـبر تـاريخ طويـل مشـترك ينصـهرون بـه وبأحداثه.

الثقافة العربية:

تأثرت الثقافة في نشأتها وتطورها بالثقافات القديمة التي سبقتها من سامية أو هند أوروبية نتيجة لحركة النقل والترجمة وأن هذه العناصر الغريبة

حرف الثاء ١٠٥

ذابت في بوتقة الثقافة العربية ويجمع الباحثون على أن فلسفة الإسلام هي جوهر الثقافة العربية لأنه مدها بأهم المقومات وطبعها بطابعه.

ثورة:

الثورة في الاصطلاح الدولي عمل من أعمال العنف يتخذ صورة نضال مسلح يقوم به جانب من الشعب في وجه حكومتهم خروجا على قوانينها، مما يعرقل ممارستها لسيادتها، والثورة وضع قانوني يعتبر وسطا بين الانقلاب والعصيان والتمرد من ناحية، والحرب الأهلية من ناحية أخرى ففي الحالة الأولى يقوم بالانقلاب لفيف من رجال الحكومة أو الجيش، وتنتهي أثاره إلى طبقات الشعب، أما الثورة فيقوم بها قطاع من الشعب يمثل في كثير من الأحيان طبقة شعبية أو مقاطعة من إقليم الدولة، ترغب في التخلص من الولاء والطاعة للحكومة الشرعية، وإذا امتد هذا النضال المسلح واتسع مداه حتى أصبحت قوات الطرفين متكافئة نوعا ما، تحولت الثورة إلى ما يعرف بالحرب الأهلية.

الثورة الاجتماعية:

الانتقال المفاجئ في النظام الاجتماعي وخاصة في تغير التكوين الطبقي للمجتمع وتعديل النظم السياسية والاقتصادية والفكرية.

ثورة بيضاء:

اصطلاح يطلق على الانقلاب السياسي الذي يجري ويحقق أهدافه، سليما دون الالتجاء إلى استخدام العنف وإراقة الدماء، وفي هذه الحالة الأخيرة تنعت الثورة بأنها حمراء.

ثورة دستورية:

هي عبارة عن حركة تدعو إلى تغير الدستور أو تعديله، لأنه لا يخدم أهدافها ومصالحها، ولذلك تسمى ثورة دستورية.

حرف الجيم

الجهاد البحري:

اتخذت الحرب بين المسلمين في شمال أفريقية والأوروبيين في القرن الخامس عشر الميلادي حتى القرن الثامن طابع الهجمات البحرية المتبادلة على سواحل القارتين، فكان المسلمون يهاجمون سواحل أسبانيا وفرنسا وإيطاليا، ويهاجمون السفن الأوروبية في البحر المتوسط ويستولون على حمولتها، ردا على غارات الصليبيين والبرتغال والإسبان على السواحل والمدن المغربية، فأطلق المسلمون على هذه العملية اسم الجهاد البحري.

جميلة بوحيرد:

لم تكن تتجاوز الثانية والعشرين من عمرها عندما انضمت إلى حركة المقاومة الجزائرية ضد الاحتلال الفرنسي.

وفي ٢٦ نيسان عام ١٩٥٧م بينما كانت جميلة بوحيرد تحمل أوراقا لبعض قادة جبهة التحرير الوطني اخترقت رصاصة كتفها وهي تعدو أمام دورية فرنسية في حي القصبة، فحملت إلى المستشفى وأسعفت، وقام الفرنسيون باستجوابها لمدة سبع عشرة يوما، وتقرر أخيرا حبسها في سجن المدينة، وعانت كثيرا من فظاعة التعذيب الفرنسي.

وعندما بدأ الفرنسيون بمحاكمتها وجهت إليها تهم عدة من بينها حيازة متفجرات وشروع في القتل، ونسف المباني، والانضمام إلى المجاهدين، وأخيرا أصدرت المحكمة حكمها بالإعدام على جميلة، واهتز الضمير العالمي من أجلها حيث تم تخفيف الحكم في ١٣ آذار عام ١٩٥٨م إلى الأشغال الشاقة المؤبدة، وتم الإفراج عنها بعد توقيع معاهدة إيفيان مع فرنسا.

جمعية الإتحاد والترقي:

جمعية سياسية تكونت في الدولة العثمانية، وكان أعضاؤها متعصبين للعنصر التركي، فاستطاعت الوصول إلى الحكم عام (١٩٠٨م)، فأرادت جعل التركية لغة رسمية في جميع ولايات الدولة العثمانية.

جامعة الدول العربية:

في ٢٢ آذار عام ١٩٤٥م، تم التوقيع على الميثاق الذي قامت بموجبه الجامعة العربية وقد حدد للجامعة أهدافا عملية حول تحقيق التقارب والتفاهم والتعاون بين الدول العربية وحدد مجالات التعاون بين الدول العربية في الشؤون الاقتصادية والمواصلات والثقافة والجنسية ومقر هذه الجامعة القاهرة، ويتكون بناؤها التنظيمي مما يلي:

١- مجلس الجامعة بالإضافة إلى عدد من اللجان الدائمة السياسية والاقتصادية والثقافية والمواصلات والقانونية والاجتماعية والعسكرية والصحية وخبراء البترول العربي والإعلام العربي وحقوق الإنسان.

٢- الأمانة العامة والتي يتبعها عدد من الإدارات أهمها إدارة الإعلام والشؤون السياسية وشؤون فلسطين وجهاز مقاطعة إسرائيل... إلخ.

وحاليا يرأسها السيد عمرو موسى مصري الجنسية.

الجينية:

ديانة مشتقة عن الهندوسية، ظهرت في القرن السادس قبل الميلاد على يدي مؤسسها (مهاويرا) وما تزال إلى يومنا هذا، إنها مبنية على أساس الخوف من تكرار المولد، داعية إلى التحرر من كل قيود الحياة والعيش بعيدا عن الشعور بالقيم كالعيب والإثم والخير والشر، وهي تقوم على رياضيات بدنية رهيبة وتأملات نفسية عميقة بغية إخماد شعلة الحياة في نفوس معتنقيها.

كان مولد (مهاويرا) سنة ٥٩٩ق.م وهو الابن الثاني لوالديه وأبوه (سدهارتها) أمير مدينة في ولاية بيهار. تنتشر في الهند.

الجمعيات التعاونية الزراعية:

هي مؤسسات أسست لتطوير الحركة التعاونية ودعمها ونشرها بين المواطنين، لتبعث فيهم الوعي وتلبية متطلبات حياتهم وتطويرها، بخاصة في الريف الأردني وتقوم هذه المؤسسات بتقديم القروض للمزارعين لتطوير زراعتهم، وقد اشتملت هذه الجمعيات على أنواع عدة، منها: الجمعيات الغذائية، وجمعيات النقل الرامية إلى نقل الإنتاج الزراعي وتسويقه وجمعيات التصنيع الزراعي لعصر الزيتون وتسويقه.

جيش الإنقاذ وجيش الجهاد المقدس:

هي مجموعة متطوعين من الأقطار العربية دخلوا للقتال من أجل إنقاذ فلسطين، وسموا جيش الإنقاذ.

أما جيش الجهاد المقدس فكان مجموعات من المقاتلين الفلسطينين والعرب بقيادة الشهيد عبدالقادر الحسيني.

جان لوك ١٦٣٢-١٧٠٤م:

فيلسوف وطبيب ورجل سياسي إنكليزي، أيد حزب الأحرار ضد حزب المحافظين فنفي إلى هولندا عام ١٦٨٣م، إلا أنه عاد إلى إنكلترا عام ١٦٨٧م ودعم وليم أمير أورانج وزوجته ماري اللذين استدعاهما البرلمان ليحكما إنكلترا بعد الثورة المجيدة على الملك المستبد جيمس الثاني.

ألف كتبا عدة منها: رسائل حول التسامح، وبحث في الحكومة المدنية.

اختلف جان لوك عن هوبز في تفسير السلطة، فرأى لوك أن السلطة وصلت للحاكم بناء على اتفاق بين الناس والحاكم، وأن واجب الحاكم هو حماية حقوق الناس الطبيعية في الحياة والحرية والتملك، وأعطى لوك للشعب الحق في تغيير الحكومة إذا ما فشلت في حماية هذه الحقوق، حققت أفكار لوك انتشارا واسعا في أوروبا وأميركا، وعلى أساسها وضع إعلان استقلال الولايات المتحدة ومبادئ الدستور الأمريكي.

* * * * *

حرف الحـــاء

حادثة دنشواي:

في حزيران عام (١٩٠٦ م) خرج خمسة من الضباط الإنجليز للصيد بالقرب من قرية دنشواي المصرية فأطلق بعض الضباط طلقات نارية من بنادقهم، فشبت النار في مخزن للغلال، وجرحت إحدى فتيات القرية، فهاجم سكان القرية الضباط البريطانيين، فأصاب الجنود أربعة من فلاحي القرية، وحكم على عدد من سكانها بالإعدام والسجن.

حبشه:

اسم لقبيلة يمنية(حبشات)وجمعها أحباش وقد هاجرت إلى الحبشة قبل الميلاد.

الحجر:

منطقة في جزيرة العرب وجنوب تيماء، يقال أنها كانت موطنا لثمود وهي واد كثير الآبار حتى اليوم.

الحدس:

هو الإدراك المباشر للحقائق بدون أي مقدمات أو مؤثرات حسية وهو توقع صادق الأمر عليه ومتفاوت من شخص لآخر بغض النظر عن الزمان والمكان.

الحرب:

وهي أعمال عدائية مسلحة بحجم كبير وبدرجة كبيرة أو صغيرة من الاستمرار بين أمتين أو دولتين أو حكومتين أو أكثر ويهدف من ورائها كل فريق إلى صيانة حقوقه ومصالحه في مواجهة الطرف الأخر والحرب لا تكون إلا بين الدول أما النضال المسلح فيتم بين بعض الجماعات داخل دولة ما أو الذي تقوم به جماعة من الأفراد ضد دولة الطرف الآخر.

حرب الاستنزاف:

وهي فترة الاشتباكات الحربية على الجبهات العربية مع إسرائيل طوال الفترة من (٨ / ٣ / ١٩٦٩م) إلى (٧ / ٨ / ١٩٧٠ م).

الحرب الباردة:

من المصطلحات التي شاعت منذ الحرب العالمية الثانية، ويقصد بها صراع بين دولتين أو مجموعة من الدول يهدف إلى ما تهدف إليه الحرب المسلحة (أو الحرب الساخنة) من حيث كسر معنويات العدو تمهيدا لاستسلامه في المعركة، وذلك باستخدام الخطط أو (الإستراتيجية) السياسية أو الاقتصادية، وكذلك باستخدام أبواق الدعاية، وتشمل هذه محاولة تفتيت الجبهة الداخلية باستثارة الخلافات وبث الإشاعات المغرضة أو الكاذبة، كما تشمل في الميدان الاقتصادي إغلاق أو إغراق الأسواق الخارجية من تجارتها وفرض الحصار الاقتصادي عليها، وكذلك إجراء المناورات الاستعراضات العسكرية والتهديدات الصحفية والإذاعية ونشر الوثائق السرية، والانسحاب من المؤتمرات الدولية والمنافسة في ميدان التقدم العلمي والتكنولوجي.

الحرب المدنية أو الأهلية:

نزاع حربي بين فريقين داخل الدولة يحاول كل منهما السيطرة على الحكم ومحاولة الاستقلال بالانفصال عن الدولة وتختلف الحرب المدنية عن الثورة في أن القوات المحاربة في الحرب المدنية تستند إلى تنظيم سياسي يستطيع أن يحقق فوزا نهائيا.

الحرس الوطني:

وحدات نظامية من المتطوعين مدربة تدريبا عسكريا " أما جنود الحرس"، ومنهم جنود من طراز ممتاز يتمتعون بنفوذ وامتيازات خاصة ويكلفون غالبا بحماية الملك أو الحاكم.

حركات تحرر:

١. هي حركات تقوم بها الشعوب بهدف الخلاص من الظلم والاستبداد مهما كان مصدرهما.

٢. هي الحركة التي تدعو إلى التحرر من الظلم والاستبداد والهيمنة الأجنبية، وحركة التحرر أما أن تكون داخلية في داخل الدولة الواحدة أو خارجية بين دولة وأخرى.

حركة تجديد الفكر الإسلامي:

هي الحركات الدينية التي تمثلت في الحركة الوهابية في نجد، والسنوسية في ليبيا، والمهدية في السودان، إذ دعت هذه الحركات إلى الدعوة إلى العودة إلى أصول الإسلام الصحيح وإلى نبذ البدع والخرافات والدعوة إلى الجهاد.

حركة دستورية:

هي عبارة عن حركة تهتم بأمور الدستور، والمحافظة عليه وتحذف وتزيد فيه بما يتناسب معها.

الحركة الرجعية:

هي التي تؤيد التغيرات السياسية والاجتماعية والاقتصادية بحيث تعود إلى النسق المحافظ السابق، فالرجعيون يعتقدون أن معظم المشاكل الاجتماعية تنشأ من المبالغة في الديمقراطية التي تحابي الجماهير التي لا تمتلك أي شيء، كما إنهم يؤيدون غالبا حكومة الأقلية والرجعيون أكثر مبالغة في آرائهم عن المحافظين.

الحركة الشعوبية:

هي حركة تدعو إلى مبدأ المساواة بين العرب والعجم (الفرس)، ولكن هذه الحركة كان لها أهدافا أخرى أهمها البعد العرقي، وهي حركة مناوئة

للعرب والإسلام انتشرت على أنها تدعو للإسلام لكنها كشفت عن أنيابها في العصر ـ العباسي، لأن العباسيين استعانوا بالفرس ليتولوا حكم المسلمين وأنبثق عن هذه الحركة حركات أخرى مثل التشيع والزندقة.

حركة قومية:

هي حركة تتألف من مجموعة من الأفراد الذين تربطهم عادات وتقاليد اجتماعية واقتصادية واحدة.

حركات الوحدة:

تهدف هذه الحركات إلى توحيد منطقة جغرافية أو جماعة تجمعها لغة واحدة أو سلالة واحدة أو ديانة واحدة والمناطق التي ظهرت فيها حركات الوحدة وأشكال تنظيمات هذه الحركات وأساليبها ومثلها العليا تختلف عن بعضها البعض اختلافا كبيرا حتى أن أية تعميمات خاصة بها تعتبر في حكم المستحيل.

ومن أمثلة هذه الحركات حركة الوحدة الأوروبية والأمريكية والسلافية والإفريقية والإسلامية والعربية.

حركة المرور:

حركة المرور بالمدن عن طريق السيارات الخاصة والعامة والترام وغيرها من وسائل الانتقال، وتتصل هذه الحركة اتصالا وثيقا بحياة الناس ونواحي نشاطهم وقد تترتب على زيادة عدد السكان كثرة استعمال وسائل الانتقال الخاصة وعدم قدرة الطرق القائمة على استيعاب حركة المرور المتزايدة مما استلزم البحث عن وسائل مختلفة لحل هذه المشكلة.

الحركة المهدية:

ظهرت في السودان وأسسها محمد أحمد الذي لقب بالمهدي (١٢٦٠ ١٣٠٢ هـ) و(١٨٤٤ ـ ١٨٨٥م) كانت ثورة ضد الأتراك العثمانية وضد الحكم

المصري الفاسد للسودان وأحد روافد اليقظة العربية الإسلامية الحديثة، وكان المهدي يقول لأنصاره أن النبي صلى الله عليه وسلم قد حرضني على قتال الأتراك وجهادهم فالأتراك لا تطهرهم المواعظ بل لا يطهرهم إلا السيف وكان يدعو إلى مخالفة الأتراك في العادات والتقاليد والسلوك والأزياء.

الحركة الوهابية:

(١١١٥ ١٢٠٦ هـ) (١٧٠٠ ١٧٩٢ م) تعد من بواكير حركة اليقظة الإسلامية ذات الطابع الإصلاحي التي تصدت للعثمانيين، فهي لم تقف عند المطالبة بفتح باب الاجتهاد، وتجديد عقائد الإسلام، وإنما أقامت دولة حاربت بسببها آل عثمان وتتبنى الوهابية شرط القرشية في الخليفة أي أن يكون الخليفة عربيا من قريش وتعنى دعوتها إسقاط سلطنة العثمانيين لأنهم ليسوا عربا.

حرية:

١- هي حق التصرف والوقوف عند حدود غيرك كما يقال تبدأ حريتي عندما تنتهي حرية الآخرين وتنتهي حريتي عندما تبدأ حرية الآخرين.

٢- هي القدرة على الاختيار بين عدة أشياء أي حرية التصرف والعيش والسلوك حسب توجيه الإرادة الفاعلة من غير الإضرار بالآخرين، وتعني الاختيار والتعبير عن الرأي والاجتماع والصحافة، بالإضافة إلى الحقوق والحريات الاقتصادية والاجتماعية.

حرية الاجتماع:

هي من الحقوق المعنوية التي تؤثر تأثيرا مباشرا في الرأي العام أي من حق الأفراد أن يجتمعوا في الأماكن العامة ليعبروا عن آرائهم بالخطابة أو المناقشة أو الرأي المتبادل ويتفاوت وضع حرية الاجتماع في الديمقراطيات تبعا لطبيعة وضعها الدستوري وأسوق بعض الأمثلة على الحريات العامة.

١- في النظام الأمريكي حرية الاجتماع لا تمتد إلى الناس الذين يجتمعون بغرض التآمر على مستقبل البلاد، أو لأغراض قد تهدد أمن الآخرين.

٢- في النظام الإنجليزي لا تعد حرية الاجتماع قائمة بذاتها بل هي نابعة من الحرية الشخصية ولكن كانت القوانين الصادرة عن البرلمان تقيدها.

٣- في القانون الفرنسي على الرغم من أن حرية الاجتماع تخضع لنظام الأخطار فإن القضاء اقر أن تمنع ممارسة هذه الحرية توخيا للإخلال بالأمن وهو لا يعني ممارسة الحرية بسبب الحال، بل بسبب اضطراب محتمل أو التهديد بوقوعه.

حرية التجارة:

هي عدم إخضاع التجارة للرسوم الجمركية التي تعوق انتقال السلع والبضائع من بلد لآخر.

حرية دينية:

السماح بحرية الكنيسة وعدم التدخل في شؤونها الدينية البعيدة عن السياسة أو أي ملة أخرى.

حرية الرأي:

احترام كل طرف رأي الطرف الآخر، ما دام يقدم أسبابا وجيهة تبرر الأخذ به والرأي الجدير بالاهتمام هو الذي يقدم الدليل على صحته.

الحرية السياسية:

هي سلوك يمارسه شخص أو مجموعة أشخاص من أجل توجيه وضع الآخرين الذين يعرفون باسم اتباع للقائد، وتعتمد القيادة على قبول الأتباع لدور القيادة وقد تحقق أما عن طريق الانتخاب أو الوراثة أو التعيين أو القوة.

الحرية الشخصية:

وهي حرية الاختيار في تلك المجالات من الحياة مثل حرية العبادة والأمن الشخصي- والمراسلات والتنقل وغيرها.

حرية الصحافة:

هي السلطة الرابعة في المجتمع، وهي أن تكون الصحافة مستقلة استقلالا شامل أي تستطيع أن تكتب ما تراه مناسبا وبدون تدخل أي طرف فيه ضمن حدود معقولة.

الحرية الفردية:

تعددت المجالات التي تواكب الحرية الفردية ومنها السياسية والاقتصادية والدينية ودعمت الدعوة لتطوير الديمقراطية وتعميم الحقوق الانتخابية وتأكيد حرية التعبير وتوسيع نطاق الحريات الدينية.

حرية الكلام:

هي أن تستطيع الكلام بما تريد دون أن يكون هناك مراقبة خارجية عليك، وهو أن، تعبر عمى يدور في خلدك.

الحريات المدنية:

هي الحريات الشخصية الاجتماعية الناشئة عن العلاقات الفردية المدنية والتي يحميها القانون من القيود فيما عدا ما يسمى الخير العام والمصلحة العامة، ويقصد بها حرية الفرد في التملك والعقيدة والرأي.

والحريات المدنية تصبح حقوقا مدنية عندما يطالب بها وتنفذ بموجب أجراء قضائي أو أداري أي أن الحريات المدنية تمارس دون حاجة إلى تدخل عمل إيجابي من جانب شخص آخر، بينما تتطلب الحقوق المدنية هذا العمل الإيجابي.

حزب:

هو تنظيم سياسي يتألف من جماعة وفقا للدستور وأحكام القانون، بقصد المشاركة في الحياة السياسية وتحقيق أهداف محددة تتعلق بالشؤون السياسية والاقتصادية والاجتماعية.

الحزب السياسي:

الحزب عبارة عن جماعة منظمة تشترك في اتجاهات واحدة متصلة بالنشاط السياسي، وتتعدد أسباب تكوين الأحزاب فقد نشأ بمجهود فرد أو جماعة أو بمناسبة تاريخية ولكن تهدف بنوع خاص إلى تحقيق مثل أعلى أو لمجرد ممارسة السلطة على خير وجه.

الحسبة:

هي الأمر بالمعروف والنهي عن المنكر واحترام النظام ومراعاة الآداب العامة، وقد مثلت نظاما إداريا لرقابة الأسواق والآداب العامة وعرف صاحب هذا المنصب باسم المحتسب.

الحضارة:

هي تعبير عما أحرزه الإنسان من تقدم ورقي في المجالات السياسية والاقتصادية والاجتماعية والفكرية والثقافية والفنية.

حضر بحري:

فرض حراسة على جزء من ساحل دولة محاربة بواسطة قوات العدو البحرية لمنع وصول أية سفينة أو طائرة إلى الأرض، واستخدام الحصر البحري من أساليب الحرب التي عرفت منذ عدة قرون، وقد حاول " نابليون " استخدام الحصر البحري في حربة مع بريطانيا وحاولته بريطانيا بعد ذلك ضد ألمانيا،

ولم يعد فرض الحصار البحري بالقرب من السواحل ميسورا أو منتجا أغراضه بعد استخدام الألغام العائمة والقذائف بعيدة المدى والسلاح الجوي.

الحق:

يقصد بالحقوق المصالح والحريات التي يتوقعها الفرد أو الجماعة من المجتمع بما يتفق مع معايير هذا المجتمع أي المزايا التي يشعر الفرد أو الجماعة أن من حقهم أن يحصلوا عليها من المجتمع ويقسم الحق إلى حق طبيعي، وحق وضعي والحق الطبيعي هو اللازم عن طبيعة الإنسان من حيث هو إنسان أما الحق الوضعي فهو الذي تقرره القوانين المكتوبة والعادات المقررة أي المباح خلقيا أو قانونيا، هو الحق الذي يملكه الإنسان لكونه إنسانا أي أن هذا الحق يرتبط بطبيعة الإنسان.

انظر (حقوق اجتماعية).

حق الاعتراض الشعبي:

هي الحالة التي يعترض فيها عدد من الناخبين بنص من الدستور على قانون من خلال مدة معينة من تاريخ صدوره وطلب عرضه على الاستفتاء الشعبي ويجب في هذه الحالة أجراء ذلك الاستفتاء بحيث يلغي القانون في حالة عدم موافقة أغلبية الشعب عليه.

حقب:

فتره من الدهر طويلة نسبيا، ولكن ليس لهذا الاصطلاح دلالة علمية واضحة فقد يستخدمه البعض بمعنى (عصر) وأحيان بمعنى (زمن) خصوصا عند الجيولوجيين الذين يكتبون باللغة العربية حديثا، أما الجغرافيون والجيورفولوجيون يستخدمون هذا اللفظ.

حق تقرير المصير:

يمثل هذا الحق أحد المبادئ الرئيسية المنبثقة من الفلسفة الديمقراطية التي تؤمن بحق الفرد والجماعة والمجتمع في تبين النمط الذي يلائمها على إلا يتعارض هذا النمط مع السياسة الاجتماعية للمجتمع أو الأيدلوجية السائدة فيه.

الحق الطبيعي:

هو الحق الذي يملكه الإنسان لكونه إنسان أي يرتبط بطبيعة الإنسان الذي نص عليه ميثاق هيئة الأمم المتحدة لعام (١٩٤٨ م) وهذا حق الحياة، والعمل، والملكية، والتعبير، والمشاركة والتنقل والسفر والمراسلات.

الحقوق الاجتماعية:

تتمثل في حق المواطنين جميعا في التعليم والرعاية الصحية والعمل والتأمينات الاجتماعية ضد العجز والشيخوخة والبطالة وتحقيق العدالة الاجتماعية الشاملة.

الحقيقة:

هي مطابقة الفكر للواقع، أو انسجام القضية وترابطها مع القضايا الموجودة في معرفتنا.

حقيقة أو الواقع:

درجة دوام المعاني التي يتم اكتشافها في أية تجربة أو التي تتصل بأي شئ أو شخص أو فكرة أو قيمه.

الحكام:

هي الطبقة الخاصة في المجتمع العربي الإسلامي، ويمثلها الخلفاء والسلاطين، وهم أصحاب السلطة العليا في الدولة العربية الإسلامية ورجال

الدولة فيها مثل الخليفة عمر بن الخطاب رضي الله عنه أو غيره من الخلفاء أو السلطان عبد الحميد الثاني في الدولة العثمانية وأخرهم.

حكم ذاتي:

وضع سياسي تتميز به بعض الدول ناقصة السيادة، وهي وأن كانت تتمتع بوصف الدولة إلا أنها لا تمارس جميع الحقوق والالتزامات الدولية، أما لأنها غير قادرة على تحمل هذه الواجبات، أو لارتباطها بمعاهدات غير متكافئة مع دولة كبرى تحرمها من ممارسة جميع اختصاصات الدولة المستقلة استقلالا تاما.

حكم فردي مطلق:

هي حكم ديكتاتوري ومنع للديمقراطية وتكون السلطة بيد شخص واحد ويحتكر بها كل القرارات التي تخص الدولة والشعب، وهذا النمط من الحكم منتشر في العصر الحديث خاصة في الدول النامية.

حكمدار:

هو الحاكم الذي كان يعينه خديوي مصر على السودان.

حكومة:

الحكومة هي الهيئة التي تتولى تنظيم شؤون الدولة في داخل إقليمها وفي حدود القانون الوطني لهذه الدولة، وهي التي تمثلها في خارج الإقليم، وتعتبر الحكومة أحد العناصر الثلاثة التي تقوم عليها الدولة وهي الشعب والإقليم والسلطة الحاكمة، والحكومة هي التي تواجه رعاياها في شؤونهم الداخلية وتواجه حكومات الدولة الأخرى في المحيط الخارجي ولا تتأثر شخصية الدولة القانونية بشكل الحكومة التي تقوم فيها وتستوي في ذلك الدكتاتورية والملكية الدستورية والجمهوريات النيابية والشعبية أولا عبرة بالشكل

السياسي للدولة ما دامت حكومتها تبسط سيطرتها الشاملة على إقليمها، وتقوم بالوجبات والالتزامات التي بدونها لا تكون للدولة شخصيتها القانونية.

الحلف:

مجموعة من الدول ترغب في الاتفاق فيما بينها لحفظ مصالحها عندما تشعر بأن هذه المصالح مهددة بالأخطار، مثل حلف شمال الأطلسي (الناتو) وحلف وارسو.

حلف شمال الأطلنطي:

حلف شمال الأطلنطي أو (الناتو) منظمة ذات طابع سياسي عسكري تكونت على أساس معاهدة عرفت بهذا الاسم عقدت في ٤/ إبريل / ١٩٤٩م بمدينة واشنطن واشتركت في توقيعها (١٢) دولة من الدول الأوروبية والأمريكية الواقعة على شواطئ المحيط الأطلسي الشمالي وهي: الولايات المتحدة الأمريكية وكندا، وأيسلندا، والنرويج، وبريطانيا، وهولندا، والدانمارك، وبلجيكيا، والبرتغال، وفرنسا، ثم بعض الدول التي لا تطل على شواطئ الأطلسي " الأطلنطي " وهي إيطاليا، واليونان، وتركيا، وفي٢٣/أكتوبر/ ١٩٥٤م انضمت ألمانيا الغربية إلى عضوية المنظمة وهي بدورها غير مطلة على ساحل الأطلسي.

حلف عربي:

اسم أطلق على معاهدة الأخوة العربية التي عقدت بين المملكة السعودية والعراق واليمن في ٢٦/ أغطس ١٩٣٧م تضمنت ما يلي:

١. يتعهد كل من الفرقاء المتعاقدين بأن لا يقوم بأي تفاهم أو اتفاق مع فريق آخر على أي أمر ضد مصلحة أحد المتعاقدين إذا كان من شأنه تعرض سلامة مملكته أو مصالحها للإخطار.

٢. حسم ما عساه يحدث من الاختلافات التي تقع بينهم بطريق المفاوضة الودية أو التحكيم.

٣. إذا دخل أحدهم في حالة حرب يوجه المتعاقدون مساعيهم لتسوية ذلك النزاع بالوسائل الودية أو بالمفاوضة مع المشاورة في ماهية التدابير التي يجوز القيام بها بقصد توحيد مساعيهم بالطرق النافعة لرد الاعتداء المذكور.

الحلف المركزي:

الحلف المركزي هو الصورة المتطورة لحلف بغداد بعد انسحاب العراق منه في ٢٤/ مارس / ١٩٥٩م ونقل مقره من بغداد إلى أنقرة العاصمة التركية، ويضم الحلف دول تركيا، إيران، الباكستان، وبريطانيا، وتشترك الولايات المتحدة في إعمال الحلف كمراقب، لا سيما في اجتماعات اللجنتين العسكرية والاقتصادية، وللحلف مجلس يتألف من وزراء خارجية الدول الأعضاء أو نوابهم وتصدر قراراته بالإجماع، وهو الذي يتولى السياسة العليا للمنظمة.

حلف وارسو:

منظمة عسكرية إقليمية تضم الدول الأوروبية الاشتراكية على أساس معاهدة دفاع جماعية وقعت بمدينة وارسو عاصمة بولندا في ١٤/مايو/١٩٥٥م ويعد هذا الحلف رد فعل لتكوين حلف شمال الأطلسي الذي قام عام(١٩٤٩م)، ولكن انضمام ألمانيا الغربية إليه عام (١٩٥٤م) كان سببا مباشرا لقيام حلف وارسو بين الدول الاشتراكية الأوروبية، لإحداث توازن القوى بين دول غرب أوروبا ودول شرق قارة أوروبا والدول المشتركة في حلف وارسو الاتحاد السوفيتي (سابقا)، ألبانيا، بلغاريا، تشيكوسلوفاكيا، ألمانيا الشرقية، المجر، بولندا، ورومانيا ويوغسلافيا (سابقا) على أن مدة الحلف عشرون عاما لا يجوز لأي عضو الانسحاب منه قبل عام من تاريخ المعاهدة.

حلم اليقظة:

إشباع تعويضي للرغبات مكتوبة أو محبطة عن طريق الانغماس في الخيالات التي لا تخضع لأي رقابة والتي لا يمكن إشباعها في الحياة الواقعية وفي الفصام يصبح حلم اليقظة بديلا للحقيقة في سلوك المريض.

حماية:

دولة توضع بمقتضى ـ معاهدة أو بمقتضى ـ عمل فردي تحت كنف دولة أخرى لتقوم بحمايتها من الاعتداء عليها وإعلان الحماية على منطقة معينة يجب أن يسنده وجود عسكري فعلي للدول الحامية في المحمية، وتعد الحماية شكلا من أشكال الاستعمار.

الحوار:

نشاط عقلي يتميز به الإنسان، وهو أبرز أشكال الاتصال بين أفراد المجتمع، يقدم كل طرف فيه رأيه بحرية تامة ليصل في النهاية إلى نتيجة صحيحة، وهو أداة للتعلم وتبادل الأفكار والمعارف والخبرات وتحقيق التآلف، ويعلم الفرد التعبير عن نفسه بسهولة وقوة ويوفر حوافز كثيرة للفرد ليفكر بسرعة ويتذكر جيدا.

الحوانيت:

هي المكان الذي تباع فيه السلع الغذائية وغير ذلك، من البقالة أو المؤسسة وما شابه ذلك في الأردن مثل السي تاون والسيفوي.

الحياد الإيجابي:

اتجاه حديث في السياسة الدولية المعاصرة، يطلق على موقف فريق من الدول رفضت الانضمام إلى الدول الغربية أو الكتلة الشرقية في الحرب الباردة التي ظهرت في الفترة التالية للحرب العالمية الثانية، أو الاشتراك في الأحلاف العسكرية التي عقدتها الدول الغربية أو الاتحاد السوفيتي والدول الموالية له.

وهي رد فعل لبروز الأحلاف العسكرية في نهاية الحرب العالمية الثانية كحلف الأطلسي ـ وحلف وارسو.

فعند ظهور المعسكرين الغربي والشرقي، بدأ اتجاه جديد يعبر عن رفض الدول حديثة الاستقلال آنذاك الانضمام إلى أحد الأطراف والتكتلات وقد أطلق على هذا الاتجاه (الحياد الإيجابي) الذي عرف فيما بعد بحركة عدم الانحياز.

حياد جزئي:

وضع دولي يتميز بأنه حالة وسطية بين الحياد التقليدي والاشتراك في القتال، وتعرف الدولة المحايدة حيادا جزئيا بأنها دولة غير محاربة أو الحياد الجزئي ظاهرة برزت منذ الحرب العالمية الأولى، ويعني أن الدولة غير المحاربة مع عدم اشتراكها في القتال لها أن تقدم مساعدة إلى إحدى الدول المحاربة لتعزيز مجهودها الحربي، ويعتبر قانون الحياد الأمريكي الصادر عام (١٩٣٩ م) الخاص بتصدير الأسلحة وقانون الإعارة والتأجير الصادر عام (١٩٤١ م) الخاص بالقروض الأمريكية تعبيرا عن موقف الحياد الجزئي الذي وافقته الولايات المتحدة لمساعدة بريطانيا قبل اشتراكها الفعلي في الحرب.

حياد دائم:

وضع قانوني بمقتضاه تحتفظ إحدى الدول بوجودها بمعزل عن أي حرب تخوضها الدول وذلك بناء على سلسلة من المعاهدات والاتفاقات الدولية التي تعترف لها بحالة الحياد ومثال: الدولة المحايدة حيادا دائما جمهورية سويسرا التي لا تشترك في عضوية هيئة الأمم أو في أي حلف من الأحلاف العسكرية أو السياسة مع اشتراكها في بعض المنظمات المنبثقة من الهيئة منها: مكتب العمل الدولي ومنظمة الصحة العالمية، وذلك لفرض احتفاظها بحقها في الحياد الدائم، إذ أن انضمامها يجعلها ملزمة بتنفيذ قرارات الهيئة الدولية بما في ذلك

التعاون المسلح لرد العدوان، وليس لهاالحق أن تدافع عن مسلكها بصفتها الحيادية.

حرية الصحافة:

تعني حق الفرد في التعبير عن رأيه وعقائده بواسطة المطبوعات بكافة أنواعها دون خضوع هذه المطبوعات إلى الرقابة.

حادثة دنشواي:

في حزيران عام ١٩٠٦، خرج خمسة من الضباط الإنجليز للصيد بالقرب من قرية دنشواي المصرية، فأطلق بعض الضباط طلقات نارية من بنادقهم، فشبت النار في بيدر للغلال، وجرحت إحدى فتيات القرية، فهاجم السكان الضباط البريطانيين، فأصاب الجنود أربعة مـن فلاحـي القرية، وحكم على عدد من سكان دنشواي بالإعدام والسجن.

حائط البراق:

هو الجزء الغربي من جدار الحرم الشريف لبيت المقدس، وأحد الأماكن الإسلامية المقدسة عند المسلمين لأن المكان الذي ربط فيه الرسول صلى اللـه عليه و سلم دابة البـراق التـي نقلتـه من مكة المكرمة إلى القدس الشريف.

وقد أكد تقرير هيئة عالمية شكلت في عهد الانتداب البريطاني على فلسطين عـام ١٩٣٠ أن مليكة هذا الجدار إسلامية، ومـع ذلك فإن اليهـود يعتبرونه أحد جـدران هيكل (المزعوم) سليمان، لذلك أقاموا عنده أحد طقوسهم الدينية وهو البكاء، لذلك سمي حائط المبكى.

حلف الفضول:

هو حلف عقد سنة ٥٩٠م في دار عبداللـه بن جدعان، ودعا إليه الزبير بـن عبدالمطلب وشهده الرسول صلى اللـه عليه وسلم في شبابه وبنو هاشم وبنو تميم وبنو زهـرة وتعاهـدوا ألا يظلم أحد بمكة إلا قاموا معه حتى ترد ظلامته.

الحجابة:

وهي تعني القيام على خدمة الكعبة والدفاع عنها من أي اعتداء خارجي.

الحشاشون:

طائفة إسماعيلية فاطمية نزارية مشرقية، انشقت عن الفاطميين لتدعو إلى إقامة نزار بـن المستنصر بالله ومن جاء من نسله، أسسها الحسن بن الصباح الذي اتخذ من قلعة (آلموت) مركزا لنشر دعوته وترسيخ أركان دولته. وقد تميزت هذه الطائفة باحتراف القتل والاغتيـال لأهـداف سياسية ودينية متعصبة وكلمة الحشاشين (ASSASSIN) دخلـت بأشـكال مختلفـة في الاستخدام الأوروبي بمعنى القتل خلسة أو عذرا أو بمعنى القاتل المحترف المأجور.

تنتشر في إيران وسوريا والهند وفي أجزاء من أواسط روسيا السوفيتية.

حلف شمال الأطلسي:

وهو حلف عسكري يضم الدول الأوروبية والولايات المتحـدة الأمريكيـة تـم إنشـاؤه سـنة ١٩٤٩م للوقوف في وجه الاتحاد السوفيتي (سابقا) والدول الاشـتراكية التابعـة لـه، وللـدفاع عـن أمن وسلام منطقة شمال الأطلسي (في حين كانت الولايات المتحدة الأمريكية تعتبر أوروبا الغربية خط الدفاع الأول عنها).

حلف وارسو:

هو حلف عسكري أنشئ كرد فعل على قيـام حلـف الأطلسـي وكـان يتـألف مـن الاتحـاد السوفيتي (سابقا) ودول أوروبا الشرقية، وتم تأسيسه سـنة ١٩٥٥م وانتهى وجـود هـذا الحلـف رسميا بعد انهيار الاتحاد السوفيتي عام ١٩٩١م بعكس حلف شمال الأطلسي الذي ما زال عـاملا حتى الآن.

الحرب الباردة:

انحصرت هذه الحرب بين الولايات المتحدة وحلفائها وبين الاتحاد السوفيتي وحلفائه، وقد ظهرت هذه الحرب بسبب الخلاف حول القضايا السياسية والاقتصادية وسباق التسلح وتطوير الأسلحة، وسميت بالحرب الباردة لأنها لم تؤد إلى حرب عسكرية بين الطرفين، إذ كان كل طرف يخشى أسلحة الدمار الشامل فيما لو اندلعت هذه الحرب، وقد كانت بداية الحرب الباردة عام ١٩٥٤م بسبب أزمة برلين في الفترة ما بين عام ١٩٥٢-١٩٥٧م، وخفت حدة الحرب الباردة خاصة بعد وفاة ستالين، إلا أنها تجددت من عام ١٩٥٨-١٩٦٢م بسبب تطوير الصواريخ في كل من البلدين وتطورت بعد أن نصب الاتحاد السوفيتي صواريخ في كوبا مما يعني تهديدا لأميركا وفي الفترة ما بين عام ١٩٦٢-١٩٧٨م هدأت هذه الحرب، وتجددت ثانية بعد أن اجتاح الاتحاد السوفيتي أفغانستان لدعم حكومة نجيب الله الأفغانية.

وانتهت الحرب الباردة عام ١٩٩١م بعد انهيار الشيوعية في الاتحاد السوفيتي وأوروبا الشرقية.

حلف بغداد (١٩٥٥م):

هو أحد المشاريع الغربية التي سعت إلى ربط منطقة الشرق الأوسط في أحلاف دفاعية عسكرية، تمكن الغرب وفي مقدمته بريطانيا والولايات المتحدة الأمريكية من تشكيل حزام أمني دفاعي من الدول المحيطة بالاتحاد السوفيتي، لكي تكون هذه الدول بمثابة الدرع الواقي لأوروبا من الحرب.

الحصانة البرلمانية:

هي إحدى الضمانات التي تكفل استقلالية المجلس النيابي، وتحمي أعضاءه من ملاحقة السلطة التنفيذية فقد نصت المادة ٤١ من القانون الأساسي

(الدستور) على أن يمنح أعضاء المجلس حصانة برلمانية، تمكنهم من أداء وظيفتهم على الوجه الأكمل دون التعرض إلى أية مضايقات.

حرب السنوات السبع ١٧٥٦-١٧٦٣م:

وقعت بين بريطانيا وفرنسا وكانت ميادين الحرب بين الطرفين أوروبا وآسيا وأميركا، وقد انتهت الحرب بانتصار البريطانيين وسيطرتهم على المستعمرات الفرنسية في أميركا الشمالية والهند. ولكن تكاليف الحرب كانت باهظة على شعبيهما.

الحكومة المطلقة:

هي الحكومة التي تتجمع فيها السلطة في يد شخص واحد أو هيئة واحدة، بأن يجمع الحاكم في يده السلطات التشريعية والتنفيذية والقضائية، ولا يكون بجانبه سلطة حقيقية تشاركه في شؤون الحكم.

وقد وجدت الحكومات المطلقة في الملكيات القديمة، إذ كان الملك يجمع في يده كل السلطات الثلاثة.

الحكومة المقيدة:

هي الحكومة التي توزع فيها السلطة بين هيئات مختلفة، أي الحكومة التي يسود فيها مبدأ فصل السلطات بأن توزع السلطة على هيئات مستقلة مختلفة، دون أن تتركز السلطة جميعها في يد فرد واحد أو هيئة واحدة.

وقد وجدت الحكومات المقيدة في الملكيات الدستورية، وتكون السلطة فيها موزعة بين الملك والبرلمان، وجميع الأنظمة التي تقوم على مبدأ الفصل بين السلطات تعد أمثلة للحكومات المقيدة.

الحرب العادلة:

هي الحرب التي تدخلها الدول دفاعا عن استقلالها وصونا لحقوقها، ويشنها الشعب ضد مستعمريه لتحرير وطنه.

وهي مشروعة لأن من حق كل دولة أو شعب أن يدافع عن حقوقه واستقلاله إذا لم يجد وسيلة أخرى للحصول على حقه، ومثال ذلك نضال الشعوب العربية ضد المستعمرين لنيل استقلالها وعلى رأسها الشعب الفلسطيني.

الحرب (غير العادلة):

هي الحرب التي تشنها دولة أو تحالف من دول عدة ضد دولة أخرى لاحتلال أرضها أو استعمارها أو إجبارها على إعطاء الدولة المعتدية مكتسبا ما.

وهي غير مشروعة لأنها تعد عدوانا على حقوق الدولة الأخرى، ومثال ذلك العدوان الثلاثي (بريطانيا، فرنسا، إسرائيل) على مصر ـ عام ١٩٥٦م. والحروب التي شنتها إسرائيل على بعض الدول العربية في عامي ١٩٤٨م   و١٩٦٧م.

* * * * *

حرف الخاء

خاصة:

كلمة تطلق على الصفة التي تخص أفراد النوع وتنتج من الصفات الأساسية في (الفصل) هي إحدى الصفات الأساسية التي ترتبط بالفصل، فنحن نقول الإنسان حيوان ناطق، فإن ناطق هي الفصل، الذي فصل الإنسان عن الحيوان وترتب على هذا الفصل خواص أساسية هو أنه كاتب، شاعر، مؤلف، عالم.....الخ.

الخازن:

هو يشبه مدير المكتبة في الوقت الحاضر، ويشرف على الناحيتين الإدارية والعلمية فيها، وكان يعين له مساعدون من ذوي الثقافة، وقد عادت هذه الوظيفة بالفوائد الجمة على بعضهم فساعدتهم على جمع كتبهم التي ألفوها، ككتاب (الفهرس) لابن النديم (وكشف الظنون) لحاجي خليفة وهذان الكتابان هما فهرس كشاف الأسماء التي ألفت الكتب في عصريهما وفي العصور السابقة.

الخان أو النزل:

كانت هذه الكلمة تستخدم في إنجلترا في معنى للدلالة على الفندق الريفي المرخص لإيواء واستراحة المسافرين الغرباء وغيرهم.

خدمة العلم:

هو استدعاء الحكومة للشباب لخدمة أوطانهم، فإنها تطلب منهم أن يقوموا بأعمال تتصل بمصلحتهم العامة كالدفاع عن الأرض والوطن ونظامه وحماية مؤسساته أو المساعدة في التغلب على كوارث لا قدرة لها وحدها على

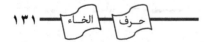

القيام بها أو تنفيذ مشروع وطني ضخم لمدة محدده من الزمن مثل خدمة العلم في الأردن لمدة سنتين.

الخراج:

الضريبة التي كانت تدفع لخزينة الدولة عن الأراضي الزراعية التي كان أصحابها من غير المسلمين.

الخرافة:

هي جملة الأفعال أو الألفاظ أو الأعداد التي يظن أنها تجلب السعد أو النحس والخرافات عبارة عن رواسب معتقدات دينية قديمة لا تجد اليوم سندا لها من المعتقدات الدينية السائدة أو من الحقائق المقررة، كما يدل الاصطلاح على الارتباط بمبدأ أو منهج من غير نقد أو تحليل.

الخزنة:

بناء منحوت في الصخر مكون من طابقين مزخرفين، تظهر فيهما الأعمدة المزخرفة ورسوم الخيل والحيوانات المجنحة كما هو موجود جنوب الأردن في مدينة البتراء.

الخضاب:

من العادات والتقاليد التي كانت سائدة في المجتمع الإسلامي وانتشرت بشكل خاص في بلدان الشرق الإسلامي.

خط بارليف:

خط أقامته إسرائيل على قناة السويس وهو عبارة عن تحصينات دفاعية إسمنتية في خنادق عميقة ملتوية، ومزودة بأسلحة حديثة ومتطورة وبكل ما يلزم الجندي، محمية بساتر رملي وترابي وبارليف هو رئيس هيئة الأركان الإسرائيلي آنذاك.

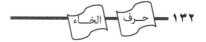

خط شريف كولخانه:

بيان أصدره السلطان عبد المجيد عام ١٨٣٩ م، ليكسب تأييد الدول الأوروبية ضد محمد علي باشا الذي أحتل بلاد الشام، وتضمن الخط وعدا من السلطان بالمحافظة على أرواح الناس وأموالهم وممتلكاتهم، وتنظيم جباية الضرائب والخدمة العسكرية، وإلغاء نظام الالتزام في جباية الضرائب.

الخط الديواني:

هو الخط الذي استخدم في كتابات رسمية في دواوين الدولة العثمانية.

خط الرقعة:

هو من خطوط المدرسة العثمانية، ومن أسهل الخطوط وأشيعها في الكتابة.

الخط الكوفي:

هو من أشهر الخطوط الزخرفية العربية وهو قائم على إعطاء الحروف أشكالا هندسية جذابة بطريقة تكرار الخطوط الأفقية.

خط النسخ:

هو الخط الذي كتب فيه الوحي للنبي محمد صلى الله علية وسلم، وحروفه مستديرة ومنحنية.

خطة إقليمية:

وهي الخطة الخاصة بإقليم أو منطقة معينة، وقد تكون خطة بأكملها أو جزءا منها وتدرس مشكلات جميع النواحي وتقترح الحلول والمشروعات اللازمة لتنميتها.

الخطة السنوية:

هي عبارة عن خطة سنوية بعيدة المدى تستهدف الإعداد والتخطيط لعملية التعليم في ضوء الأهداف الواردة في منهاج أحد الصفوف التطوري والديناميي وبأن جميع أشكال الحياة الاجتماعية متعلقة أساسا بمجال التاريخ الذي يتغلغل في جميع الأعمال الخاصة التاريخية أو النزعة التاريخية، الرأي القائل بأن جوهر المجتمع والثقافة يتميز بالاتجاه.

خطة وطنية:

وهي الخطة الشاملة للدولة على المستوى الوطني كله، ويشترك فيها القطاعان العام والخاص،وتشمل كافة القطاعات الاقتصادية.

خطوط اتفاقية:

هي الخطوط التي لا تراعي فيها ظروف السكان ورغبات المواطنين، وبقدر ما تراعى القوى النسبية للدول المستعمرة وأن هذه الخطوط تحدد من قبل الدول ذات النفوذ والسيطرة على الدول الضعيفة.

خلافة:

في الاصطلاح الفقهي الإسلامي هي الإمامة الكبرى، أو, إمارة المسلمين، والمقصود بها أصلا الولاية العامة على شؤون المسلمين من دينية ودنيوية، ثم تطور مفهومها حتى أصبحت وراثية في أعقابهم حمل السلاطين العثمانيون لقب الخلافة منذ القرن الرابع عشر واعترف بهم جمهور المسلمين بعد اتساع الإمبراطورية العثمانية، وأخذ السلاطين في القرنين (١٨، ١٩) يستغلون منصب الخلافة في شؤون السياسة التركية وفي علاقاتهم بالدول الأوروبية، وبدأ ذلك واضحا في سياسة السلطان عبد الحميد الثاني (١٨٧٦ ١٩٠٨) وعندما دخلت تركيا الحرب عام (١٩١٤ م) حاول السلطان العثماني الذي خلف السلطان

عبد الحميد الثاني في إعلان الحرب والجهاد بصفته خليفة المسلمين إلا أن دعوته لم تـلاق صدى.

خلاف عقائدي:

يقصد به الخلاف بين المجموعات الدولية على أساس الاختلاف في العقيدة السياسية التـي يقوم عليها نظام الحكم في كل منها وما يتبعه مـن خـلاف في نظمها الاقتصادية والاجتماعية، وابرز مظاهر الخـلاف العقائـدي في العـالم المعـاصر هـو " الحـرب البـاردة " التي بـدأت في دق طبولها فور عقد معاهدة الصلح التي أنهت الحرب العالمية الثانية.

الخلعاء:

هم الذين ينقلون نسبهم من قبيلة إلى أخرى، أو الذين تخلعهم قبيلتهم أثر ارتكاب جـرم ما.

الخضوع للغير (التبعية):

خضوع الأفراد أو الجماعـات لقاعـدة أو قانون مفـروض مـن الغـير بـدلا مـن الخضوع للقواعد أو القوانين التي يضعها الأفراد أو الجماعات بأنفسهم وعكسه حكم ذاتي.

الخوارزمي:

من علماء القرن الثالث الهجري، ولد سنة ١٦٤هـ/٧٨٠م، أصـله مـن خـوارزم، وقـد عـاصر المأمون وأقام في بغداد، ذاع اسمه وانتشر صيته بعدما برز في علم الفلك والرياضيات، وتوفي سنة ٢٣٢هـ/٨٤٦م.

وهو أول من فصل بين الحساب والجبر وأول من عالج الجبر بأسلوب منطقي، ولفظة جبر التي تدل على العلم المعروف اليوم باسم "Algebra" هي من وضعه ومن أشـهر مؤلفاته "الجبر والمقابلة".

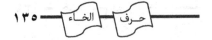

خط ماجينيو:

نظام تحصينات أقامه الفرنسيون على حدودهم الشمالية الشرقية مع ألمانيا أطلق عليه هذا الاسم نسبة إلى أندريه ماجينيو، و زير الحربية الفرنسي- ما بين عامي ١٩٢٢م و١٩٣١م. وشرع بالعمل في هذا الخط عام ١٩٢٩م لمسافة ٣٢٠كم وضم الخط شبكة من التحصينات ومحلات لسكن الجنود، ومواقع للأسلحة من مدافع ورشاشات في مواضع مخفية دوارة ترتفع تلقائيا، وقد حدث جدل واسع في فرنسا حول أهمية بناءالخط في منع الهجوم على فرنسا.

خط بارليف:

تحصينات دفاعية أسمنتية في خنادق عميقة ملتوية مزودة بأسلحة حديثة ومتطورة وبكل ما يلزم على امتداد الضفة الشرقية لقناة السويس، وبارليف هو رئيس هيئة الأركان الإسرائيلي آنذاك، واعتقد القادة الإسرائيليون أن القوات العربية لن تستطيع اقتحامها مهما بلغت من قوة.

* * * * *

حرف الدال

الدانق:

عملة ضربت في العهد العباسي في مصانع خاصة، عرف الواحد منها باسم دار الضرب أو دار السكة واستخدمت معادن الذهب للدينار والفضة للدراهم والنحاس للفلوس والدانق يعادل ٦/١ الدرهم.

دبلوماسية:

أكلمة يونانية الأصل استخدمت منذ عهد الإمبراطورية الرومانية، وكانت تعني مهمة حفظ الوثائق التي تتضمن الاتفاقات الخارجية، وكانت تلك الوثيقة تعرف باسم " الدبلوما "" وعرف القائم عليها باسم " الدبلوماسي " ثم تطور مدلول اللفظ حتى شمل اليوم عدة معان.

الدفتر الخاقاني:

هو الذي يجري الأحكام والقوانين والأنظمة التي تتعلق بحق إدارة الأملاك والأراضي.

دراسة ما وراء العقل:

دراسة المظاهر النفسية التي تعتمد على الذكاء الخارق للعادة وغيره من القوى الكامنة في العقل البشري وغير المعروفة وعمليات اللاشعور ومن أمثلة هذه المظاهر التلباشية والإلهام والشعور السبقي.

دستور:

كلمة فارسية الأصل دخلت اللغة التركية، ثم شاعت في اللغة العربية وأصبحت لها عدة معاني تطورت مع الزمن، غير أن لفظ دستور يطلق اليوم في أكثر الدول العربية بمعنى القانون النظامي أو القانون الأساسي، أو مجموع القواعد الأساسية التي تقرر نظام الحكم للدولة وسلطة الحكومة وطرق توزيع

هذه السلطة وكيفية استعمالها، كما تبين حقوق الأفراد وواجباتهم، وللدستور شأن ليس لغيره من القوانين، وهو ما ينبعث بسمو الدستور أو علوه أو بمركزه الممتاز بالنسبة للقوانين العادية حتى يصبح في مأمن من خطر الأهواء وغيره.

لذلك يتعذر أن ينال بالتعديل أو التغيير إلا عندما تدعو أقصى الضرورات في حالة تعارض نصوصه مع القوانين العادية تكون الغلبة للدستور، فمن ثم لا يصدر قانون، على خلاف حكم الدستور، ويجعل الدستور الحكم في يد هيئة من المواطنين تتوافر فيهم كفاءات خاصة لهذه المهمة، وهي الحكومة وإخضاعها لرقابة الرأي العام الذي يمثله أعضاء الهيئة التشريعية وتعرف بالبرلمان أو المجلس الوطني أو مجلس الأمة.

الدستور العربي:

هي قواعد متعارف عليها وحسب، وهي غير مكتوبة أو مدونة مثل القانون العشائري الذي يمثله الشيوخ الذين يقضون بين الناس على ما توارثوه من الأباء والأجداد في قضايا لا يستطيع القانون العادي على حلها.

الدستور غير المكتوب:

هو الدستور الذي ينشأ عن طريق العرف الذي يستمر العمل فيه، بدون انقطاع وهذا الدستور لا يكتب أو يوضع في وثيقة من الوثائق المكتوبة.

الدستور المكتوب:

هو دستور مدون وثيقة صادرة عن الجهة الرسمية المختصة.

الدعم والتأييد:

تأييد فرد بالمساعدة أو التشجيع والانحياز جانبه وبنوع خاص في المنافسة أو الانتخاب وكذلك تأييد المدعى عليه في الدعوى وتأييد كل ما هو صحيح وحقيقي وعادة في حركة فكرية أو سياسية معينة.

الدعوة السرية:

هي الدعوة السرية لمن يعتقد أنه موثوق فيه كما كانت الدعوة الإسلامية في بدايتها سرية لمدة ثلاثة عشر سنة على يد الرسول العظيم محمد عليه الصلاة والسلام.

الدفتر دار:

يتولى الأمور المتعلقة بالمالية ويرأس عددا أكبر من المحاسبين وأمناء الخزينة والجباه والمحصلين لمتابعة واردات الدولة ونفقاتها ويشبه في أيامنا هذه وزير المالية.

دكتاتورية البروليتاريا:

هي من العبارات التي تشيع في الفكر الماركسي، ويعتبرها شكلا من ديمقراطية العمال لأن البروليتاريا سوف تشكل أغلبية المجتمع.

الدواوين:

هي عملية تنظيم الأحوال التي دفعت بيت المال زمن عمر بن الخطاب رضي الله عنه إلى عمل سجلات تحتفظ بالصادر والوارد حيث قام بأول تنظيم إداري عرف باسم الدووابن.

الدولة الاتحادية:

هي الدولة التي تتفق فيها دولتان أو أكثر على الاندماج بحيث تكون شخصية دولية جديدة على أن تحتفظ كل واحدة منها بدستورها وقوانينها ونظامها الإداري في الداخل.

الدولة البسيطة:

هي الدولة التي يوجد فيها سلطة واحدة فقط ودستور واحد ونظام قانوني واحد يخضع له جميع أفراد الشعب.

الدولة:

المقصود هنا المعنى السياسي للفظ، فالدولة مجتمع منظم يعيش على إقليم معين ويخضع لسيطرة هيئة حاكمة ذات سيادة ويتمتع بشخصية معنوية متميزة عن المجتمعات الأخرى المماثلة وتربط بين أفراد الدول رابطة سياسية قانونية من حيث أنها تفرض عليهم الولاء لها والخضوع لقوانينها كما تفرض على الدولة حماية أرواحهم وأموالهم وكافة حقوقهم التي يقرها لهم القانون الطبيعي والقوانين الوضعية أنظر(دولة اتحادية) و (دولة قانونية).

دول الحلفاء:

هي كوبا والبرازيل وبنما وجواتيمالا ونيكاراغوا وهندرواس وبريطانيا وفرنسا وروسيا وسيام والصين وليبيريا ثم انضمت الولايات المتحدة الأمريكية واليابان كما أن هناك بعض الدول التي قطعت علاقتها بدول الوسط وهذا الاسم ظهر في الحرب العالمية الأولى عام ١٩١٤م.

الدولة الشمولية:

هي الدولة التي تضع إمكانياتها كلها في خدمة مجموعة واحدة حيث تتركز السلطة في يد فرد واحد دون الاستناد إلى قوانين معينة وتخضع له المحكمون وبدافع الخوف ويمارس الحاكم الحكم لصالح جماعة محدودة.

ديفيد هيوم

فيلسوف بريطاني عاش في القرن الثامن عشر الميلادي، أطلق الشك إلى نهاية متطرفة هي الأنانة.

ديكارت:

هو رينيه ديكارت مفكر فرنسي عاش في القرن السابع عشر الميلادي، اتخذ من الشك منهجا له للوصول إلى المعرفة، وهو صاحب مقولة (أنا أفكر فإذا أنا موجود).

دهون:

مركبات عضوية تحتوي على الكربون والهيدروجين والاوكسجين.

الدولة الوحدوية:

تنظيم الدولة على أساس البدء بتركيز السلطة السياسية على المستوى القومي ثم توزيعها من الناحية الجغرافية بين الحكومة المركزية والوحدات الإقليمية فتحدد الحكومة المركزية السلطات التي تحولها للهيئات المحلية المختلفة مما يساعد على تيسير التخطيط الاقتصادي ويزيد من قدرة الحكومة في معالجة المشاكل القومية بشكل موحد في جميع أنحاء البلاد وقد يقترن هذا النظام بالمبالغة في المركزية وإضعاف سلطة الحكومات المحلية.

دولة تابعة:

كل دولة تخضع لدولة أخرى تسمى (الدولة المتبوعة) ولحالة التبعية هذه درجات متفاوتة على أنها تفترض بصفة عامة حرمان الدولة التابعة من ممارسة سيادتها الخارجية مع احتفاظها بجزء من سيادتها الداخلية ويترتب على ذلك أنها لا تشترك في الشؤون الدولية إلا عن طريق الدولة المتبوعة فهي التي تتولى تمثيلها وتقوم نيابة عنها بتصريف شؤونها.

الديالكتيك أو الجدلية الماركسية:

يعني في رأي ماركس أن القوى الاقتصادية هي المسؤولة عن البناء الطبقي للمجتمع وأن التاريخ هو أساس تاريخ الطبقات الاقتصادية من حيث نشأتها واندثارها وسيطرتها واستقلالها وكل حقبة تاريخية تحمل في طياتها بذور فنائها.

الديكتاتورية:

تركيز السلطة في يد فرد واحد دون الاستناد إلى قوانين معينة ويخضع لـه المحكومـون وبدافع الخوف ويمارس الحكم الديكتاتوري عادة لصالح جماعة محدودة ويحاول الديكتاتوريون المحدثون صبغ حكمهم بصبغة دسـتورية يعتمـدون عـلى حـزب رسـمي وشرطـة سـرية ودعايـة واسعة ويقال الديكتاتورية البروليتارية للدلالة على شكل مـن أشكال التنظيـم السـياسي للدولـة أثناء التحول الاشتراكي الذي يعطي البروليتارية الحـق في فرض الديكتاتوريـة لتصفيـة الرواسـب الرأسمالية والمعوقات الإقطاعية.

ديمقراطية:

كلمة يونانية الأصل تتكون من مقطعين الأول بمعنى شعب والثاني بمعنـى حكـم، ويقصـد بالديمقراطية النظام السياسي الذي يكون فيه للشعب نصيب في حكـم إقليـم الدولـة بطريقـة مباشرة أو غير مباشرة.

الديمقراطية المباشرة:

تتمثل في تولى الشعب الحكم بنفسه وبدون وساطة،وهذه هـي أقـدم صـور الديمقراطيـة في العالم، وتعرف في مدينة أثينا.

الديمقراطية النيابية:

هو تولي الشعب الحكم بوساطة نواب أو ممثلين عنه وتنحصر مهمة المواطنين في انتخاب النواب.

ديموجرافية:

اسم يطلق على علـم دراسـة السـكان، وهـي دراسـة حديثـة العهـد انبثقـت عـن دراسـة الإحصاءات الحيوية، وتشمل البحوث الديموجرافية مقارنة عـدد السـكان مـن حيـث الزيـادة أو النقص أو أسباب ذلك، كارتفاع أو هبوط نسبة

المواليـد والوفيـات للأطفـال، وحركـات الهجـرة الداخليـة والخارجيـة وتحليـل العوامـل والظروف التي تؤثر في ذلك كله.

ديوان البريد:

نشأ في عصر الرسول صلى اللـه عليه وسلم ويتولى نقـل الرسائل والأوامـر والأخبـار بـين مركز الخلافة والولايات الأخرى.

ديوان الخاتم:

أنشأه معاوية بن أبي سفيان وهو أكبر الـدواوين وكـان فيـه كتـاب مهمـتهم نسـخ أوامـر الخليفة ثم ختمها بالشـمع بخـاتم صاحب الـديوان حتـى لا يـتم معرفـة مضمون الرسالة أو تحريفها.

ديوان المظالم:

هو هيئة مستقلة تتولى التفتيش الإداري ومراقبة أداء الإدارة وسلوك أشخاصها.

الديموجرافية التاريخية:

هي دراسة السكان وتاريخهم في الفترة التي لم تكن تتوافر فيها إحصاءات سـليمة حيث يتعين استخدام وسائل خاصة لهذا الغرض.

الدبلوماسية:

القواعد الخاصة بعلاقة الدول بعضها ببعض لانسجام هذه العلاقات وحفظ السـلم بينهـا وتستعمل كلمة دبلوماسية أيضا كمرادفة للتفاوض أوفن التوفيق في المسـائل السياسـية، وكـذلك تستعمل لتـدل عـلى الجهـاز الإداري للعلاقـات الدوليـة وعلى الصـفات الشخصـية التـي تتميـز بالقدرة على الإقناع والتي يتصف بها أولئك الـذين يعملـون في هـذه العلاقات ويقال السـلك السياسي للدلالة على مجموع ممـثلي الـدول الأجنبية المقيمـين في دولة مـا ويقومون بحمايـة مصالح دولهم ويتمتعون في هذه العلاقات.

الدروز:

فرقة باطنية تؤله الخليفة الفاطمي الحاكم بأمر اللـه، أخذت جل عقائدها عن الإسماعيلية، وهي تنتسب إلى نشتكين الدرزي، نشأت في مصر لكنها لم تلبث أن هاجرت إلى الشام، عقائدها خليط من عدة أديان وأفكار، كما أنها تؤمن بسرية أفكارها، فلا تنشرها على الناس، ولا تعلمها لأبنائها إلا إذا بلغوا سن الأربعين.

محور العقيدة الدرزية هو الخليفة الفاطمي، أبو علي المنصور بن العزيز بالله بن المعز لدين اللـه الفاطمي الملقب بالحاكم بأمر اللـه ولد سنة ٣٧٥هـ/٩٨٥م وقتل سنة ٤١١هـ/١٠٢١م، كان شاذا في فكره وسلوكه وتصرفاته شديد القوة والتناقض والحقد على الناس، أكثر من القتل والتعذيب دون أسباب تدعو إلى ذلك.

يعيش الدروز اليوم في لبنان وسوريا وفلسطين والأردن.

توجد لهم رابطة في البرازيل ورابطة في أستراليا وغيرهما.

ونفوذهم في لبنان الآن قوي جدا تحت زعامة وليد جنبلاط ويمثلهم الحزب الاشتراكي التقدمي ولهم دور كبير في الحرب اللبنانية وعداوتهم للمسلمين لا تخفى على أحد.

الداروينية:

تنتسب الحركة الفكرية الداروينية إلى الباحث الإنجليزي تشارلز داروين الذي نشر كتابه (أصل الأنواع) سنة ١٨٥٩م والذي طرح فيه نظريته في النشوء والارتقاء مما زعزع القيم الدينية، وترك آثارا سلبية على الفكر العالمي.

وقد ناقش فيه نظريته في النشوء والارتقاء معتبرا أصل الحياة خلية كانت في مستنقع أسن قبل ملايين السنين، وقد تطورت هذه الخلية ومرت بمراحل

منها، مرحلة القرد، انتهاء بالإنسان، وهو بذلك ينسف الفكرة الدينية التي تجعل الإنسان منتسبا إلى آدم وحواء ابتداء.

تنتشر في أوروبا، انتقلت بعدها إلى جميع بقاع العالم.

دار الندوة:

أنشأها قصي بن كلاب بجانب الكعبة وهي بمثابة مجلس الشورى لإدارة أمور مكة المكرمة ولمساعدته على حكمها، وكان لا يقطع برأي إلا بعد عرضه على مجلس الملأ، الذي يتخذ من هذه الدار مقرا له.

الديمقراطية شبه المباشرة:

يقصد به أن يختار الشعب ممثلين عنه في مناقشة قضاياه والدفاع عنها، مع الاحتفاظ بحق الشعب في المشاركة في الأوقات المناسبة، فإذا تعذر على البرلمان (ممثلي الشعب) مناقشة بعض القضايا المهمة، فإن المجلس -في هذه الحالة- يلجأ إلى الشعب لممارسة حقه عن طريق الاستفتاء الشعبي، وبذلك يكون الشعب قد شارك في دراسة القضايا ومناقشتها وإقرارها، أو تقديم الاقتراحات المتعلقة بها، أو يمتلك حق الاعتراض عليها.

الديموقراطية المباشرة:

يجتمع الشعب في الديمقراطية المباشرة بكامله في فترات مختلفة، ويعهد إليه المهام التي تقوم بها السلطة التشريعية، كما كان الحال في اليونان القديمة (دولة مدينة أثينا) إذ يجتمع مجلس الشعب في مدينة أثينا، ويناقش القضايا التشريعية والسياسية والاقتصادية، وعلاقات أثينا مع المدن اليونانية الأخرى في أوقات الحرب والسلم والمعاهدات والتجارة، وقد عرف هذا النوع من الديموقراطية في بعض الولايات السويسرية، إذ يتمكن الناس من الاجتماع، لأن عددهم قليل ويناقشون قضاياهم المختلفة.

الديموقراطية:

عرفت الديموقراطية قديما في بلاد اليونان، تتألف من مقطعين هما Demo ويعني الشعب وKratas ويعني الحكم أي حكم الشعب. لذلك يعرف الحكم الديموقراطي بأنه: حكم الشعب نفسه بنفسه، سواء بصورة مباشرة أم غير مباشرة. وقد مورست الديموقراطية بأسمى معانيها زمن الرسول صلى الله عليه وسلم والخلفاء الراشدين من بعده، إذا ساوى الإسلام بين جميع المسلمين سادة ومسودين، لا فرق بين جنس وجنس أو بين لون ولون، فهم متساوون في الحقوق والواجبات لا فضل لأحدهم على آخر إلا بالتقوى.

ومن أشكال الديموقراطية: الديموقراطية المباشرة والديموقراطية شبه المباشرة، والديموقراطية النيابية (كما هو في الأردن).

دولة المؤسسات:

مفهوم عصري حديث، هي الدولة الديمقراطية التي تلتزم بمبادئ الدستنور وسيادة القانون، وتستمد شرعية وجودها وفاعلية سلطاتها من إرادة الأمة الحرة، وتلتزم بتوفير جميع الوسائل التي تصون كرامة الإنسان وحقوقه وحريته التي أرسى الإسلام قواعدها ونادت بها الشرائع الدولية، وفي طليعتها الإعلان العالمي لحقوق الإنسان.

الديموقراطية النيابية (التمثيلية):

تطورت الديموقراطية تدريجيا، بحيث أخذت مسارا أكثر ديمومة من خلال نظام ديموقراطي تمثيلي أو نيابي غير مباشر، ويعود ذلك إلى عدة أسباب منها الزيادة المطردة في عدد السكان، وتوزعهم على مناطق واسعة داخل الدولة أو تعدد البيئات الجغرافية والاقتصادية للسكان مثل: البيئة الزراعية أو الصناعية أو التجارية، أو الجبلية أو السهلية، مما يشكل عائقا أمام حشد جميع أفراد المجتمع في مكان واحد لمناقشة قضاياهم.

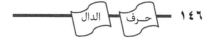

الدفاع الاجتماعي:

هو الجهود المنسقة لحماية المجتمع من أخطار الجريمة والانحراف بكل أشكاله من خلال عمليات الوقاية والتوجيه والمعالجة.

دولة القانون:

هي دولة ديمقراطية تلتزم بالقانون وسيادته وتستمد شرعيتها من الشعب وتلتزم كل سلطاتها بتوفير الضمانات القانونية والقضائية من أجل حماية الإنسان كما أكدها الإسلام والإعلان العالمي لحقوق الإنسان، ودولة القانون هي دولة المواطنين جميعا مهما اختلفت آراؤهم.

دول عدم الإنحياز:

تكونت هذه الكتلة من دول في آسيا وأفريقيا وأمريكا اللاتينية، وسميت بدول عدم الإنحياز لأنها لم ترغب بالاشتراك في النزاعات الدولية بين المعسكرين الرأسمالي والاشتراكي، وفضلت اتباع سياسة الحياد.

ضمت هذه المجموعة ١٢٠ دولة، يشكل سكانها نصف سكان العالم، وأكثرهم من الدول النامية، وتشكلت الكتلة عام ١٩٥٥م في مؤتمر باندونغ في إندونيسيا الذي شاركت فيه ٢٩ دولة.

وقد حاولت دول عدم الإنحياز اتباع سياسة واحدة تجاه القضايا الدولية، إلا أن المشاكل الاقتصادية والخلافات السياسية بين دول عدم الإنحياز أدت إلى عدم قدرتها على التأثير في السياسة العالمية. وأبرز مثال على ذلك الخلاف بين العراق وإيران خلال الثمانينات.

الدولة:

هي مجموعات بشرية تعيش جنبا إلى جنب في مجتمع واحد، ولديها سلطة (حكومة) تعد القوانين وتنفذها وتدير شؤون الأفراد والجماعات، ومعترف بها سياسيا ولها سيادة.

الدستور الجامد:

هو الدستور الجامد لصعوبة الإجراءات اللازمة لأي تعديل عليه.

الدستور غير المكتوب (العرفي):

هو مجموعة القواعد المستمدة من الأعراف والتقاليد السائدة التي استقر عليها المجتمع، وأصبحت ملزمة له، ومن أمثلة ذلك الدستور الإنجليزي.

الدستور المكتوب (المدون):

هو الذي تصدر أحكامه على صور نصوص تشريعية من عمل المشرع الدستوري، تجمعها وثيقة واحدة أو عدة وثائق مدونة أي تسجيل أحكام الدستور في وثيقة أو وثائق مكتوبة، ومن أمثلة ذلك، الدستور الأردني، والدستور الأميركي، والدستور المصري.

الدولة الإسلامية في عصر الرسول: صلى الله عليه وسلم (١-١١هـ / ٦٢٢-٦٣٢م)

من أحداثها:

غزوة بدر ٢هـ/٦٢٤م، غزوة أحد ٣هـ/٦٢٥م، غزوة الخندق ٥هـ/٦٢٧م، فتح مكة ٨هـ/٦٣٠م، وفاة الرسول صلى الله عليه وسلم ١١هـ/٦٣٢م. انتشر الإسلام في أنحاء الجزيرة العربية.

الدولة الإسلامية في العصر العباسي ١٣٢-٦٥٦هـ/ ٧٥٠-١٢٥٨م

تولى الخلافة فيها: ٣٧ خليفة وعاصمتها بغداد. يقسم تاريخها إلى عصرين، الأول عصر القوة ويمتد من سنة ١٣٢ إلى ٢٤٧هـ / ٧٥٠-٨٦١م، وفيه تألقت الحياة العلمية والاقتصادية والسياسية.

والثاني عصر الفوضى العسكرية، ويمتد من سنة ٢٤٧هـ / ٨٦١م إلى دخول المغول بغداد بقيادة هولاكو والقضاء على الخلافة العباسية سنة ٦٥٦هـ / ٢٥٨م.

الدولة الإسلامية في مغرب العالم الإسلامي:

١- **دولة الأدارسة:**

١٧٢-٣١٤هـ / ٧٨٩-٩٢٦م، قامت في المغرب الأقصى ومراكش، كانت عاصمتها مليلة ثم أصبحت فاس، قضى عليها الفاطميون.

٢- **دولة الأغالبة:**

١٨٤-٢٩٦هـ / ٥٠٠-٩٠٩م، قامت في أفريقيا وتونس والجزائر وصقلية، كانت عاصمتها القيروان، قضى عليها الفاطميون.

٣- **دولة المرابطين:**

٤٤٨-٥٤١هـ / ١٠٥٦-١١٤٧م، قامت في المغرب الأقصى (مراكش) ثم ضمت إليها المغرب الأوسط (الجزائر) والأندلس. كانت عاصمتها مراكش. من أحداثها انتصار المرابطين على الأسبان في معركة الزلاقة عام ٤٧٩هـ/١٠٨٦م، قضى عليها الموحدون.

٤- **دولة الموحدين:**

٥٢٤-٦٦٧هـ / ١١٣٠-١٢٦٩م، قامت في المغرب الأقصى ثم بسطت سيادتها على طرابلس الغرب شرقا إلى المغرب الأقصى ومن ثم الأندلس غربا، كانت عاصمتها مراكش، قضى عليها في الأندلس الإسبان، أما أملاكهم في شمال أفريقيا فقد تقاسمها الزيانيون والحفصيون والمرينيون.

الدولة الإسلامية في مشرق العالم الإسلامي:

١- **الدولة الطاهرية:**

٢٠٥-٢٥٩هـ / ٨٢١-٨٧٣م، قامت في خراسان وعاصمتها نيسابور. قضى عليها الصفوريون.

٢- **الدولة الصفارية:**

٢٥٣ إلى حوالي ٩٠٠هـ / ٨٦٧-١٤٩٥. قامت في سجستان ثم حكمت

خراسان وفارس وبلاد ما وراء النهر، سقطت نتيجة ضربات متتالية من السامانيين والغزنويين والمغول.

٣- **الدولة السامانية:**

٢٠٤-٣٩٥هـ / ٨١٩-١٠٠٥م. قامت في خراسان وبلاد ما وراء النهر وعاصمتها بخارى، قضى عليها القراخانيون والغزنويون.

٤- **الدولة الغزنوية:**

٣٦٦-٥٨٢هـ / ٩٧٧-١١٨٦م، قامت في خراسان وأفغانستان وشمالي الهند، قضى عليها الغوريون.

٥- **الدولة الغورية:**

٣٩٠-٦١٢هـ / ١٠٠٠-١٢١٥م. قامت في خراسان وأفغانستان وشمالي الهند، قضى عليها الخوارزميون.

٦- **الدولة الخوارزمية:**

٣٨٥-٦٢٨هـ / ٩٩٥-١٢٣١م. قامت في إقليم خوارزم ثم امتدت إلى حدود الهند شرقا وإلى حدود الأناضول غربا، قضى عليها المغول في أيام جنكيز خان.

٧- **دولة بني بويه:**

٣٣٤-٤٤٧هـ / ٩٤٥-١٠٥٥م. قامت في فارس والعراق وهيمنت على الخلافة العباسية، قضى عليها طغرل بك السلجوقي عندما دخل بغداد عام ٤٤٧هـ / ١٠٥٥م.

٨- **الدولة السلجوقية:**

٤٢٩-٥٩٠هـ / ١٠٣٨-١١٩٤م. قامت دولتهم في فارس والعراق وامتدت شرقا إلى ما وراء النهر غربا أي بلاد الشام وآسيا الصغرى، تفككت الدولة وانقسمت بعد وفاة السلطان السلجوقي ملكشاه عام ٤٨٥هـ/١٠٩٢م.

الدولة الإسلامية في الأندلس:

فتح المسلمون الأندلس عام ٩٢هـ / ٧١١م وأصبحت ولاية تتبع الخلافة بدمشق.

أقام عبدالرحمن الأول (الداخل) إمارة أموية مستقلة عن الخلافة العباسية عام ١٣٨هـ/ ٧٥٦م، واتخذ من قرطبة عاصمة له، تحولت الإمارة إلى خلافة في عهد عبدالرحمن الثالث (الناصر) عام ٣٠٠هـ/٩١٢م. انتهت الدولة الأموية في الأندلس عام ٤٢٢هـ/١٠٣١م وقامت على أنقاضها دول الطوائف من عام ٤٠٧ إلى عام ٤٤٩هـ/ ١٠١٦-١٠٥٧م وهي ٢٣ إمارة أو دولة مستقلة، ثم حكم الأندلس كل من المرابطين والموحدين، وكانت آخر دولة إسلامية في الأندلس هي مملكة غرناطة التي أسسها بنو الأحمر، وقد قضى الإسبان على هذه المملكة عام ٨٩٧هـ/١٤٩٢م وبزوالها انتهت الدولة الإسلامية في الأندلس (إسبانيا حاليا).

الدولة الإسلامية في مصر والشام:

١- الدولة الطولونية: ٢٥٤-٢٩٢هـ/٨٦٨-٩٠٥م. قامت في مصر والشام، عاصمتها القطائع، قضى عليها العباسيون.

٢- الدولة الإخشيدية: ٣٢٣-٣٥٨هـ/٩٣٥-٩٦٩م. قامت في مصر والشام وعاصمتها الفسطاط، قضى عليها الفاطميون.

٣- الدولة الحمدانية: ٢٩٣-٣٩٤هـ/٩٠٥-١٠٠٤م. قامت في الموصل و حلب، ويعتبر عبدالله بن حمدان هو مؤسس الدولة في الموصل، ويعتبر سيف الدولة الحمداني هو مؤسسها في حلب.

٤- الدولة الزنكية: ٥٢١-٦١٩هـ/١١٢٧-١٢٢٢م. قامت في الموصل وحلب ودمشق، ويعتبر عماد الدين زنكي هو المؤسس الحقيقي لهذه الدولة.

٥- الدولة الفاطمية: ٢٩٧-٥٦٧هـ/٩٠٩-١١٧١م. قامت في أفريقيا ثم في مصر والشام والحجاز واليمن، تولى الخلافة فيها ١٤ خليفة. كانت عاصمتها في أفريقيا القيروان ثم المهدية، وعندما دخل الفاطميون مصر قاموا ببناء القاهرة واتخذوا عاصمة، قضى عليهم الأيوبيون.

٦- الدولة الأيوبية: ٥٦٧-٦٤٨هـ/٨٧١-١٢٥٠م. قامت في مصر والشام ثم بسطت سلطاتها إلى ديار بكر واليمن، ومؤسسها صلاح الدين الأيوبي الذي انتصر على الصليبيين في معركة حطين عام ٥٨٣هـ/١١٨٧م، حل المماليك محل الأيوبيين في حكم مصر والشام.

٧- الدولة المملوكية: ٦٤٨-٩٢٣هـ/١٢٥٠-١٥١٧م. قامت في مصر ثم بسطت سلطانها من برقة غربا إلى الشام شرقا وكانت لها حماية الحرمين الشريفين، ويقسم المؤرخون الدولة المملوكية إلى قسمين:

أ- دولة المماليك البحرية: ٦٤٨-٧٩٢هـ/١٢٥٠-١٣٩٠م. انتصر المماليك في عين جالوت ٦٥٨هـ/١٢٦٠م.

ب- دولة المماليك البرجية: ٧٩٢-٩٢٣هـ/١٣٩٠-١٥١٧م، قضى عليها العثمانيون على دولة المماليك.

الدولة العثمانية: ٦٨٠-١٣٤٢هـ/ ١٢٨١-١٩٢٤م:

قامت في الأناضول على أنقاض دولة سلاجقة الروم ثم استولت على البلقان والبلاد العربية في آسيا والمغرب العربي (باستثناء المغرب الأقصى). حل المستعمرون الأوروبيون محل العثمانيين في البلاد العربية، وتفككت الدولة العثمانية نهائيا بعد الحرب العالمية الأولى، وأعلن مصطفى كمال (أتاتورك) الجمهورية التركية عام ١٩٢٣م، وألغى الخلافة الإسلامية عام ١٩٢٤م.

الدول التي لا دستور لها:

هي التي تتركز السلطة فيها في يد شخص واحد، ومثال ذلك إيطاليا في عهد موسوليني، وألمانيا في عهد هتلر.

الدولة الإسلامية في العصر الراشدي:
١١-٤٠هـ / ٦٣٢-٦٦١م.

تولى الخلافة أربعة خلفاء، والعاصمة المدينة المنورة.

من أحداثها:

القضاء على المرتدين وفتح العراق وفارس والشام ومصر، من أهم المعارك اليرموك ١٣هـ/٦٣٤م، والقادسية ١٤هـ/٦٣٥م.

تم فيها إنشاء الدواوين وتنظيم القضاء واستخدام التاريخ الهجري.

الدولة الإسلامية في العصر الأموي:
٤١-١٣٢هـ / ٦٦١-٧٥٠م.

تولى الخلافة فيها ١٤ خليفة، وكانت العاصمة دمشق.

من أحداثها:

تعريب النقد والدواوين، فتح بلاد المغرب والأندلس غربا، وبلاد ما وراء النهرين وتركستان شرقا، قضى عليها العباسيون.

الدولة البابلية الأولى ١٨٨٠-١٥٩٥ ق.م:

البابليون من الشعوب السامية، وسموا البابليين نسبة إلى مدينة (بابل) العاصمة، وقد سيطر البابليون على سومر وأكاد ومن أشهر ملوكهم حمورابي الذي نظم الإدارة، وأصدر القوانين والشرائع المشهورة باسم شريعة حمورابي ولقبه المؤرخون المشرع.

وازدهرت في عهد حمورابي الزراعة والتجارة والصناعة، وأنشأ القنوات والجسور والمعابد، وامتدت إمبراطورية البابليين حتى شملت معظم أراضي ما بين النهرين.

دام حكم البابليين قرابة ثلاثة قرون، لكنهم لم يستطيعوا الصمود أمام هجمات الحثيين في القرن السادس عشر قبل الميلاد، والحثيون قوم جاءوا من هضبة الأناضول (تركيا) فهزموا البابليين واحتلوا شمال سورية.

الدستور المرن:

هو الذي يمكن تعديله وتنقيحه بالإجراءات والشروط نفسها التي تعدل بها القوانين العادية.

* * * * *

حرف الذال

الذات العليا أو الضمير:

هي أحد جوانب بناء الشخصية ينبثق من الذات وتتضمن القوى الخلقيـة المكبوتـة التـي اعتنقها الفرد خلال طفولته بتوحده مع حاملي المعايير وبنوع خاص والديه، وتعمل الذات العليا كرقيب داخلي كما كان يفعل حاملو المعايير من قبل.

* * * * *

حرف الراء

الرأسمالية:

١- نظام اجتماعي يسمح لكل فرد في المجتمع السعي وراء مصلحته الخاصة محاولا الحصول على أكبر دخل له والحصول على أبسط حاجاته، ولهذا فالفرد حـر في النظام الرأسمالي في نوع النشاط الذي يزاوله وحر في الاستثمار والاستهلاك.

٢- وهي نظام اقتصادي يقوم على الملكية الخاصة لموارد الثروة أو يمتلك الأفراد وسائل الإنتاج فيه كـالأرض والمشروعات الصناعية والتجاريـة ويكون الإنتـاج فيـه لمـصلحة المـالكين الأفراد.

الرأي العام:

هو وجهات النظر والشعور السائد بين جمهور معين في وقت معين إزاء موقف أو مشكلة من المشكلات ويتخذ الرأي العام شكله من المجتمع الذي ينبع منه ويتأثر بمـا يحـدث فيـه مـن تفاعلات

وهو أما ثابت يستمد من العادات والتقاليد وأما متغير وغالبـا مـا يكون منطقيـا نسبيا على حملة منظمة من الترويج والإغراء وهناك الـرأي العـام الظاهر، وهـو تعبير مجموعـة مـن الناس عن اتجاهاتها وآرائها إزاء مشكلة معينة تعبيرا صريحا حيـث تتـوافر الحريـة ولا يخشى. الناس أن يعبروا عن آرائهم بحرية والرأي العام الباطن أو غير الظاهر، أي الرأي العام غـير المعـبر عنه لأن أفراد الجماعة يخشون التعبير عـن آرائهـم واتجاهـاتهم لأنها ضـد القـانون أو المعـايير الاجتماعية المتعارف عليها.

ويهتم المجتمع الحديث بمعرفة اتجاهات الرأي العام لإمكان وضـع الخطـط المختلفـة بمـا يتفق مع هذه الاتجاهات.

الرئاسة:

المعنى في الاصطلاح السياسي على مكتب رئيس الدولة المنتخب أو الحكومة أو كليهما كما يستخدم الاصطلاح في بعض الأحيان للدلالة على وظائف رئيس معين أو تعرف إداراته.

رابطة الدم:

يقصد بها الانحدار من أصل مشترك، ودرجة رابطة الدم بالنسبة للذكر والأنثى هي العامل الأكبر في تحديد حقهم في الزواج.

راديكالية أو ألجذريه:

مذهب الأحرار المتطرفين الذين يطالبون بالاصطلاحات ألجذريه ولا يقبلون التدرج وذلك لتحسين الأحوال الاقتصادية والاجتماعية والسياسية للمجتمع.

وتمثل الراديكالية: أقصى اليسار وتأتي الليبرالية في المقام الثاني ويليها مذهب المحافظين الذي يعارض أية تغييرات جوهرية.

الرذيلة:

هي سلوك فردي لا تقره القواعد الخلقية نظرا لاتجاهه إلى الإضرار بالشخصية من النواحي البدنية والعقلية والاجتماعية ولاحتمال انتقال أثره إلى الآخرين ويقال الاتجار بالرذيلة للدلالة على البغاء.

رسول:

هو الرئيس الأعلى لسكان المدينة، وتعرض عليه القضايا وصور الخلاف بين طائفة وأخرى ليفصل فيها.

الرفاهية:

هي الحالة التي تتحقق فيها الحاجات الأساسية للفرد والمجتمع من غذاء وتعليم وتأمين ضد كوارث الحياة.

الرفاهية العامة:

حالة تحقيق الحد الأمثل من خدمات المرافق الأساسية للمواطنين وهي الخدمات التي تقدم في ضوء احدث ما انتهت إليه العلوم الاجتماعية والطبيعية.

رقابة على دستورية القوانين:

هي التي تبحث عن تطابق القوانين مع أحكام الدستور وعدم مخالفتها أو معارضتها لها.

رق الأرض:

التزام العامل الزراعي بالطاعة لسيد الإقطاع نظير حيازته للأرض بالعمل لديه بدون مقابل وتحريم انتقاله من مكان إلى آخر بدون أذن الإقطاعي (انظر النظام الإقطاعي).

الرقيق:

يقصد بهم العبيد أو المملوكين لغيرهم من الناس وكانت مصادر الرق في العصر الجاهلي متعددة، عن طريق الأسر في الحرب، أو عن طريق التجارة، حيث يباع العبد ويشترى في أحد أسواق النخاسة أو عن طريق وفاء الدين.

روبرت آوين (١٧٧١١٨٥٨م):

مصلح ومفكر اشتراكي إنجليزي ومؤسس الحركة التعاونية، كان من رجال الأعمال الناجحين انتقل عام ١٨٠٠ إلى نيولانارك، حيث جعل منها ومن مصنعه نموذجا في حسن معاملة العمال وأنفق الجانب الأكبر من ثروته في مجالات لإقامة مجتمعات اشتراكية في إنجلترا و أمريكا وآزر الحركة النقابية، وهي في خطواتها الأولى ومن أهم كتبه (نظره جديدة إلى المجتمع).

روح العصر:

هي الطابع أو الاتجاه العام العقلي والأخلاقي والثقافي الذي ميز أي عصر من العصور.

روح العصور الوسطى:

يقصد بذلك الميل إلى كل ما يتصل بالعصور الوسطى من نظم وأعمال أو كل ما يستمر في البقاء في المجتمع من تراث العصور الوسطى وتبدأ العصور الوسطى من انهيار الإمبراطورية الرومانية إلى عصر النهضة من سنة (٥٠٠إلسنة ١٥٠٠ م) على وجه التقريب، ويطلق على النصف الأول من العصور الوسطى اسم العصور المظلمة لأنه لم يكن للعلوم في تلك الفترة إثر في حياة الإنسان.

الرايخ:

يقصد به البرلمان الألماني أي مجلس الشعب.

روجر بيكون:

فيلسوف وعالم إنكليزي يعد أحد الذين ساهموا في تطور العلوم خلال العصور الوسطى، طالب بالاعتماد على التجربة في العلوم، وهو أحد الباحثين في علم البصريات، مما ساعد في إحداث الثورة العلمية في أوروبا، ولد بيكون في بريطانيا ودرس الفن والفلسفة في أكسفورد، ثم انتقل للتدريس في جامعة باريس عام ١٢٤٧م، إلا أنه عاد إلى أكسفورد وأمضى السنوات العشر التالية في دراسة الرياضيات والفيزياء والفلسفة وأظهرت كتاباته الفلسفية تأثره بالفلاسفة المسلمين كابن سينا.

الرازي:

من علماء القرن الثالث الهجري، ولد في مدينة الري جنوب شرق طهران، وعاش في أيام الخليفة العباسي عضد الدولة وتوفي سنة ٣١١هـ/٩٢٣م، ولم يكن طبيبا فحسب، وإنما كان موسوعة علمية، فبالإضافة إلى الطب، كتب في الكيمياء والرياضيات والفلسفة والدين واللغة والموسيقى.

ومن أهم مؤلفاته كتاب الحاوي وهو من أعظم كتب الطب، وترجم إلى اللاتينية سنة ١٢٧٩م، وأصبح هذا الكتاب من المراجع الأساسية لدراسة الطب في أوروبا.

يعد الرازي أول من وصف الجدري والحصبة وفرق بينهما، وأشار إلى انتقالهما بالعدوى، وابتكر خيوط الجراحة مستخدما أمعاء الحيوانات، وهو أول من استخدم الرصاص الأبيض في المراهم، له ما يقارب من مائتين وعشرين مؤلفا في مختلف العلوم، تكشف عن سعة علمه ومعرفته، وأثره في العالمين الإسلامي والأوروبي.

الرفادة:

وهي تعني تقديم الطعام للحجاج طوال أيام الحج حتى يرجعوا إلى بلادهم.

الراديكاليون:

يقصد بهم الأحزاب أو الأشخاص الذين يريدون تغيير النظام السياسي أو الاجتماعي أو الاقتصادي بشكل جذري سريع وشامل.

الروتاري:

منظمة ماسونية تسيطر عليها اليهودية العالمية، تعرف باسم "نادي الروتاري" Rotary Club وقد جاء هذا الاسم من (التناوب) Irrotation تلك العبارة التي صاحبت الاجتماعات الأولى لأعضاء النادي الذين كانوا يعقدونها في مكاتبهم بشكل متناوب.

في سنة ١٩٠٥م أسس المحامي بول هاريس أول نادي روتاري في مدينة شيكاغو، وتنتشر في كل من أمريكا وبريطانيا وعدد من الدول الأوروبية وإسرائيل ومصر والأردن وتونس والجزائر وليبيا والمغرب و لبنان. وتعد بيروت مركز جمعيات الشرق الأوسط.

* * * * *

حرف الزاي

زنوبيا (الزباء):

ملكة تدمر العربية، حكمت ما بين ٢٦٦-٢٧٢م، وقد تولت الحكم بعد وفاة زوجها أذينة، فتابعت سياسة زوجها في التحرر من الرومان فسيطرت على مصر وآسيا الصغرى وضربت النقود في تدمر باسمها، وقد أدت هذه الأعمال إلى تصميم الإمبراطور أورليان على القضاء عليها فحاصر تدمر واحتلها عام ٢٧٢م وألقى القبض على زنوبيا وأخذها أسيرة إلى روما.

ولقبت أثناء حكمها بملكة الشرق.

الزيدية:

الزيدية أقرب طرق الشيعة من أهل السنة والجماعة حيث تتصف بالاعتدال والقصد والابتعاد عن التطرف والغلو، كما أن نسبتها ترجع إلى مؤسسها زيد بن علي زين العابدين الذي صاغ نظرية شيعية متميزة في السياسة والحكم جاهد من أجلها وقتل في سبيلها.

تنتشر في اليمن وبلاد الخزر وبلاد الديلم وطبرستان التي أقامت على أرضها دولة للزيدية أسسها الحسن بن زيد سنة ٢٥٠هـ وجيلان شرقا وامتدت إلى الحجاز ومصر غربا.

* * * * *

حرف السين

السادية:

هي الحصول على إثارة الغريزة الجنسية أو على إشباعها أو عليهما معا، بإنزال الأذى البدني والنفسي بشخص آخر ويمكن أن تستقل عن الباعث الأصلي وتصبح شكلا من أشكال الانحراف فتسيطر على الحياة الجنسية للفرد بأكملها.

الساعة الزمنية:

هي وسيلة متطورة ومثيرة للانتباه والنشاط والتفكير، وتساعد على إدراك الحس الزمني.

سامية:

اسم منسوب إلى احد أبناء سيدنا نوح علية السلام سام الذي انحدر منه الجنس السامي، ويشمل الساميون عدة شعوب منها العرب (وهم أكثر الساميين عددا) واليهود وغيرهم من سكان الشرق الأوسط.

سايكس بيكو:

معاهدة سرية بين بريطانيا وفرنسا بشأن تقسيم الولايات العثمانية في الشرق الأوسط بينهما وينسب اسمها إلى كل ممثلي الدولتين وهما " مارك سايكس البريطاني " "وجورج بيكو الفرنسي " تم التوقيع عليها خلال شهر مارس (١٩١٦م)،وبقي أمرها سرا عام (١٩١٧م) حين وقعت صورة من نصوصها

في أيدي القوات الألمانية بعد قيام الثورة الروسية وإذاعة الشيوعيين للوثائق والمعاهدات السرية التي وجدت في محفوظات وزارة الخارجية الروسية إبان الحكم القيصري باعتبار روسيا حليفة لكل من بريطانيا وفرنسا حينذاك.

سان سيمون:

فيلسوف اجتماعي فرنسي، آزر الثورة الفرنسية، جمع ثروة عن طريق المضاربة وأنفقها على صالون للعلماء، ألف كتاب (المسيحية الجديدة) (١٨٢٥م) أعلن أن مفهوم الإخاء البشري يجب أن يصاحب التنظيم العلمي، والتف حوله مجموعة من الشبان النابة، قاموا بعد وفاته بتعديل مبادئه وتوضيحها ونسجوا منها نظاما عرف باسم (السيمونية).

سباق التسلح:

هو محاولة كل دولة من الدول الكبرى زيادة قوتها عن طريق زيادة المخزون من الأسلحة المدمرة، وتطويرها، وخاصة منها الفتاكة.

سبب مباشر:

هي العلة التي أحدثت النتيجة بغض النظر عن علل أخرى سابقة.

السبورة:

أهم وسيلة تعليمية في تدريس مادة الاجتماعيات وغيرها من المواد وهي أكثر الوسائل استخداما أو تتيح الفرصة للمدرس أن يكون فعالا ومنتجا باستغلال ما خفي على الطلاب من معلومات أو أسئلة أو خرائط ....الخ.

سخرة:

عمل دون حق، ودون عائد على المسخر، أي دون أجر يعمل الإنسان بقوت يومه فقط، وكانت شائعة هذه في العصر السابع عشر والثامن عشر.

السلالة:

طائفة من الأفراد تلتقي في جملة سمات بيولوجية أو سيكولوجية أو اجتماعية على أساس انحدارها من أصل مشترك وتميزها بتركيب فزيقي خاص كالشعر أو شكل الرأس أو لون الجلد أو طول القامة ولم يستطيع الباحثون الاتفاق حول تصنيف السلالات البشرية على أسس ثابتة محددة.

السلالة الزنجية (السوداء):

وهي الجماعات التي استقرت في أواسط أفريقيا، ثم انتشرت في معظم أنحاء أفريقيا حتى أصبحت هذه القارة تسمى بالقارة السوداء نسبه إلى لون سكانها، كما تستوطن هذه السلالة في بعض جزر المحيط الهادي الاستوائية والجزء الجنوبي الشرقي من الهند.

يمتاز أفراد هذه السلالة بالبشرة السوداء والشعر الصوفي والمفلفل والأنف الأفطس والفك العريض البارز والشفاه الغليظة.

السلالة القوقازية (البيضاء):

هي تلك الجماعات التي هاجرت في الأصل من الموطن الأصلي للإنسان نحو الشمال وتستقر حاليا في أوروبا وشمال أفريقيا وغرب آسيا ومعظم العالم الجديد (أمريكا الشمالية والوسطى والجنوبية واوقيا نوسيا).

يمتاز أفراد هذه السلالة بالبشرة البيضاء أو الحنطية وبالشعر الناعم المموج والأنف الطويل والشفاه الرقيقة والعينين الزرقاوين أو العسليتين.

السلالة المغولية (الصفراء):

وهي التي استقرت أصلا في أواسط آسيا وشرقها حيث سكان الصين واليابان ويمثلها في أمريكا الهنود الحمر والإسكيمو.

يمتاز أفرادها بالبشرة التي تميل إلى الصفرة والشعر المستقيم المسترسل والعيون الضيقة المنحرفة والوجنتين البارزتين.

السلام:

يقصد به من الناحية السياسية الحالة التي تقوم بين الدول من حيث عدم اشتراكها في أي حرب أو إنهاء الحرب بينها، والسلم الحقيقي ليس مجرد عدم وجود خصومات قائمة بل ينطوي على استقرار النظام.

ويفرقون أحيانا بين التعايش السلمي الذي يتضمن في معظم الحالات دلالة وجود عداء دفين، والتعاون السلمي الذي يتضمن مجهودات فعالة لتحقيق أهداف مشتركة وتسوية الخلافات على أساس من العدالة ويقصد بالسلام من الناحية النفسية حالة الهدوء والتحرر من أي اضطراب أو نزاع.

السلبية:

هي حالة القصور الذاتي أو الاستسلام وعدم مقاومة القوة الخارجية أو إرادة أو جماعة أخرى ويقال المقاومة السلبية أي للدلالة على عدم إطاعة الأوامر.

السلطان:

وهو يقوم بالأشراف على تطبيق أحكام القانون وقيادة الجيوش، ويعين الوزراء وعزلهم وهو بمثابة ملك مثل السلطان قابوس بن سعيد سلطان عمان.

السلطة:

هي القدرة أو القوة التي تمكن من السيطرة على الناس ومن الضغط عليهم ورقابتهم للحصول على طاعتهم والتدخل في حريتهم وتوجيه جهودهم إلى أنواع معينة، وقد تستمد السلطة من شخصية الحائز عليها أو من التقاليد أو كنتيجة لاحتكار الثروة أو من القوة العسكرية وكل نظام اجتماعي عبارة عن نسق من علاقات السلطة بين السادة والمسؤولين وبين المنافسة والتعاون.

السلطة التشريعية:

يتولى السلطة التشريعية عادة البرلمان أو مجلس النواب ويشمل ذلك حق اقتراح القوانين وتعديلها على أن حق اقتراح القوانين يحول للحكومة أيضا حيث تتقدم بمراسيم القوانين إلى البرلمان والواقع أن الأغلبية العظمى من الاقتراحات بمشروعات القوانين إنما تقدم من الحكومة لا من أعضاء البرلمان ويرجع ذلك إلى أن عملية تحضير مشروع قانون وصياغته في مواد هي عملية

تحتاج إلى كثير من الجهود وإلى تعاون رجال القانون والرجال الفنيين في الموضوع الذي يقدم فيه الاقتراح بمشروع القانون وذلك أمر قلما يتيسر لعضو في البرلمان وذلك فضلا عن أن الحكومة وهي مكونة من زعماء الأغلبية البرلمانية يفترض فيها أنها تدرس رغبات تلك الأغلبية ولحاجيات البلاد من عضو في البرلمان ويترأسها الملك أو الحاكم.

السلطة التنفيذية:

مجموعة الإدارات التي تقوم على تنفيذ الأحكام والقوانين الصادرة عن السلطات التشريعية وتمثل بالحكومة ويرأسها الملك أو الحاكم.

السلطة الدنيوية:

يتولاها الخليفة ويشرف على الأمور العامة المتعلقة بمصالح الناس الدنيوية والمحافظة على حقوقهم وممتلكاتهم.

السلطة الدينية:

هي سلطة الكنيسة في الزمن القديم والحديث ومتمثلة الآن في دولة الفاتيكان التي يترأسها البابا (وتقع دولة الفاتيكان في إيطاليا).

السلطة السياسية:

هي هيئة منظمة تمارس سلطة عليا تدير شؤون الإقليم وتحميه، وتعمل على بنائه وتنميته وتنظم استغلال ثرواته وتشرف على أمور الشعب وترعى مصالحة.

السلطة القضائية:

هي مجموعة الإدارات التي تقوم بالعمل بين السلطة التشريعية والسلطة التنفيذية ومراقبة التنفيذ والحكم عليه وتقوم بحل المشكلات الناتجة عن النزعات والخصومات في المجتمع وتتولاها المحاكم، وتصدر أحكامها باسم الملك.

السلفية:

نسبة إلى السلف الصالح، وهم الصحابة والتابعون رضوان الله عليهم، وتهدف إلى العودة إلى تعاليم الإسلام الحقيقية كما فهمه السلف من مصادره الأصلية القرآن الكريم والسنة النبوية وتطالب بإقامة المجتمع الإسلامي على غرار ما كان موجودا زمن الرسول صلى الله عليه وسلم والخلفاء الراشدين.

السلوقيون:

عدد من الحكام الذين ينسبون إلى سلوقوس الأول (توفي ٢٨٠ ق. م) وكان قائدا قديرا من قواد الإسكندر الذين اقتسموا إمبراطوريته بعد موته، حصل على ولايات بابل وسوريا وآسيا الصغرى، وأسس مدنا لنشر الثقافة الإغريقية، ودخل مع البطالسة حروبا عدة.

سمو الدستور:

يعتبر الدستور أسمى من كل القوانين، والأنظمة والتعليمات في الدولة، لذا فإن الحكام والمحكومين جميعا يخضعون لأحكامه، وهذا ما يطلق عليه اسم سمو الدستور.

سنة كبيسة:

السنة التي تتألف من (٣٦٦) يوما، وتأتي مرة كل أربع سنوات، وشهر شباط يأتي كل أربع سنوات (٢٩) يوما.

السنجق:

وحدة إدارية عرفت في الدولة العثمانية باسم اللواء وتقابل في الأردن معنى (اللواء) ويترأسها حاكم يطلق عليه أسم أيضا سنجق.

سندات التنمية:

هي قروض تكتب في سندات داخل الدولة، ويستلزم عقده توفر مدخرات وطنية تزيد عن الحاجة المطلوبة وتغطي القرض ويزيد.

سن الرشد:

هو سن البلوغ أو السن القانونية التي يستكمل فيها المرء أهليته ومسئوليته ويحق لـه أن يدير شؤونه الخاصة ويمارس حقوقه المدنية.

السوق الأوروبية المشتركة:

أنشئت سنة ١٩٥٧ م من ألمانيا الغربيـة وفرنسـا وإيطاليا وبلجيكـا وهولنـدا ولكسـمبرج لإلغاء الحوافز الجمركية بالتدريج فيما بينها وتوحيد التعريفات عن الجمركية التي تفرضها هذه الدول،بالنسبة لباقي العالم (تواجه العالم بتعريفه واحدة) وتوحيد العملة وخلق سـوق مشـتركة والسماح بحرية انتقال رأس المال والقوى العاملة والسلع.

وهناك منظمات أخرى مثل المنظمة الأمريكية ويرمزلها بالأحرفO.A.C.

السياحة التجارية:

وتهـدف إلى مشاهدة المعـارض والمهرجانـات الدوليـة لإنجـاز الأعـمال الاقتصادية مثـل مهرجان المحبة والسلام (سوريا) ومهرجان جرش (الأردن).

سياحة ثقافية:

وهي تهدف إلى الإطلاع علـى معـالم الحضـارات القديمـة ومعرفـة تـاريخ الشـعوب التـي سكنت تلك المناطق مثل (حضارة الرافدين وحضارة وادي النيل والرومان والأنباط) وغيرها.

سياحة خارجية:

هو قيام الفرد بزيارة قطر آخر لأغـراض ترفيهيـة ودينيـة،أو زيـارة الفـرد بعـض الأمـاكن الدينية والأثرية والطبيعية لإغراض علمية واجتماعية واستطلاعية، مثـل قـدوم بعـض الأوروبيـين والعرب إلى الأردن للتعرف إلى معالمها السياحية وخاصة مدينة البتراء وغيرها.

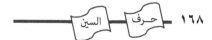

سياحة الاستجمام:

وهي من أجل الترويح عن النفس والتمتع بأوقات الفراغ، والاستمتاع بالطقس الدافئ شتاء كمنطقة الأغوار والبحر الميت والعقبة وصيفا كمنطقة عجلون والسلط أو القيام برحلات الصيد، ورياضة تسلق الجبال والتزلج على الماء.

السيادة:

سلطان الدولة على الإقليم الذي تختص به بما يوجد فيه من أشخاص وأموال كما تواجه بهذا السلطان الدول الأخرى في الخارج وتعتبر من الناحية النظرية كل دولة ذات سيادة مساوية لأية دولة أخرى ومن وجهة نظر القانون الدولي بغض النظر عن عدد سكانها ومساحتها وثروتها ويعد ذلك أساسا للمساواة في التمثيل والتصويت في المنظمات الدولية.

سياسة الاستيعاب:

هي سياسة فرنسية استخدمتها في مستعمراتها وتعني الفرنسية الجماعية على انه لا يوجد فارق عنصري أو لوني بل يوجد فارق حضاري ثقافي.

السيبر نطيقا:

كلمة لاتينية الأصل تعني دقة الربان أو قائد السفينة وهذا المعنى يحمل في ثناياه معنى التحكم والسيطرة لذلك تعرف بأنها علم الاتصال والتحكم واستخدامها في المنظومة الهندسية والبيولوجية والمنظومات الكبيرة وعلماء النفس والمجتمع والرياضيات.

وذلك عن طريق استحداث أسلوب تفكير مشترك يجمع بينهم جميعا، ثم استخدام الحاسبات الإلكترونية السريعة في محاكاة العمليات الطبيعية التي تصفها في النماذج.

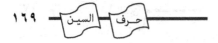

مكونات السير نطيقا:

١- نظريات الأعلام.

٢- الإنتاج والاستدلال الأوتوماتيكية.

٣- عملية الدقة والقرار.

٤- اليسير الآلي (الأنظمة).

السيطرة:

هي التسلط على أي شيء والهيمنة عليه والمقصود بالسيطرة في الاجتماع الحضري سيطرة منطقة عمرانية في المدينة على باقي المناطق كسيطرة مركز الأعمال فيها الـذي يقـع عـادة في وسط المدينة عند ملتقى خطوط المواصلات والنقل. ويقصد بالسيطرة في قوانين الوراثـة سيطرة بعض الصفات ويقابلها ارتداد البعض الآخر وفي علم النفس يقصد سيطرة الفرد محاولتـه إرغـام آخر على الخضوع له وهي التسلط على الغير. وسيطرة الفرد محاولته إرغام آخـر عـلى الخضـوع له.

سيطرة مباشرة:

استعمال القوة العسكرية واحتلال دولة ما.

السيكوباتية:

حالة ذهنية يحتفظ المريض منها في الظاهر بالسـواء، ولكنـه في واقع الأمر يعـاني مـن اضـطراب خطـير في المقدمات الاجتماعية والخلقية للعقل بحيـث يعجـز عـن المحافظـة عـلى القواعـد التـي يتبناهـا مجتمعه في السلوك.

السيخية:

مجموعة دينية من الهنـود الـذين ظهـروا في نهايـة القـرن الخـامس عشرـ وبدايـة القـرن السادس عشر الميلادي داعين إلى دين جديد فيه شيء من الديانتين الإسلامية والهندوسـية تحـت شعار (لا هندوس ولا مسلمين)، وقد

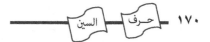

عادوا المسلمين خلال تاريخهم، وبشكل عنيف، كما عادوا الهندوس بهدف الحصول على وطن خاص بهم، وذلك مع الاحتفاظ بالولاء الشديد للبريطانيين خلال فترة استعمار الهند...

المؤسس الأول (ناناك) ويدعى (غورو) أي المعلم، ولد سنة ١٤٦٩م قرية (ري بوي دي تلفندي) والتي تبعد ٤٠ ميلا عن لاهور، كانت نشأته هندوسية تقليدية. وتنتشر في الهند ويبلغ عددهم حوالي ١٥ مليون داخل الهند.

السلفية أو دعوة الشيخ محمد بن عبدالوهاب:

رائدة الحركات الإصلاحية التي ظهرت إبان عهود التخلف والجمود الفكري في العالم الإسلامي، تدعو إلى العودة بالعقيدة الإسلامية إلى أصولها الصافية، وتلح على تنقية مفهوم التوحيد مما علق به من أنواع الشرك، ويطلق عليها (بعضهم) اسم (الوهابية) نسبة لمؤسسها محمد بن عبدالوهاب المشرفي التميمي النجدي (١١١٥-١٢٠٦هـ) (١٧٠٣-١٧٩١م). ولد ببلدة العيينة القريبة من الرياض، وتلقى علومه الأولى على والده دارسا شيئا من الفقه الحنبلي والتفسير والحديث، حافظا القرآن وعمره عشر سنين.

تنتشر في السعودية وفي أرجاء الجزيرة العربية، والعالم الإسلامي والعربي جميعا.

سد مأرب:

من أشهر السدود التي أقامها اليمنيون في ممر ضيق بين جبلين، وكان له فتحتان لتصريف المياه، وقنوات لتوزيعها بين الحقول، وقد بني السد في القرن السابع قبل الميلاد.

تعرض سد مأرب للانهيار مرات عدة، كان الانهيار الأخير له عام ٥٧٥م تقريبا، وتحولت واحة مأرب بعد هذا الانهيار إلى مكان مقفر، والأراضي الزراعية المزدهرة إلى أراض شبه صحراوية، وكان من أسباب هذا الانهيار ضعف الدولة اليمنية التي أهملت صيانة السد في أواخر دولة سبأ، وقد أدى

انهياره إلى هجرة بعض قبائل اليمن وانتقالها للإقامة في شمال الجزيرة العربية وبلاد الشام.

السنة الشمسية والسنة القمرية:

تستخدم بعض التقاويم التاريخية السنة الشمسية وبعضها السنة القمرية، فسنون التقويم الميلادي شمسية وسنون التقويم الهجري قمرية، وتتكون السنة الشمسية من ٣٦٥ ١/٤ يوما، وهي مدة دوران الكرة الأرضية حول الشمس دورة كاملة. أما السنة القمرية فتتكون من ٣٥٤ يوما، وهي المدة المطلوبة لدوران القمر حول الأرض اثنتي عشرة مرة، كل منها شهر واحد.

حدثت الهجرة عام ٦٢٢م، والفارق بين السنة الهجرية والسنة الميلادية الآن هو ٥٧٩ سنة.

سوق عكاظ:

يقع هذا السوق بين مكة والطائف في سهل منبسط توفرت فيه المياه والنخيل وامتاز عن غيره من الأسواق بقربه من مكة المركز التجاري الكبير في الجزيرة العربية، وقد اتخذت كل قبيلة لنفسها فيه مكانا محددا، وكان يشرف على هذا السوق رئيس من بني تميم من قريش ويساعده أفراد من مختلف القبائل العربية بالإضافة إلى أهمية السوق التجارية كان يعد منتدى أدبيا وثقافيا يحضره كبار الشعراء من مختلف أنحاء الجزيرة العربية يتبارون فيه بقصائدهم ويمدحون مناقب قبائلهم فيشتهر الشاعر وتفتخر به القبيلة.

السومريون:

أسس السومريون حضارة متقدمة في جنوب العراق في الألف الرابع قبل الميلاد، وأقاموا مدنا مهمة، مثل لجش، أريدو، سومر، وأور، وقد تمتعت المدن السومرية بالاستقلال في تصريف شؤونها، وكان لكل مدينة كاهن خاص بها.

ستالين:

ولد في قرية قرب تبليسي عاصمة جورجيا، وقد حكم الاتحاد السوفيتي بالقوة والعنف ما بين عامي ١٩٢٩م و١٩٥٣م، ولم يسمح لأحد بمعارضته، واعتقل وسجن جميع أولئك الذين ساعدوه في الوصول إلى الحكم، وكان ستالين مسؤولا عن وفاة الملايين من الفلاحين الذين عارضوا سيطرة الدولة على الزراعة، وبعد وفاة ستالين كانت الشيوعية قد انتشرت في ١١ بلدا آخر في أوروبا وآسيا، إلا أنه نقل الاتحاد السوفيتي من دولة متأخرة إلى دولة صناعية فأصبحت إحدى الدول العسكرية الكبرى في العالم.

السنوسية:

حركة إسلامية أسسها محمد بن علي السنوسي (١٧٨٧-١٨٥٩م)، ركزت على إصلاح المجتمع الإسلامي بإصلاح الأخلاق واستندت إلى الإقناع في نشر مبادئها، ودعت السنوسية إلى محاربة الكسل والخمول، وتشجيع النشاط الاقتصادي (وبخاصة النشاط الزراعي) والتعليمي وتنظيمه، ونشط السنوسيون في نشر الإسلام في مناطق جديدة في قارة أفريقيا، والتصدي للغزو الإيطالي لليبيا.

السقاية:

وهي تعني تقديم الماء لسقاية الحجاج، وتوفيره بكل السبل، وخير مثل على ذلك قيام عبدالمطلب (شيبة الحمد) بإعادة حفر بئر زمزم بعد أن شحت المياه في مكة المكرمة.

سياسة الأرض المحروقة:

طريقة في الحرب يحاول فيها أحد المتحاربين إعاقة حركة القوة المعادية وإضعافها عن طريق تدمير طرق المواصلات ووسائل التموين وكل شيء يمكن أن يستفيد منه العدو، ويمكن أن تستخدم هذه الطريقة إما من قبل قوة متراجعة، لعرقلة تقدم القوات الغازية بصفتها وسيلة دفاعية أو من قبل جيش

مهاجم، لمنع هجوم معاكس عليه لحمل العدو على الامتناع عن مواصلة الأعمال الحربية.

وقد عانى الجيش الفرنسي بقيادة نابليون من أساليب الأرض المحروقة التي اتبعها الـروس في الحملة الفرنسية على روسيا في عام ١٨١٢م، كما عانى الألمان مـن سياسـة الأرض المحروقـة في هجومهم على الاتحاد السوفيتي في الحرب العالمية الثانية.

السلطة التشريعية:

هي السلطة التي تقر القوانين وتعدلها وتلغيها كما تقوم بمراقبة أعمال الحكومة.

السمنة:

هي زيادة الوزن تؤدي الى اجهاد جسمي ونفسي وتقلل من فعالية الأنسولين فيصاب الإنسان بالسكري غير المعتمد على الأنسولين.

السكري:

مرض مزمن ينتج عن ارتفاع لمستوى سكر الجلوكوز في الدم، ونتيجة عجز البنكريـاس عـن انتاج الكمية الكافية من هرمون الانسولين.

* * * * *

حرف الشين

شخصية الفرد:

هي نيل حريته التامة من حيث الفكر والاستقلال التام وإبداء الرأي.

الشعب:

هم الأفراد الذين ألفوا على مر الزمان العيش معا، وفي مكان معين وتحت ظل سلطة سياسية معينة، وبدون الشعب لا يمكن أن تكون هنالك دولة واصل الشعب هي أسرة مكونة من أب وأم وأبناء.

الشعوبية:

هي نزعة جاهلية ظهرت في أواخر عهد الأمويين،ثم اشتدت في عهد العباسيين وتدعو هذه النزعة إلى التفريق بين الشعوب الإسلامية في الدولة العربية الإسلامية، ثم الطعن في العرب وتحقيرهم حتى أصبحت كلمة (شعوبي) تطلق على من يحقر العرب وينال منهم، ولم يكن الهدف هو تحقير العرب لذات العرب، وإنما كان الهدف هو الطعن في الإسلام باعتبار العرب مادة الإسلام الأولى.

الشك المنهجي:

يعني استعمال الشك وسيلة للوصول إلى اليقين، أي أنه عملية عقلية تتمثل فيما يلي الإثبات، النفي، القبول الرفض الإدراك، الفهم الإرادة الشعور، ويقول ديكارت الفيلسوف الفرنسي: أشك في جميع الحقائق ما عدا حقيقة واحدة وهي أنني أشك ومعنى هذا أنني أفكر، وحين أفكر إذن أنا موجود ومن فلاسفة هذا المنهج أيضا سقراط.

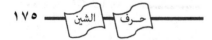

شهبندر التجار:

هو رئيس التجار، وهو أغنى التجار وأفضلهم،وأهم المهن التي ظهرت في عهدهم بيع الطعام، والعطارة، والنجارة، والحدادة وصياغة الحلي.

شهر قمري أو (الشهر العربي):

هو عبارة عن الفترة الزمنية التي يدور فيها القمر دورة كاملة حول الأرض، وتعادل ٢٩,٥ يوما تقريبا، إلا أنها تؤخذ عادة على اعتبار ٢٨ يوما فقط، وليس للشهور العربية أية دلالة مناخية أو فصلية كما هو الحال في الشهور الميلادية.

شكري القوتلي:

من قادة الحركة الوطنية في سوريا خلال الانتداب الفرنسي، دعا الناس إلى الجهاد ومقاومة الفرنسيين ، فسجن مرات عدة بسبب آرائه وبعد انسحاب الفرنسيين، أجريت انتخابات عام ١٩٤٦، وفاز فيها القوتلي برئاسة الجمهورية، وبقي رئيسا للجمهورية حتى عام ١٩٤٩م عندما دخلت سوريا مرحلة الانقلابات العسكرية، وفي عام ١٩٥٤م انتهى الحكم العسكري، وأجريت انتخابات نيابية فاز فيها القوتلي مرة ثانية، وحكم حتى ١٩٥٨م وافق على الوحدة مع مصر، وقد تنازل عن الحكم لجمال عبد الناصر، ولكن الوحدة لم تدم أكثر من عامين ، فقد عادت الدولتان إلى الانفصال عام ١٩٦١م.

شكسبير ١٥٦٤-١٦١٦م.

شاعر إنكليزي كان ممثلا ومؤلفا مسرحيا، أبدع في مسرحياته في وصف النفس البشرية وتحليلها ومن أشهر أثاره الكوميدية، حلم ليلة صيف، وملهاة الأخطاء، وكما تحبه ، وتاجر البندقية، ومن أشهر أعماله التراجيدية روميو وجولييت، ويوليوس قيصر، وهملت ومكبث وعطيل والملك لير.

واستطاع شكسبير أن يحلل النزعات الإنسانية في مسرحياته، كالغيرة والحب والطموح واليأس، ومازالت مسرحياته تلقى قبولا حتى اليوم.

شركات الهند الشرقية.

شركات تجارية ضخمة خولتها حكومات بلدانها إقامة علاقات مع الحكام والملوك في الشرق في منطقة الامتياز الممنوحة لها، وبموجب التحويل أصبحت هي التي تتفاوض معهم وتعقد المعاهدات وتشن الحروب وتعقد الصلح، فقد كان لها جيوشها الخاصة بها وبمواقعها وقلاعها وأساطيلها، وتنال بين الحين والآخر المساعدة العسكرية والسياسية من حكوماتها الخاصة إذا كانت الشركة متورطة في صراع مع إحدى القوى الأوروبية المنافسة في الشرق.

شهود يهوه:

هي منظمة عالمية تقوم على سرية التنظيم وعلنية الفكرة، دينية سياسية ، ظهرت في أمريكا في النصف الثاني من القرن التاسع عشر، وهي تدعي أنها مسيحية، والواقع أنها واقعة تحت سيطرة اليهود وتعمل لحسابهم، وهي تعرف باسم (جمعية العالم الجديد) إلى جانب (شهود يهوه) الذي عرفت به ابتداء من سنة ١٩٣١م وقد اعترف بها رسميا في أمريكا قبل ظهروها بهذا الاسم وذلك سنة ١٨٤٤م.

أبرز مؤسسيها سنة ١٨٧٤م الراهب تشارلز راسل (١٧٦٢-١٩١٦م) وكانت تعرف آنذاك باسم (مذهب الراسلية) و (الدارسون الجدد للإنجيل) ولا تكاد تخلو دولة في العالم من نشاطهم.

الشيوعية.

هي مذهب أو أيدلوجية تقوم على أساس الملكية الجماعية، وتدخل الدولة في عناصر الإنتاج ومن أبرز المفكرين بهذا المذهب كارل ماركس

وفريدريك إنجليز وقد بنى تطبيقها الاتحـاد السـوفيتي (سـابقا) ومـن أفكارهـا تـرى أن المادة أصل الأشياء وأن النظام يؤخـذ مـن أدوات التطـور المـادي، وهـي تنظـر إلى المجتمـع أنـه مجموعة عامة منهـا الأرض وأدوات الإنتـاج والطبيعـة والإنسـان وحـين تتطـور الطبيعـة يتطـور الإنسان فيتطور المجتمع.

وقد انتهـت هـذه الأيدولوجيـة بانهيـار الاتحـاد السـوفيتي في العقـد الأخـير مـن القـرن العشرين عام ١٩٩١م في حين لم يتمسك به إلا كوبا وجزء من أفكارها تتبناها الصين.

* * * * *

حرف الصاد

الصحيفة:

وثيقة أصدرها الرسول [صلى اللـه عليه وسلم] تضمنت النقاط الآتية:

أ ـ أن جميع المسلمين ـ المهاجرين والأنصار ـ أمة واحدة.

ب إعطاء اليهود حق في ممارسة عبادتهم.

ج ـ اعتبار سكان المدينة متعاونين في رد أي عدوان.

صخرة المسجد:

هو الجزء المسقوف من المسجد، ويتجه نحو القبلة وفيه المحراب.

الصدر الأعظم:

هو الممثل للسلطان ويتحكم بالتعينات والوظائف والأمور المتعلقة بالجيش والإدارة في العاصمة والولايات التابعة لها.

الصراع:

أحد أنماط التفاعل الاجتماعي الذي ينشأ عن تعارض المصالح وهو الموقف التنافسي حيث يعرف كل من المتنافسين غريمه ويدرك أنه لا سبيل إلى التوفيق بين مصالحه وبين مصالح الغريم فتنقلب المنافسة بينهما إلى صراع حيث يعمل كل منهما على تحطيم الآخر والتفوق عليه أو الصراع في علم النفس حالة انفعالية مؤلمة تنتج من النزاع بين الرغبات المستفاده وعدم إشباع الحاجات أو عدم السماح لرغبة مكبوتة بالتعبير عن ذاتها شعوريا أنظر (صراع اجتماعي).

الصراع الاجتماعي:

هو الاتجاه الذي يهدف إلى الفوز على الأفراد أو الجماعات المعارضة أو الأضرار بها أو بممتلكاتها أو بثقافتها أو بأي شيء تتعلق به ومن ثم يأخذ الصراع شكل هجوم ودفاع.

صراع الطبقات:

هو أحد عيوب النظام الاشتراكي، وهو تجسيد للصراع بين الطبقات، وحيثما توجد طبقات فلا بد من محاولة إحداها السيطرة على الطبقة الأخرى، هي فكرة قديمة قدم المجتمع البشري الذي كان في صراع مستمر بين المستغلين والمستغلين بين النبلاء والعامة والسادة والعبيد وفي عصرنا بين الرأسمالية والعمال.

الصرحاء:

هم أبناء القبيلة الأصلية، حيث يعقدون تحالفا مع طبقة الموالي.

صك:

يعرف بأنه كتاب أو إقرار مالي، أي كل ورقة مكتوبة يقر موقعها ويتعهد بدفع مبلغ من المال مدون عليها إلى شخص معين، لهذا يستخدم لفظ الصك في بعض الأحيان باسم الشيك، وهو الاصطلاح الذي يحدد القانون تعريفه حرصاعلى تنظيم المعاملات التجارية.

صلح:

هو اتفاق بمقتضاه تنتهي حالة الحرب القائمة بين الأطراف المعنية حتى يعود السلام بينها، ويكون هذا الاتفاق في صورة معاهدة ثنائية أو متعددة الأطراف، وتسبق عقد معاهدات الصلح في العادة اتفاقيات لعقد الهدنة، واتفاقية الهدنة تتضمن وقف العمليات الحربية لفترة معينة، أو إلى أجل غير محدود، ومع ذلك فتعتبر الدولتان أو الدول في حالة حرب، إذ قد يستأنف القتال بعد انتهاء هذه الفترة بدون حاجة إلى إعلان الحرب بينها لهذا يعطي بعض الوقت بين اتفاقية الهدنة ومعاهدة الصلح كما حدث في الحرب العالمية الأولى، فقد أعلنت الهدنة في (١١) نوفمبر (١٩١٨) بينما عقدت معاهدة فرساي في (٢٨) يونية (١٩١٩).

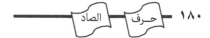

صلح الحديبية:

هو عقد تم بين المسلمين وقريش يقضي بما يلي:-

أ ـ توقف القتال بين الطرفين مدة (١٠) سنوات.

ب ـ تأجيل المسلمين أداء العمرة للعام التالي.

ج ـ حرية القبائل العربية في اعتناق الإسلام.

د ـ حرية القبائل العربية التحالف مع الرسول [صلى الله عليه وسلم].

صندوق الاحتياط أو(الادخار):

يقصد به النظام الذي يجمع اشتراكات من المؤمن عليهم ومن أصحاب العمل لتؤدي مع فوائدها للمؤمن عليهم في أموال معينة كالتقاعد أو انتهاء الخدمة بسبب العجز أو الوفاة.

وأيضا نوع من الجمعيات ينشئه العمال لجمع مدخرات الأعضاء واستثمارها لصالحهم، ويحق لكل عضوا ان يسحب من مدخراته المبالغ التي يحتاجها لمواجهة الطوارىء المختلفة.

الصهيونية:

هي حركة يهودية سياسية، اشتق اسمها من صهيون، وهو جبل في جنوب القدس وتزعمها صحفي يهودي يدعى ثيودور هرتزل ظهرت في فينا في أواخر القرن التاسع عشر ـ وقصد بها إقامة دولة يهودية لتكون وطنا لليهود ثم انطلقت الصهيونية إلى فلسطين لتقيم دولة إسرائيل.

الصيدلة:

مهنة مزاولة تحضير الأدوية (التي يقررها الطبيب المعالج Pharmakon) م والكلمة الإنجليزية مشتقة من اليونانية ويدل على نوع من الفعل السحري لبعض الأعشاب وكان لا يزاول الصيدلة قديما غير الكهنة والسحرة الذين

كانوا يتوارثون معرفة الأعشاب وخصائصها في شفاء المرض وكان ينظر إلى محضرـ الدواء الذي كان يسمى العشاب بنظرة تقديس لاعتقاد الناس أنه تلقى هذه المعرفة عن طريق الآلهة.

الصهيونية:

مشتقة من لفظ (صهيوني) وصهيون اسم رابية في القدس كان قد أقام عليها اليبوسيون أبناء عمومة الكنعانيين العرب حصنا قبل ظهور بني إسرائيل (قوم موسى) بحوالي ألفي عام، ولذا فاللفظة كنعانية (عربية) وليست عبرية (يهودية) وقد أطلقت تسمية الصهيونية على منظمة إرهابية أسسها يهود روسيا بعد منتصف القرن التاسع عشر وعلى رأسهم ثيودور هوتزل.

صندوق النقد الدولي:

أنشئ صندوق النقد الدولي عام ١٩٤٥م بهدف تشجيع التعاون النقدي الدولي لتوسيع التجارة الدولية، يتبع صندوق النقد الدولي أجهزة رئيسية هي مجلس المحافظين ومجلس المديرين التنفيذيين، والمقر الرئيسي للصندوق في واشنطن.

صن بات صن:

أسس (صن بات صن) أول جمهورية في الصين عام ١٩١١م وصار رئيسا لها ، وكان (صن) طبيبا سياسيا معروفا محليا ودوليا، وأسس الحزب الوطني ليقود المقاومة والجماهير ،إلا أن الحكومة الجمهورية فشلت في فرض الاستقرار، فاندلعت الحرب الأهلية بين الحكومة والزعماء الإقطاعين المسلحين في المناطق البعيدة عن العاصمة، وازدادت المعارضة بعد أن وافقت الحكومة الصينية على منح اليابان تصريحا بإدارة الأراضي التي كانت خاضعة لألمانيا قبل الحرب العالمية الأولى.

* * * * *

حرف الضاد

الضرائب:

نسبة محدودة من النقود يدفعها الأفراد أو المؤسسات حسب القانون المعمول به في الدولة للقيام بواجبها، على البضائع المستوردة أو منتجات محلية.

ضريبة تصاعدية:

يقصد بها الضريبة التي تتدرج في السعر المقرر بالنسبة إليها على أساس حجم الإيراد، أي أن النسبة المئوية التي تمثل معدلات الضريبة تختلف باختلاف حجم الإيراد، فقد تبدأ من (١ %) وتنتهي إلى (٩٩ %)، لهذا يرى الاقتصاديون في الدول الرأسمالية، أن الضريبة التصاعدية تحقق العدالة الاجتماعية وتقرب الفوارق بين الطبقات دون المساس بنظام الحكم الرأسمالي الذي يحقق بهذه الوسيلة ما تنشده المذاهب الاشتراكية من تقريب بين فئات الشعب، أو يرد على دعاة الاشتراكية بأن التمييز الطبقي الذي يصاحب رأس المال يمتلك وسائل الإنتاج التي تجعل من مجموع الشعب طبقة من الإجراء الكادحين.

*****

حرف الطـــاء

الطائفية:

أسلوب من أساليب الاستعمار في الوطن العربي لتحطيم أوصـال الأمـة العربيـة بتـذكيرهم بالتاريخ القديم وإيهام العرب في مصر بأنهم فراعنة وفي الشام بأنهم فنيقيون وفي العـراق بـأنهم آشوريون حتى يستطيع السيطرة عليهم.

الطبقة العاملة:

هي جماعات العمال اليدويه في المجتمع الصناعي الذين يشغلون الفئات الـدنيا مـن بـين طبقات المجتمع بسبب دخلهم ومركزهم والظروف المحيطة بهم ومشـاكلهم الناشـئة عـن هـذه الظروف.

طبقية:

الطبقية وضع اجتماعي من شأنه وجود قطاعات في المجتمع، أو في المجتمع تتمثل في كـل منها خصائص مشتركة بين أفرادها تجعـل منهـا مجتمعـا مغلقـا أو شـبه مغلـق داخـل المجتمـع الكبير، وتنشأ المجتمعـات الطبقيـة بطريقـة تلقائيـة نتيجـة للأوضـاع الاقتصـادية أو المعتقـدات الدينية أو التقاليد الاجتماعية وغيرها، ومنذ قيام المجتمعات الإنسانية السياسية، كـان التقسـيم الطبقي من سمات الكيان الذي قامت عليه الدولـة مثـل الملـك وحاشـيته مـن الأمـراء والنـبلاء يمثلون طبقة اجتماعية وطبقة الكهنة، وهي بدورها تقف بعيدة عن الطبقة التي تمثل مجموع الشعب، وفي القرون الوسطى برزت طبقة الأشراف وطبقة كبار الملاك الـزراعيين أو الإقطـاعيين، ثم طبقة العاملين على الأرض لحساب هؤلاء وهؤلاء.

طبقة الأعيان:

هي الفئة الموجودة في المجتمع التي يمكنها بفضل وضعها الاجتماعي، أن تتمتع بمستوى معيشة أعلى من المستوى العادي بدون القيام مباشرة بنواحي نشاط الإعالة نفسها وقد يرجع أساس وضعها المتميز إلى مركزها الوراثي أو لما تحصل عليه من دخل من الأراضي أو رأس المال.

الطراز:

مصانع خاصة لم يقتصر دورها على نسيج الثياب الرسمية، بل أخذت تنسج البسط والفرش والإعلام.

الطرفاء:

هي نباتات تعيش في إقليم مناخ شبه الصحراء المعتدلة والسفوح الشرقية للمرتفعات الجبلية.

الطغيان:

هي إحدى وسائل ممارسة السلطة التي تقوم على القوة والضغط والالتجاء إلى العقوبات الشديدة ويتمشى الطغيان مع بعض أنماط الحكومات الاتوقراطية أو حكومات الأقلية بل حتى في الحكم الديمقراطي إذا ما خضعت الأقلية لطغيان الأغلبية.

وقد لا يستلزم بالضرورة الحكم الاستبدادي، للالتجاء إلى الطغيان وخاصة إذا كان الحاكم المستبد ذا اتجاهات طيبة ويتمتع بسلطة مستقرة.

هو ما يندلع من فوهة البركان من شقوق مخروطة من مواد معدنية مصهورة، تخرج من جوف الأرض، وتسيل الحمم عند تدفقها من فوهة البركان بسرعة تبلغ ثمانية أمتار في الثانية.

الطلسم:

جسم يعتقد أنه يحمي الفرد من الشر أو يجلب الحظ، خاصة إذا كانت فاعليته ترجع إلى النجوم الفلكية.

طوباوية ((يوتوبيا)):

كلمة يونانية معناها ((لا مكان)) جعلها توماس مور عنوانا لكتابه الصادر عام (١٥١٦) الذي صور فيه دولة مثلى تحقق السعادة للناس وتمحو الشرور ثم أصبحت الكلمة وصفا لكل كتاب هذا مبحثه وكل حالة غير واقعية فيها كثير من المثالية التي لا يمكن تحقيقها.

ومن أشهر هذه الكتب الجمهورية لأفلاطون، مدينة الله للقديس أوغسطين، مدينة الشمس لكلا ميلانا (١٩٢٣)، اطلنطي الجديدة لفرانسيس بيكون (١٩٢٧ م) آراء أهل المدينة الفاضلة للفارابي، ويوتوبيا حديثة لويلز.

طورانية أو تورانية:

١ـ حركة قومية ظهرت بين الأتراك العثمانيين في أواخر القرن التاسع عشرـ الميلادي وأوائل القرن العشرـين، وكانت تستهدف تتريك العناصر العثمانية، واشتقت اسمها من ((طوران)) أو ((توران)) أي بلاد تورة، باعتبار أنها مهد الشعوب التركية من شرقية وغربية.

والطورانية جزء من المؤامرة على دولة الخلافة، لتفتيتها بعد تقسيمها إلى قوميات مختلفة على أساس عرقي مثل الفرعونية والفينيقية تمهيدا لإسقاطها وقامت ردة فعل لدعوة قيام الجامعة الإسلامية التي كان يشجعها السلطان عبد الحميد بهدف تأكيد الصلات بين تركيا والدول الإسلامية باعتبار أنها دولة الخلافة.

٢ـ يقصد بها مجموعة اللغات غير الهندية والأوروبية، وكانت تطلق أساسا على لغات أواسط آسيا،هي حركة عنصرية تنادي بسيادة الجنس

الطوراني على بقية الأجناس الأخرى التي تتألف منها الدولة العثمانية من غير الأتراك.

طوطم (طوطمية):

هو حيوان أو نبات أو جسم محسوس ينظر إليه الرجل البدائي في احترام وخشوع دون أن يكون هناك سبب معقول يدفعه إلى ذلك، ويعتقد الناس في القبائل الطوطمية أنهـم ينحـدرون من ذلك الطوطم كما تسمى القبيلة بأسمه أي أن الطوطم عندهم هو رمز للأب أو الجد وبديل عنه..:

هي مجموعة من المعتقدات المعقدة بشأن الطوطم والعلاقة الخفية بـين أفـراد القبيلـة والطوطمية لها شأن كبير في التنظيم الاجتماعي للجماعة، ويعتقد دور كايم أن الطوطمية شكل بدائي للدين وكانت عاملا هاما في تنمية التماسك الاجتماعي للمجتمعات الأولى.

الطاوية:

إحدى أكبر الـديانات الصـينية القديمـة التـي مازالـت حيـة إلى اليـوم إذ ترجـع إلى القـرن السادس قبل الميلاد، وتقوم في جوهر فكرتها على العـودة إلى الحيـاة الطبيعيـة والوقـوف موقفـا سلبيا من الحضارة والمدنية، كان لها دور هام في تطوير علم الكيمياء منذ آلاف السنين وذلك من خلال مسيرتها في البحث عن إكسير الحياة ومعرفة سر الخلود.

يعتقد بأن لوتس LOOTSE الذي كان مـيلاده عـام (٥٠٧) ق.م هـو الأسـاس الـذي قامـت عليه الطاوية والتي يرجع بعضهم معتقداتها إلى زمن سحيق، وقد وضع كتابه (طـاورتي تشـينيع TAO- TE- FHING) أي كتاب طريق القوى، وقد التقى به كونفوشيوس فأخذ عنه أشياء وخالفه في أشياء أخرى.

تنتشر في الصين وبعض نواحي ماليزيا وبينيانغ وسنغافورة وبانكوك واليابان وتايوان.

الطبقة البرجوازية:

كلمة فرنسية تعني الطبقة الوسطى القائمة بين طبقة النبلاء والطبقة العاملة، وترمز إلى فئات التجار وأصحاب الأعمال والمعنيين بالإشراف على شؤون الصناعة والتجارة.

الطبقة العاملة (البروليتاريا):-

ويقصد بها الطبقة الدنيا البائسة والمعدمة في المجتمع، تلك الطبقة التي لا تستطيع أن تستمر في الحياة إلا بقوة عملها.

طريق تراجان:

قام الرومان بتأسيس شبكة من الطرق التي كان أهمها طريق (تراجان الجديد) لضمان سهولة المواصلات والانتقال بين المدن المختلفة وكان هذا الطريق يمتد من بصرى الشام شمالا إلى خليج العقبة جنوبا مارا بمدينة فيلادلفيا (عمان).

* * * * *

حرف الظـــاء

الظاهرة:

وقائع خبرة ما في أية لحظة بغض النظر عن أسبابها أو بعبارة أخرى شيء تدرك وجوده وتستطيع وصفه أو الحديث عنه.

الظهير البربري:

هو مرسوم أصدرته فرنسا ونشرته عام (١٩٣٠ م) وهو يؤصل تقاليد البربر القديمة وعباداتهم بلغتهم الخاصة لا باللغة العربية ولا يحكمون بالشريعة الإسلامية ولكن فشلت فرنسا في هذه السياسة أمام مطالب الوطنيين الذين طالبوا بإلغاء التفرقة العنصرية وطبقته فرنسا في مراكش عاصمة الجزائر.

* * * * *

حرف العين

العادات:

نمط سلوكي متوارث ومكتسب اجتماعيا، وينتقل من جيل إلى آخر حتى تثبت ومعترف بها مثل: حلق اللحية، المشي، اللباس، وهناك عادات إنفاعية مثل: فرح الزواج والأغاني الشعبية ومراسيم الزواج وتقليد صب القهوة وغيرها.

العالم العربي:

في الاصطلاح الجغرافي والسياسي حزام إقليمي يمتد عبر قارتي آسيا وأفريقيا، وما بين خطي طول (٥٨) شرقا و (١٠) غربا وهي مسافة تمتد من الخليج العربي إلى شاطئ المحيط الأطلسي ـ وتقدر بنحو (٧٠٠كم)، كما يمتد هذا الحزام ما بين خطي عرض (٣٧) و (١٠) شمالا لمسافة تصل لنحو(٣٠٠٠ م) يحده البحر الأبيض وجبال طوروس في الشمال والمحيط الهندي والصحراء الكبرى في الجنوب.

العالمية:

في الاصطلاح الحديث، مذهب، يدعو إلى البحث عن الحقيقة الواحدة التي تكمن وراء المظاهر المتعددة في الخلافات المذهبية المتباينة ويزعم أصحاب الدعوة والقائمون عليها أن ذلك هو السبيل إلى جمع الناس على مذهب واحد تزول معه خلافاتهم الدينية والعنصرية لإحلال السلام في العالم محل الخلاف.

وللعالمية تطبيقات واسعة في كل نواحي الحياة وأنشطتها المختلفة من سياسية ودينية واقتصادية وأدبية ولغوية، وهي تحاول جميعا الوصول إلى المذهب الواحد من خلال الدراسات الحديث في الدين المقارن، والآداب المقارن، والقانون المقارن،وعلم اللغة المقارن، للوصول إلى الأصول الأساسية

المشتركة حسب زعمهم، لتصبح الأرض وطنا واحدا يدين بدين واحد ويتكلم بلغة واحدة، ويتذوق الفنون والآداب بذوق واحد مشترك.

وللعالمية دعوة هدامة وثيقة الصلة بالصهيونية العالمية التي تتوصل إلى السيطرة على الأمم ببعض العصبيات على اختلافها، وقصدها هدم الفوارق وتمييع الخلافات في العقائد وإزالة الحواجز بين الناس.

عبء العمل:

هي كمية العمل التي يؤديها الفرد أو القسم أو المنشأة أو المقرر اداؤها ويعبر عنها عادة بوحدات العمل القياسية، وتساعد معرفة عبء العمل في تحديد عدد الأفراد المطلوبين من القوى العاملة.

عبد الرحمن ألكواكبي:

ولد في مدينة حلب عام (١٨٤٩ م) ودرس في الكلية الإسلامية فيها ـ واشتغل محاميا، ثم مارس العمل الصحفي، وأتخذ وسيلة للدفاع عن حق العرب، وأصدر صحيفتي الفرات والشهباء، في مدينة حلب، فسخطت عليه الدولة العثمانية وسجنته، ثم طردته وغادر إلى مصر عام (١٨٩٨ م)، وزار عدد من البلاد العربية والإسلامية، كاليمن والصومال والحجاز ومكة وزنجبار وتوفي سنة (١٩٠٣م).

العثمانية:

هي الحركة أو الجهة التي تنادي بالتآلف بين العرب والأتراك واستمرار تبعية العرب للدولة العثمانية.

عدم الانحياز:

مفهوم سياسي تأخذ به الدولة بإرادتها الحرة وبحقها في سلوك السياسة التي تراها مناسبة لمصلحتها القومية في علاقتها مع الدول الأخرى،وليس لعدم

الانحياز مفهوم قانوني إلا ويخول للدولة حقوقا معينة أو يفرض عليها واجبات خاصة التزام موقف الحياد الذي تقفه الدولة المحايدة في حالة نشوب الحرب برزت كتلة عدم الانحياز بعد مؤتمر (باندونغ)الذي عقد في إندونيسيا عام (١٩٥٥م) بمشاركة (٢٩) دولة أفريقية وآسيوية وناقشوا مفهومي الانحياز وعدم الانحياز وقد تولى الزعيم الهندي جواهر لآل نهرو الدفاع عن سياسة عدم الانحياز مبينا الإهانة التي تلحق بأي دولة من دول العالم الثالث إذ قبلت الانضمام إلى أحد المعسكرين المتعاديين الذي تزعماه الولايات المتحدة والاتحاد السوفيتي (سابقا).

عرف دولي:

هي قواعد غير مكتوبة ومنظمة للعلاقات الدولية، نشأت بسبب أخذ الدول بها فترة طويلة دون اعتراض عليها حتى استقرت وأصبحت لها قوة الإلزام والقواعد التي يقوم عليها القانون الدولي ما زال أكثرها غير منصوص عليه ولا يرجع فيها للعرف الدولي وما نص عليها في معاهدات ليس سوى تقنين أو صياغة لقواعد عرفية استقرت عليها العلاقات الدولية زمنا طويلا دون اعتراض.

عرف (مجلس):

المجلس العرفي اسم أطلق على المحكمة العسكرية التي شكلها " أحمد جمال باشا " وزير الحربية، وقائد الجيش التركي الرابع في سوريا عام (١٩١٦م) لمدينة عالية اللبنانية لمحاكمة عدد من الزعماء العرب متهمين بتدبير حركة انفصالية عن تركيا أو بمحاولة الاتصال بدول أجنبية في حرب مع تركيا، وفي (٧) مايو ١٩١٦م، أصدر " جمال باشا " بيانا عن الأحكام التي أصدرها المجلس مع ذكر مبرراتها، وقد بلغ عدد المحكوم عليهم بالإعدام

عشرين شخصا وتم التنفيذ في مـدينتي بـيروت ودمشـق عـدا المحكـوم عليهم بالسـجن والنفي.

العرق العربي:

يرجع سكان العالم العربي إلى مجموعة جنسية واحدة، يطلق عليها جنس البحر المتوسـط أو الجنس الأسمر، ويتميز جنس البحـر المتوسط بطـول الـرأس وسـمرة البشرة وتوسـط القامـة وتموج الشعر مع سواده وينتشر في نطاق العالم العربي حاليا.

العروبة:

لفظ سامي معناه سكن البادية أو الصحراء، وهي تمثل نمطا حضاريا معينا، هو الحياة الصحراوية،وقد أطلقه الآشوريون في القرن التاسع قبل الميلاد على جيرانهم سكان شمال شبه جزيرة العرب، إذ ورد في نقش الملك الآشوري " شالمنصر الثالث عام (٨٥٤) ق. م.

العزلة:

هو انفصال فئة أو أكثر من السكان لهدف اجتماعي معروف أو عن طريق عملية تمييز لاشعورية ناتجة عن المؤثرات الشخصية والثقافية والعزلة في الاجتماع الحضري هـي ميل النـاس من طبقة اقتصادية واحدة أو مستوى تعليمي واحد أو مهنة واحدة أحيانا إلى التجمع في مكان واحد، وإقامة الحواجز الاجتماعية والاقتصادية بينها وبين تجمعات أخرى مغايرة لها.

العزل السياسي:

إجراء بمقتضاه استبعاد بعض عناصر من الشعب عن ميدان العمل السياسي، لتأمين نظـام الحكم القائم، أي حرمانها من ممارسـة الحقوق السياسية المقررة لمجمـوع الشـعب، ويشـمل استبعاد العناصر المعزولة من الاشتراك في أي تنظيم سياسي كالمجالس التمثيلية بمختلف درجاتها أو

الاضطلاع بالوظائف العامة، أو التنظيمات الجماعية كالنقابات والاتحادات المهنية والعزل لا يتعدى الشخص المعزول، بمعنى انه لا ينسحب إلى غيره ممن يرتبط بهم عائليا.

العشر:

هي ضريبة تبلغ عشر الإنتاج الزراعي فرضتها الدولة على الأراضي الميرية التي تعد ملك الدولة مقابل السماح للمزارعين بزراعة هذه الأرض وكانت تفرض على الحبوب وتجمع عينا أو نقدا.

العصبة أو الكتلة:

هي تشكل عادة العصبة من الناحية السياسية من عدة دول للقيام بالدفاع أو الهجوم أو المقاومة أو أي مصلحة مشتركة أخرى، وتدل الكلمة من الناحية القانونية على اتحاد بين عدة أفراد أو دول لتحقيق مصالح مشتركة مثل عصبة الأمم المتحدة وغيرها.

عصبة الأمم:

منظمة دولية نشأت في أعقاب الحرب العظمى (العالمية الأولى) وقامت كنتيجة من نتائجها لفرض ضمان السلم العالمي ومنع الحرب والتأكيد على التعاون الدولي،وكان إنشاؤها أول محاولة جدية لإقامة منظمة عالمية، تحقيقا للبند رقم (١٤) من مبادىء الرئيس الأمريكي " ويلسون ".

عصبة العمل القومي:

أحد الأحزاب السورية التي تألفت قبل الاستقلال عام (١٩٣٣م)،وكان برنامجها يتضمن العمل على استقلال سوريا، وغيرها من الدول العربية الشقيقة، من زعمائه " صبري العسلي " إندمج في حزب الكتلة الوطنية بعد توقيع معاهدة عام (١٩٣٦ م).

عصر:

وهو فترة زمنية طويلة ولكن ليست لها دلالة تاريخية معينة إذ تختلف تبعا للصفة التي يتصف بها العصر(مثل حجري، برونز، ميوسين، كمبرى، ...الخ)، ولكن كثيرا ما يستخدم الجغرافيون هذا اللفظ لإحدى أقسام الزمن الجيولوجي، فالزمن الثاني مثلا يحتوي على عصور الترياسي والجوارسي ولكريتاسي، أي أن العصر قسم من الزمن انظر (زمن).

العصر الجليدي (البليستوسين):

هي تلك الحقبة من الزمن من عمر الأرض التي امتازت بالبرد الشديد وزحفت أثنائها الجموديات من المناطق القطبية الباردة إلى المناطق الواقعة إلى الجنوب منها.

عالم المثل:

هو العالم الروحي الذي افترض افلاطون أن النفس جاءت منه وهي في شوق دائم للعودة إليه.

عبادة:

أن يتبع الإنسان أوامر الله تعالى، ويبتعد عن نواهيه في أفعاله وأقواله الظاهرة والباطنة.

عصر النهضة:

هو العصر الذي بدأ منذ انتهاء العصور الوسطى حتى العصر الحديث وامتاز بحركة إحياء الفنون والآداب، ويستخدم الاصطلاح بمعنى التجديد والإحياء.

العصيان المدني:

رفض الخضوع لمن له حق الطاعة، ومقاومة الأفراد للسلطات المدنية، ولذلك من قبيل الاحتجاج السياسي والمطالبة بتحقيق مطالب معينة، وقد ينطوي هذا العصيان على رفض أداء الضرائب وعصيان القوانين والأنظمة المحلية.

عقد تجاري:

عقد معرفي يكتسب الصفة التجارية، إذا أحاطت بتكوينه ظروف معينة فيخضع حينئذ لإحكام القانون التجاري لا المدني، غير أن العقود جميعا بما في ذلك العقود التجارية تخضع للنظرية العامة للالتزامات.

عقد الصلح:

في الاصطلاح الدولي يقصد به توقيع اتفاقية بموجبها تنتهي حالة الحرب التي كانت قائمة بين دولتين أو عدد من الدول، وتسبق اتفاقية عقد الصلح إجراءات تشمل إعلان وقف القتال واتفاقية هدنة موقوته أو مفتوحة، ثم المفاوضات التمهيدية التي تشمل المبادئ المقترحة التي تدور حولها اتفاقية الصلح، والتي تكون في العادة نتيجة للمساعي الحميدة والوساطة التي تقوم بها دولة محايدة ويشترط في عقد الصلح أن يتم على يد مبعوثين تفوضهم دولهم وتمنحهم صلاحيات لعقد اتفاقية الصلح وتعود حالة السلام بين الدول المتحاربة بعد تبادل التصديق على الاتفاقية (أو المعاهدة) وإيداعها في المكان الذي تقف الاطراف المعنية عليه.

العقل:

هو مجموع القدرات الإنسانية التي تنظم مدركاتنا الحسية للعالم الخارجي، ويرى أفلاطون أن العقل هو قوة في النفس الإنسانية القادرة على أدارك المعقولات الثابتة، أما أرسطو فيقول أن العقل هو قوة قادرة على أدراك

الصور بتجريدها من المحسوسات، ويرى عامونويل كانت أن العقل هـو ملكـة الاسـتدلال التي تربط بين الأفكار والعقل في اللغة اليونانية Logos وتعني هذه الكلمة القانون الكلي الـذي ينظم الظواهر.

العلم:

هو ذلك النشاط الإنساني الذي يتم بمقتضاه إغنـاء معرفة الإنسـان بالطبيعـة مـن حولـه وتطويعها لأغراضه المعيشية مستخدما المنهج العلمي الـذي يعتمـد علـى التفاعـل المتبـادل بـين الفكر الإبداعي والملاحظة والتجربة ومحاولة ربطها معا.

العلماء:

فئة كانت تتصف في الغالب بالموضوعية والنزاهة والوصول للحقيقة، وكان لهـم دور كبـير في التقدم الذي وصلت إليه الحضارة الإسلامية وامتازت بمظهرها.

علم الاجتماع:

هو دراسة وصفية تفسيرية مقارنـة للمجتمعـات الإنسـانية كمـا تبـدو في الزمـان والمكـان للتوصل إلى قوانين التطور التي تخضع لها هـذه المجتمعات الإنسانية في تقدمها وتغيرها كمـا يقوم علم الاجتماع على الدراسة الموضوعية للظواهر الاجتماعية وتحليلها تحليلا علميا صحيحا.

علم الأخلاق:

هو العلم الذي يبحث في الأحكام القيميـة التي تنصب على الأفعـال الإنسانية مـن ناحيـة أنها خير أو شر،والسلوك الخلقي، هو السلوك الذي اصطلح عليه المجتمع وأقره، ويتكون هـذا السلوك من مجموعة القواعد التي تبين للأفراد كيـف يجب أن يتصرفوا في الحالات والمواقـف التي تعرض لهم دون

أن يخالفوا في ذلك ضمائرهم أو العرف السائد في مجتمعهم، ويعد تصرف الفرد غير أخلاقي إذا خدش قاعدة أخلاقية مقررة.

ولذلك فأن الأخلاق الوضيعة ليست دراسة لمضمون الضمير الحي، الذي يخضع له الضمير الفردي والذي يكشف لنا عن الطبيعة الاجتماعية للأوامر والنواهي الخلقية.

علم التاريخ:

هو العلم الذي يهتم بعلاقات الإنسان وسلوكه متتبعا نشأتها وتطورها كما أنه يلقي الضوء على الماضي والحاضر ورؤية المستقبل ويعتبر سجل للخبرات البشرية.

علم التربية الوطنية:

هو العلم الذي يوضح علاقة المواطن ببيئته الاجتماعية وما ينشأ عن هذه العلاقة من أنظمة وقوانين وحقوق وواجبات،و يتناول بنوع خاص دراسة القانون الدستوري والإداري وأيضا يدرس العلاقات التي تترتب على نظام الحكم وتهدف إلى التعريف بالسلطات القضائية والتشريعية والتنفيذية وسن القوانين وتشكيل المجالس النيابية وتنمية المجتمع.

علم التفسير:

هو توضيح الشيء وبيان معناه، وهو علم اهتم به المسلمون لفهم آيات القرآن، ولا ريب أن العرب الذين عاصروا نزول الوحي قد أدركوا معانية.

علم الجرح والتعديل:

هو الذي يتناول الحياة والشخصية، وهو العلم الذي يبحث في هذه الأمور.

علم الحديث:

هو علم يبحث في صحة نسبة الأحاديث إلى الرسول صلى الله عليه وسلم من حيث معرفة رواة الأحاديث ومدى نزاهتهم وصحة روايتهم.

علم السياسة:

هو علم الحكومة وفن علاقات الحكم، وتطلق الكلمة أيضا على مجموعة للشؤون التي تهم الدولة، كما تطلق كذلك على الطريقة التي يسلكها الحاكمون في إدارة شؤون دولتهم.

علم الفقه:

هو العلم الناشئ عن دراسة القرآن الكريم والحديث الشريف لاستنباط الأحكام الشرعية منه.

علم النحو:

هو علم ينظم علل وحركات الألفاظ، وظهر في البصرة والكوفة عندما دخلت القبائل العربية ومختلف الأجناس الدين الإسلامي وخوفا من ظهور اللحن في القرآن.

علوم اللغة:

هو العلم الذي يهتم بجميع الكلمات ومفرداتها في الاعتماد على السلف الصالح من أهل الكتاب في ذلك حيث يعطي معانيها المختلفة وصورها المتعددة في أشكال مختلفة، وذلك عندما شاع الخطأ واللحن لدخول فئات غير إسلامية في الإسلام.

العلوم المعيارية:

هي علوم لا تصف الواقع كما هو، بل تبحث في المعايير والقواعد التي تمكننا من إصدار الأحكام على الأشياء.

العمارة:

فن أزدهر عند العرب قبل ظهور الإسلام في اليمن وتدمر وعند المناذرة ومن الأمثلـة عـلى ذلك مدينة البتراء التي ما زالت ماثلة إلى يومنا هذا في جنوب الأردن.

عملية سلامة الجليل:

هو قيام إسرائيل بغزو لبنان عام (١٩٨٢) وإعلانها بأن هـدفها هـو إبعـاد خطـر هجـمات المقاومة على المستعمرات الإسرائيلية في الجليل شمال فلسطين.

العموم:

هو أن القانون الخلقي يجب أن يحكم سلوك جميع الأفراد، و أن هذا القانون معروف أو قابل لأن يعرف من الجميع.

العنصرية الألمانية:

من الأسس القوية أو المميزات البارزة التي تقـوم عليهـا فلسـفة النازيـة، المحافظـة عـلى العنصر ونقاء الدم، كي تبقي للشعب مميزات الجنس الخـاص وكي يتكـاثر لا تشـوبه ولا تضـعفه نقائض الاختلاط وعيوبه ونادت بإن الشعب الأري هـو الأول في العـالم ومـن ثم رتبت شعوب العالم.

العيب:

هي القانون الشائبة أو الضرر الـذي يعلـق بشيء مـما يخول للطرف المضرور المطالبـة بالتعويض.

العينات:

تستخدم للدراسة الواقعية وتثبيت التعلم وتيسره وتشـمل أشـياء يمكـن رؤيتهـا أو لمسـها كالصخور والتراب، والمصنوعات والأسمنت، والحبوب، والطوابع ......الخ

العينة العشوائية:

هي العينة التي تختار وحداتها من الإطار الخاص بها،على أساس يهيئ مراحل انتقاء متكافئة لجميع وحدات المجتمع المحسوبة منه.

العينة الطبقية:

تستخدم في الحالات التي يكون المجموع الذي تختار منه العينة إما منقسما بطبيعية إلى طبقات أو يمكن بسهولة تقسيمه إلى طبقات يتصف كل منها بصفة خاصة تميزها عن غيرها على أن يكون حجم كل طبقة في العينة مناسبا مع حجم الطبقة المناظرة في المجتمع الأصلي، ومع ذلك يتم اختيار وحدات كل طبقة في العينة على حدة بطريقة عشوائية.

العينة المنتظمة:

وهي التي يتم اختيار وحداتها بحيث تكون المسافة أو الفترة بين كل وحدة والسابقة ثابتة لجميع وحدات العينة، فإذا كان حجم العينة (٥ %) فلا بد من اختيار الوحدة الأولى عشوائيا بين (١ ٢٠) فإذا فرضنا أن رقم الوحدة الأولى هو (٣) من الجداول العشوائية حددت العينة بالإعداد (٣، ١٨،١٣،٨) الخ إلى أن نستوفي عدد وحدات العينة، أما إذا كان حجم العينة (١٠٠%) فنختار الوحدة الأولى عشوائيا بين (١، ١٠) وهكذا (.....).

العينة المقصودة:

هي التي يتم فيها اختيار عدد من المفردات بطريقة يراعى فيها صفة التمثيل المطلوبة.

العرف:

هو عادة جمهور أو قوم في قول أو عمل تعارف الناس عليه مثلا في بعض المجتمعات مثل المهر الذي يسمى للمرآة في عقد النكاح يكون ثلثاه معجلا

والثلث مؤجلا على ما بعد الوفاة أو الطلاق أو تعارف الناس على عقد الاستصناع وغيرها من الأعراف التي تناقلتها الأجيال من خلال الأجداد إلى الآباء وثم إلى الأبناء.

العلمانية:

العلمانية بالإنجليزية (Secularism) وترجمتها الصحيحة، اللادينية أو الدنيوية وهي دعوة إلى إقامة الحياة على غير الدين، وتعني في جانبها السياسي بالذات اللادينية في الحكم، وهي اصطلاح لا صلة له بكلمة العلم (Sclence) والمذهب العلمي (Scientism).

نشأت هذه الدعوة في أوروبا وعمت أقطار العالم بتأثير الاستعمار والتبشير والشيوعية، وقد أدت ظروف كثيرة قبل الثورة الفرنسية سنة ١٧٨٩م وبعدها إلى انتشارها الواسع وتبلور منهجها وأفكارها وقد تطورت الأحداث وفق :

تحول رجال الدين إلى طواغيت ومحترفين سياسيين ومستبدين تحت ستار الإكليروس والرهبانية والعشاء الرباني وبيع صكوك الغفران.

وقوف الكنيسة ضد العلم وهيمنتها على الفكر وتشكيلها لمحاكم التفتيش واتهام العلماء بالهرطقة.

ومن أبرز دعاتها، نيتثه ودور كايم، و فرويد، وكارل ماركس، وجان بول ساركر. وكولن ولسن وغيرهم.

وتنشر في أوروبا ومصر والهند والجزائر وتونس والمغرب وتركيا والعراق والشام ومعظم إفريقيا وإندونيسيا.

ومن دعاتها عند العرب انظر (التغريب).

عبد اللـه بن المقفع:

نشأ في البصرة نشأة فارسية عربية ثم دخل في الإسلام، وقتل عـام ١٤٢هـ/ ٧٥٩م. وعمـره يقارب ستة وثلاثين عاما.

ومن أشهر أعماله الأدب الكبير والأدب الصغير، وكتاب كليلة ودمنة الذي ضمنه مجموعـة من القصص الهندية ، ثم رتبها في كتابه ومزجها بالآراء، وضرب في أثنائها الأمثال.

حيث ترجم ابن المقفع قصص كليلية ودمنة على ألسنة الحيوانات، ولكنها في الواقع كانت تعبر عن السلوك الإنساني وقيمه.

العشر:

ضريبة تبلغ عشر الإنتاج الزراعي ، وكانت تفرض على غير المسلمين من الحبـوب كالشـعير والقمح، وتجمع عينا أو نقدا.

عبد العزيز الثعالبي:

زعيم تونسي جزائري الأصل، وأحـد زعـماء حـزب (تـونس الفتـاة)، أصـدر جريـدة (سـبيل الرشاد)، سجنه الفرنسيون عام ١٩١٤م، وترأس الحزب الدستوري عام ١٩٢٠م.

وطالب بانسحاب الفرنسيين وإقامة الحياة الدستورية والبرلمانية في تونس.

عبد القادر بن محيي الدين بن مصطفى الجزائري:

ولـد في قريـة مـن قـرى وهـران سـنة ١٨٠٨م، بايعـه الجزائريـون اثـر احـتلال الفرنسـيين لبلادهم، بايعوه على الإمارة والجهاد، أنشأ معامل للأسلحة، وقاتل الفرنسيين خمسة عشرـ عامـا، ضعف نشاطه نتيجة مهادنة السلطان عبد الرحمن بن هشام سلطان المغرب الأقصىـ فاستسـلم لفرنسا عام ١٨٤٧، ونفته بعدها إلى طولـون، ثـم إلى مدينـة احبـواز الفرنسـية واسـتقر أخـيرا في دمشق عام

١٨٥٢م ، حيث بقي فيها إلى أن توفي سنة ١٨٨٣، له مجموعة من الكتب أهمها ذكرى العاقل، ورسالة في العلوم والأخلاق، وله ديوان شعر.

العدوان الثلاثي:

هي حرب شنتها إسرائيل وبريطانيا وفرنسا على مصر عام ١٩٥٦م بسبب تأميم القيادة المصرية لشركة قناة السويس.

العصر الحجري الحديث:

تلي هذا العصر العصور الحجرية القديمة في الألف السادس قبل الميلاد وفيها توصل الإنسان تدريجيا إلى تحسين أدواته، فصنع الأدوات العظيمة ، كالمخارز والمثاقب والأدوات الخشبية والأواني الحجرية من الصحون والمدقات والجواريش، واهم ما توصل إليه الإنسان في هذه الحقبة اكتشاف الزراعة فأصبح بإمكانه أن يزرع الأرض وينتج الثمار.

وفي هذه الفترة بدأ تدجين الحيوانات، فأصبح بإمكان الإنسان أن يعتمد على جهد الحيوانات بالنقل والزراعة وعلى لحومها وألبانها في التغذية.

عصبة الأمم : ١٩١٩-١٩٤٥م.

أنشئت هذه العصبة عام ١٩١٩م، كمبدأ من مبادئ الرئيس الأمريكي ولسن وكان من أهدافها تحقيق السلم العالمي والعمل على منع الحروب وحل المنازعات بالطرق السلمية وتوثيق التعاون الدولي.

إلا أنها فشلت في حل بعض القضايا الدولية كاعتداء إيطاليا الفاشية على الحبشة عام ١٩٣٦م كما أضعفها عدم انضمام الولايات المتحدة لها وانسحاب ألمانيا منها في عام ١٩٣٦م وافتقارها إلى قوة عسكرية تابعة لها، بالإضافة إلى انحراف، أهدافها التي وجدت من أجلها وتسخيرها لخدمة الدول الكبرى.

عوامل الإنتاج:

هي الموارد (الأرض، رأس المال، الإدارة، العمل التنظيم)

العولمة:

تعني زوال الحواجز والحدود الثقافية والاقتصادية بين الشعوب باعتبار أن العالم أصبح قرية صغيره، وإشاعة الإنحلال الخلقي عن طريق فصل الدين عن الدولة، ليؤدي إلى مفهوم العلمانية.

العصر البرونزي:

توصل الإنسان في هذا العصر إلى إنتاج البرونز من مزيج النحاس والقصدير واستعمله في صنع أدواته وأسلحته، ولذلك عرف بالعصر البرونزي.

العصر الحجري القديم:

هي الفترة التي شهدت بداية صنع الأدوات الصوانية البسيطة، وتمتد هذه الحقبة منذ بداية وجود الإنسان حتى الألف السادس قبل الميلاد.

حيث أظهرت المكتشفات الأثرية أن الحجارة وخاصة الصوانية منها، كانت كثيرة في الأرض، وبإمكان الإنسان الحصول عليها بسهولة، لذلك عمد إلى تشذيبها واستخدامها، فصنع منها أدواته وأسلحته كالسكاكين والمكاشط والرماح.

وإلى جانب الحجارة استخدم الإنسان في العصور الحجرية القديمة قرون الحيوانات وعظامها لصناعة أدوات الصيد وللدفاع عن نفسه ولتأمين غذائه.

العصر النحاسي:

استخدم الإنسان النحاس في هذا العصر بشكل كبير ولذلك سمي العصر النحاسي.

العصر الحديدي:

استطاع الإنسان في هذا العصر اكتشاف معدن الحديد واستخدامه في صناعة الأسلحة وأدوات أكثر صلابة ولذلك عرف بالعصر الحديدي.

عز الدين القسام:

هاجر من مدينة جبلة السورية، وانتقل إلى حيفا وأقام فيها، وبدأ يدعو الناس إلى الجهاد والقتال ضد الإنكليز واليهود، فخاض معارك عدة ضد الجيش الإنكليزي، واستشهد في إحدى المعارك قرب قرية يعبد القريبة من جنين.

* * * * *

حرف الغين

الغجر:

جماعة صغيرة دائمة الترحال من مكان إلى آخر وتعيش غالبا في ممارسة العرافة والموسيقى والغناء ولها عاداتها ومنها ملابسها التي تحاول الاحتفاظ بها.

غزو:

المقصود بالغزو في الاجتماع الحضري قبل الناس والمؤسسات أحيانا إلى الانتقال من مجتمعها الذي يتفق مع أوضاعها إلى مجتمع آخر يختلف عنها كانتقال بعض مواطني طبقة معينة إلى حي تسكنه طبقة أخرى.

كما يقصد بالغزو السياسة الدولية اجتياح جيوش الدول المحاربة أراضي دولة أخرى.

غزوة أحد:

وقعت في السنة الثالثة من الهجرة عند جبل أحد في الشمال الشرقي من المدينة، وسببها أن قريشا أرادت أن تثأر لما أصابها يوم بدر فخرج أبو سفيان على رأس ثلاثة آلاف مقاتل، وكان المسلمين سبعمائة رجل، وقد انتصر المسلمون أول الأمر، ولكن الهزيمة لحقت بهم بسبب مخالفة الرماة خطة الرسول صلى الله عليه وسلم وتركهم أماكنهم، واستشهد من المسلمون سبعون، منهم حمزة عم الرسول (صلى الله عليه وسلم).

غزوة بدر:

وهي أولى معارك الإسلام المنظمة التي التقى فيها جيش المسلمين مع الكفار، وحدثت في السنة الثانية للهجرة (٦٢٤م) وكان عدد المسلمين (٣١٢رجلا) واستشهد فيها من المسلمين (١٤ رجلا).

غزوة حنين:

بعد فتح مكة بخمسة عشر يوما تجمع بنو هوازن وثقيف لمحاربة المسلمين، فسار إليهم الرسول صلى الله عليه وسلم على رأس جيش بلغ عدده اثني عشر- ألفا وقد باغتت هوزان المسلمين بوادي حنين، وكادت توقع بهم الهزيمة، لولا ثبات النبي صلى الله عليه وسلم في المعركة، وعندها تغير مجرى المعركة وانتصر المسلمون وفرت هوازن إلى الطائف، فاحتمت بها، فلحق بها النبي صلى الله عليه وسلم وحاصر الطائف، المدينة الحصينة، ثم فك الحصار عنها بسبب الأشهر الحرم خاصة وقد علم أن عند أهل الطائف مؤونة تكفيهم عدة شهور.

غزوة الخندق:

جمعت قريش حلفاءها، وهاجمت المدينة بعشرة آلاف، فجمع الرسول صلى الله عليه وسلم أعوانه وحفروا خندقا حول جزء من المدينة حسب مشورة سلمان الفارسي رضي الله عنه، وأعتمد في الدفاع عن الجبهة الجنوبية الشرقية على يهود بني قريظة، ولكن هؤلاء انظموا إلى الأعداء وضيقوا الخناق على المسلمين ثم هبت على قريش وأحزابها عواصف شديدة قلعت خيامهم وكفأت قدورهم وأحدثت الاضطراب في صفوفهم فتفرق شملهم وكان لفشل الأحزاب في غزوة الخندق رغم كثرة عددهم وقع كبير في نفوس القبائل العربية، وعظم شأن المسلمين عندهم مما أدى إلى تفرغ المسلمين لنشر دينهم.

الغزو الفكري الثقافي:

يعد هذا الغزو من أخطر أشكال الاستعمار، وأعظمها فتكا في حياة الشعوب لأنه يهاجم روح الأمة ومعتقداتها وقيمها وعاداتها.

الغوغاء أو الرعاع أو ألسوقه:

جماعة من الأفراد يتصرفون بطريقة عدوانية لمقاومة مـن يعرضـهم أو القيـام بعمل غـير مشروع وذلك بتأثير الإثارة العاطفية مثل المظاهرات والاظطرابات العنصرية، وتتميز العلاقة بـين مجموعة الرعاة في الروابط الوثيقـة بـين أعضـائها والاتصـال العـاطفي وزيـادة في سـهولة التـأثير بالإيحاء.

غاليلي غاليليو ١٥٦٤-١٦٤٢م.

هو عالم رياضيات وفيزيائي وفلكي إيطالي ولد في بيـزا وكـان محبـا للرياضيات والفلسـفة، أصبح في عام ١٥٨٩م استاذا للرياضيات في جامعة بيزا ثم انتقل إلى جامعة بادوا واستمر يـدرس فيها ١٨ عاما.

وهو أول من صنع مجهرا عام ١٦١٠م وأخترع منظار لمراقبة حركة الكواكب.

واجه غاليليو معارضة الكنيسة التي أدانـت أعمالـه وعدتها مخالفـة لمـا جـاء في الكتـاب المقدس، فأحيل إلى المحاكمة عام ١٦٣٣م بتهمة الإرتداد عن الدين، فصـدر بحقـه قـرار بالإقامـة الجبرية مدى الحياة، لكن غاليليو تراجع عن الجهر بآرائه رغم أنه ظل مقتنعا بها، وأطلـق في وجه رجال الدين الذي يحاكمونه جملته الشهيره (ومـع ذلك فهـي تـدور) قاصدا دوران الأرض حول الشمس، وقد أمرت الكنيسة بإحراق كتبه، إلا أن الكنيسـة الكاثوليكيـة وبعـد مـرور ٣٥٠ عاما على وفاة غاليليو عادت وأعلنت براءته من التهم السابقة التي وجهت إليه.

* * * * *

حرف الفـاء

الفئات النفعية:

هي مجموعة من أبناء الدول المستعمرة والمرتبطة مصالحهم مع الاستعمار.

الفاتيكان:

وهي محل إقامة بابا روما وتبلغ مساحتها حوالي (١١٠ فدان) وفي عام (١٨٧٠ م) أصبحت هذه الدولة جزء من إيطاليا، وبموجب اتفاقية لتران سنة ١٩٢٩ م عين البابا حاكما عليها على سبيل التعويض، وقد تم توقيع وثيقة تاريخية بين إيطاليا والفاتيكان في عام (١٩٨٤ م)، تعترف إيطاليا بموجبها ولأول مرة بحق كل منهما أن تكون دولة مستقلة ذات سيادة، ويضم الفاتيكان كاتدرائية القديس بطرس والقصور الفاتيكانية، حيث المكاتب والكنائس والبلقدير، بإضافة إلى عدة متاحف كبيرة وكنائس ضخمة، وخاصة كنيسة سيستين ظن وتعتبر مكتبة الفاتيكان المؤسسة في القرن الخامس عشر من أقدم مكتبات العالم وتحتوي على خمسين ألف مخطوط وبها ما يقرب من أربعمائة ألف كتاب كثير منها نادر، والفاتيكان قلب الكنيسة الكاثوليكية ويديره كرادلة، بينما يقوم على حراسته حرس سويسري.

فارس نمر باشا:

ولد في بلدة حاصبيا بلبنان، وعلى الأرجح، كانت ولادته سنة (١٨٥٤م) وغادر متجها إلى القاهرة في شهر شباط سنة (١٨٨٥ م) واشترك مع يعقوب صروف وشاهين مكاريوس في تأسيس جريدة المقطم اليومية سنة (١٨٨٦م) توفي سنة (١٩٥١ م).

الفاشية:

وهي جماعة معادية للشيوعية والاشتراكية أيدها موسوليني قبل الحرب العالمية ثم طورها إلى حزب واسع النطاق في إيطاليا.

حركة إيطالية الأهداف قومية وطنية لا تؤمن بحرب الطبقات وأنما بالتعاون بين البرجوازية والعمال.

فيدرالية:

نظام سياسي من شأنه قيام اتحاد مركزي بين دولتين، أو مجموعة من الدول أو الدويلات، بحيث لا تكون الشخصية الدولية الإ للحكومة المركزية، مع احتفاظ كل وحدة من الوحدات المكونة للاتحاد ببعض الاستقلال الداخلي، بينما تفقد كل منها مقومات سيادتها الخارجية التي تنفرد بها الحكومة الاتحادية كعقد الاتفاقات والمعاهدات أو التمثيل السياسي، ويكون على رأس هذا الاتحاد الفيدرالي رئيس واحد للدولة هو الذي يمثلها في المحيط الدولي.

الفراغ الفكري:

هو عدم وجود هوية واضحة المعالم نابعة من تراث الشباب الثقافي، حتى يميزوا بين الغث والسمين أي معرفة ما هو صحيح وغير صحيح.

الفردية:

١. هي كل ما يخص الفرد من صفات وخصائص نفسية وجسمية واجتماعية، وكل ما يتعلق به من أعمال وممتلكات وأشياء وأدوات.

٢. وتعني أن الفرد هو العنصر الأساسي في المجتمع، وعلى الدولة اعداده اعدادا كريما وحرا يتماشى مع ميوله وقدراته وطاقاته خدمه لنفسه ومجتمعه، كما يجب أن يعطى من الفرص ما يمكنه من الإبداع واظهار مواهبه وقدراته واستغلاله.

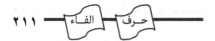

فرق تسد:

سياسة استعمارية بريطانية استعملتها بريطانيا في مستعمراتها من السكان المحليين لتثبيت توزيعها وبسط سيطرتها (العنصرية).

فرساي:

مدينة فرنسية، تشتهر بكثرة قصورها وحدائقها، تقع جنوبي غربي باريس، فيها قصر عرف باسم (قصر فرساي) بدأ تشييده لويس الرابع عشر سنة (١٦٦١ م) ونقل إليه بلاطه سنة (١٦٨٢ م) وفيه وقعت معاهدة مؤتمر فرساي سنة (١٩١٩ م) بعد نهاية الحرب العالمية الأولى مع ألمانيا.

الفرض:

هو السبب أو مجموعة الأسباب التي من خلالها قامت الظاهرة، وهي مبنية على ملاحظات معينة.

الفسيفساء:

هي مجموعة من المكعبات الزجاجية الملونة والشفافة، وقطع من الحجر الملون، ومن صفائح الصدف بحيث تكون في النهاية شكلا فنيا مميزا مثل الفسيفساء في محافظة مأدبا بالأردن.

فصل السلطات:

هو توزيع السلطات بين أجهزة الحكومات المختلفة فيهتم كل جهاز بوظيفة تختلف عن الأخرى ويتم الفصل بين السلطة التشريعية والسلطة التنفيذية والسلطة القضائية ويقال القيود والموازين الخاصة بمبدأ فصل السلطات ويقصد بها الوسائل التي تؤدي إلى المحافظة على هذا المبدأ بما يؤدي إلى حماية كل سلطة من الأخرى وحماية الشعب من السلطات كلها.

الفصل العنصري:

تقدم سياسة الفصل العنصري على فصل السكان حسب العرق في مناطق تقتصر ـ عليهم تقيد حركتها وتصبح وهونة بتصاريح مرور وفصلهم في الخدمات وحرمانهم من المشاركة السياسية،وقد طبقت هذه السياسة في جنوب أفريقيا منذ عام (١٩١٠ م) وتعتبر الدولة الأولى في العنصرية.

الفعل الإداري:

هو الفعل الذي يقع من الإنسان بدون اختيار منه كالأفعال الانعكاسية أو حركات عضلات المعدة والقلب وغيرها.

الفعل المباح:

هو الفعل الذي يتوقف القيام به، أو الامتناع عنه على إرادة الشخص الفاعل ويكون مرغوب فيه.

الفقر والبطالة:

هو الحرمان من أبسط الحقوق الشرعية للإنسان بأن يجد الغذاء الجيد والكساء والدواء ومن دواعي ذلك تنشأ الجرائم ويعم الفساد ويؤدي بالتالي للانحراف في السرقة أو القتل ٠٠٠الخ.

الفقه:

هو العلم الناشئ عن دراسة القرآن الكريم والحديث الشريف.

الفقهاء:

طبقة كانت مرموقة في المجتمع، إذا شكلت طبقة لها مكانتها الاجتماعية في عهود ازدهار الحضارة العربية الإسلامية نتيجة مواهبهم وكفايتهم العلمية.

الفلسفة:

هي دراسة المبادئ الأولى للوجود والفكر دراسة موضوعية تنشر الحق وتهتدي بمنطق العقل ولذلك لاتبدأ الفلسفة بمسلمات مهما كان مصدرها.

الفن الإسلامي:

هي كل ما أنتجته الأيدي الماهرة في الدولة الإسلامية من تراث فني وزخارف خاصة في القصور والمساجد في العصر الأموي والعباسي.

الفهم:

هو قوة الإدراك والتفكير التي تميز بين الخطأ والصواب وتدرك العلاقات المنطقية وهو اصطلاح عام يعمل دون تدقيق.

فورييه شارل:

فيلسوف اجتماعي فرنسي، اقترح إقامة مدينة فاضلة في شكل وحدات اقتصادية صغيرة مكونة من (١٦٢٠) شخصا اسماها (الفالانستير) وهو صاحب فكرة أن شهوات الإنسان يمكن أن تنسجم إذا عاش حياة طبيعية، انتشرت الفورييرية في أمريكا بزعامة روسبركونسد برانت.

فيلادلفيوس:

هو أحد قادة لإسكندر المقدوني الذي سميت (عمان) باسم فيلادلفيا نسبة له، عندما كان اسمها ربة عمون قديما.

الفيلق اليهودي:

يطلق على وحدة عسكرية من اليهود، تكونت أبان الحرب العالمية الثانية عام ١٩٤٣م بناء على رغبة تقدم بها الدكتور حاييم وايزمان رئيس الوكالة اليهودية إلى رئيس الحكومة البريطانية ونستون تشرشل على أن تلحق بالجيش البريطاني وذلك لغرض تدريب طوائف من اليهود على الأعمال الحربية

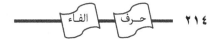

تمهيدا لاستخدام القوة في إنشاء دولة يهودية في فلسطين بعد نهاية الحرب وانتصار الحلفاء، وقد رحب تشرشل بتأليف هذه الوحدة بالرغم من اعتراض المارشال ويفل القائد الأعلى للقوات البريطانية في الشرق الأوسط خوفا من إثارة العرب، ورد تشرشل على هذا الاعتراض كما جاء في مذاكرته المنشورة بقوله " لقد تحديت ويفل ولم يتحرك رجل عربي واحد بالاحتجاج على ذلك " وعمل هذا الفيلق بالاشتراك مع الجيش البريطاني في الجبهة الإيطالية عام (١٩٤٤ م)، وعاد أفراده بعد تسريحهم محتفظين بأسلحتهم الخفيفة إلى فلسطين.

فلاديمير لينين عام ١٨٧٠م:

عاد لينين إلى روسيا عام ١٩١٧م بمساعدة الألمان لتنظيم الشيوعيين والسيطرة على الحكم، وقد أدرك بان الحكومة المؤقتة لا تحظى بتأييد الجنود والعمال والفلاحين، فرفع لينين شعار (السلام والأرض والخبز)، ووعد الشعب الروسي بأن روسيا ستنسحب من الحرب، وأن الفلاحين سيمنحون الأرض، وسيتم تأمين الغذاء للناس.

وفي ٧ تشرين الثاني عام ١٩١٧م قاد لينين الثورة الروسية التي أسست الحكم الشيوعي في روسيا وأقام دولة الاتحاد السوفيتي، وكان أول رئيس لها.

توفي عام ١٩٢٤م بعد ثلاث سنوات من انتهاء الحرب الأهلية.

واستمر حكم الشيوعية حتى عام ١٩٩١م عندما انهار الاتحاد السوفيتي وانتهى الحكم الشيوعي فيه.

الفرويدية:

مدرسة في التحليل النفسي ـ أسسها اليهودي سيجموند فرويد Sigmmund Freud وهي تفسر السلوك الإنساني تفسيرا جنسيا، وتجعل الجنس هو الدافع

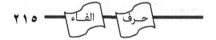

وراء كل شيء كما أنها تعتبر القيم والعقائد حواجز وعوائق تقف أمام الإشباع الجنسي ـ مما يورث الإنسان عقدا وأمراضا نفسية.

ولـد سـيجموند فرويـد في ٦ مـايو ١٨٥٦م في مدينـة فريبـورج بمقاطعـة مورافيـا تشيكوسلوفاكيا (سابقا) من والدين يهوديين بدأت هذه الحركة في فينا و انتقلت إلى سويسرا ومن ثم عمت أوروبا وصارت لها مدارس في أمريكا.

الفاشية:

كلمة لاتينية (fasces) وكانت تطلق على حزمة العصي التي كانت تحمل أيام الرومان في الاحتفالات الرسمية رمزا للسلطان والقوة.

والذي ساعد على ظهورها انتشار العنف والفوضى والاغتيالات السياسية، وانتشار الأفكـار الشيوعية، على يد بنيتو موسوليني مؤسس الحزب الفاشي الذي وصل إلى السلطة في إيطاليا عـام ١٩٢٢م..

الفارابي ٢٦٧هـ / ٨٧٨م.

أصله من بلاد الترك، ويعد من العارفين بالموسيقى، بالإضافة إلى تعمقه في سـائر العلوم الفلسفية، توفي سنة ٣٣٩هـ / ٩٥٠م، لقب بـ(المعلم الثاني) لأنه شرح فلسفة المعلم الأول أرسطو وفسرها.

وضع كتبا ورسائل كثيرة في الفلسفة، ومن أشهر كتبه كتـاب أراء أهل المدينـة الفاضـلة، يتناول فيه مشكلة الحكم وصفات رئيس المدينة والمجتمع المثالي، ويعد مـن أهـم اتبـاع فلسـفة أفلاطون وأرسطو، وهو خير من فسرها وزاد عليها الكثير.

الفردية:

تعني أن الفرد هو العنصر الأساسي في المجتمع، وعلى الدولـة إعـداده إعـدادا كريما وحـرا يتماشى مع ميوله وقدراته وطاقاته خدمة لنفسه

ومجتمعه، كما يجب أن يعطى من الفرص ما يمكنه من الإبداع والابتكار وإظهار مواهبه وقدراته واستغلالها.

الفاتيكان:

تقع في روما وهي مجموعة من المباني فيها المقر البابوي وعدد من الكنائس المشهورة وتعد الفاتيكان اليوم دولة مستقلة يرأسها البابا.

وتبلغ مساحتها أقل من ٠.٥كم٢.

الفن القوطي:

اشتهر هذا الفن في أواخر العصور الوسطى، وقد ابتدأ في أوروبا وانتشر فيها إلى أنحاء العالم ، وأهم ما يميز البناء القوطي الإعتماد على دعائم جانبية ترتكز عليها جدران البناء وسطحه بعكس ما كان في السابق من الإعتماد على الجدران فقط، وقد ساعد هذا التطور في البناء على وضع نوافذ عديدة فيه ، كما أشتهر ببناء الأبراج المدببة.

فولتير:

برع فولتير في كتابة الشعر والمسرحيات الأدبية التي تنتقد الأوضاع القائمة في فرنسا، فسجنته الحكومة مرتين في الباستيل بسبب آرائه السياسية ثم نفي إلى انكلترا.

أعجب فولتير بالحرية الدينية والسياسية في بريطانيا وقد اشتهر بشعاره في الدفاع عن حرية الكلام فقال (قد اختلف معك، ولكنني على استعداد للموت دفاعا عن حقك في قول ما تريد).

* * * * *

حرف القــاف

القراءات:

من أول العلوم التي اهتم بها المسلمون علاقته بتفسير القرآن وقد ورد في الحديث الشريف " أنزل القرآن على سبعة أحرف " والحروف السبعة هي القراءات السبع.

قاضي القضاة:

هو ما يسمى بقاضي الجماعة، ويقوم القاضي بتعين القضاء وعزلهم ومراقبة أعمالهم وأحكامهم.

قانون:

القانون في اللغة مقياس كل شيء والقانون اصطلاحا مجموعة قواعد أو أحكام عامة ثابتة يتبعها الناس في علاقاتهم الاجتماعية تصدرها وتنفذها الدولة صاحبة السيادة ممثلة في المجلس التشريعي الذي تقررها المحاكم التي تطبقها والسلطة التنفيذية التي تراقب تنفيذ أحكام المحاكم وتجازي المخالف بتوقيع عقاب مناسب.

القانون السياسي:

أصدر عام (١٩٤٧ م) على أساس الجزائر فرنسية وأرضها فرنسية مع السماح للمسلمين في بالاحتفاظ بقانون أحوالهم الشخصية كما تضمن إخضاع الجزائر لحاكم عام فرنسي.

قانون التسجيل العقاري:

قانون صدر من قبل فرنسا عام (١٨٨٥ م) على تونس وينص على تجديد الأملاك وتسجيلها خلال فترة محددة، وإذا لم يتم ذلك تستولي فرنسا على الأرض.

القانون الدولي الإنساني:

يعرف (القانون الدولي الإنساني) أو (قانون الحرب) انه مجموعة القواعد القانونية التي تحدد حقوق الدول المتحاربة وواجباتها في حالة نشوب الأعمال العدائية، وتفرض قيودا على المتحاربين في وسائل استخدام القوة العسكرية وقصرها على المقاتلين دون غيرهم، وتحمي حقوق ضحايا النزاعات المسلحة وخاصة القتلى والجرحى والمرضى والأسرى في المعارك البرية والبحرية والجوية، فضلا عن المدنيين المحميين من سكان المناطق المحتلة وغيرها.

قانون العودة:

صدر عام (١٩٥٠) للتمهيد للهجرة الصهيونية إلى فلسطين ويعني أن لكل يهودي الحق في العودة إلى فلسطين بوصفه يهوديا عائدا أو الهجرة تكون بتأشيرة مهجر.

القانون المحلي:

هو مجموعة من الأوامر الإدارية والعرفية طبقتها فرنسا في مستعمراتها التي لم يقبل أهلها قانون الاستيعاب.

القبيلة:

١- نظام المجتمع العربي على أساس قبلي، وتشمل كل قبيلة مجموعة من الأفراد ينحدرون من جد واحد وتضم عددا من العشائر التي تتكون بدورها من مجموعة من الأسر ويسكنون في رقعة مشتركة وتربطهم رابطة الدم.

٢- تتكون القبيلة عادة من عدة بطون أو غيرها من الجماعات الفرعية وتسكن إقليما مشتركا تعتبره ملكا لها وبلهجة مميزة وثقافة متجانسة وتنظيم سياسي موحدا أو على الأقل وجود تضامن مشترك ضمن العناصر الخارجية، ويقال الانتقال إلى المجتمع القبلي والانتقال من المجتمع القبلي إلى المجتمع الحضري.

القرض العام:

هو مبلغ من المال تحصل عليه الدولة عن طريق الالتجاء إلى الأفراد أو المصارف أو الدول الأخرى مع التعهد برده ودفع الفوائد عليها ضمن المدة المحددة.

القسطنطينية:

كانت عاصمة للإمبراطورية الرومانية الشرقية (البيزنطية) وسميت بهذا الاسم نسبة إلى إمبراطور قسطنطين وسماها العثمانيون (إسلام بول) أي مدينة الإسلام،وعرفت فيم بعد باسم (استانبول) والآستانة وظلت عاصمة للدولة العثمانية حتى عام (١٩٢٤) وعندما ألغى مصطفى كمال أتاتورك مؤسس الجمهورية التركية الحديثة الخلافة وحولها إلى جمهورية فأصبحت انقره عاصمة للدولة.

القمع أو (الإخماد):

إقصاء إرادي أو شعور للحاجات أو الأحداث أو الخبرات أو الذكريات المؤلمة أو غير المقبولة بينما يتخلص الإنسان في الكبت بدفع الأحداث التي يرغب فيها إلى اللاشعور وذلك وقاية للحياة الشعورية مما يقلقها: أنظر الكبت).

القناصل:

هم رؤساء البعثات يوفدون إلى دولة أجنبية لمباشرة أعمال ذات طابع اقتصادي وإداري تهدف عامة إلى رعاية مصالح الدولة أو رعاياها في هذه الدولة.

قوات مسلحة:

القوات المسلحة تشكيلات عسكرية تنشئها الدولة وتنظمها وتشرف عليها وتتولاها، وتتألف القوات المسلحة من الجنود وضباط الصف والضباط بمختلف الرتب،وتقسم إلى ثلاث مجموعات رئيسية، هي القوات الجوية وعلى رأس كل مجموعة قائد برتبة فريق في، عدا القوات الفرعية بالإضافة إلى سلاح الحدود والسواحل والاحتياط والحرس الوطني وغيرها،ويشرف على شؤون القوات المسلحة وزارة الدفاع والقيادة العامة للقوات المسلحة ويتولى مجلس الدفاع الوطني أعلى سلطة في الدولة إذا كانت قليلة فالملك وإذا كانت جمهورية فرئيس الجمهورية للنظر في الشؤون الخاصة بوسائل تأمين حماية البلاد وسلامتها.

قومية:

هي في الاصطلاح السياسي يقصد بها جملة العوامل التي تربط جماعة إنسانية وتضمنها في إطار وحدة تعرف بالوحدة القومية، وتعرف هذه الجماعة باسم (الأمة) فمن ثم كانت العلاقة بين القومية والأمة، وبين الأمة والدولة التي هي تنظيم سياسي يمثل شعبا ذا وحدة قومية يعيش في إقليم ضمن وحدة العادات والتقاليد الاجتماعية والثقافية في جميع مجالات الحياة.

القومية الاقتصادية:

اصطلاح يعبر عن الاتجاه نحو اتخاذ كل التدابير المنطقية إلى الاكتفاء الذاتي للاقتصاد القومي في بلد ويتضمن هذا الاتجاه نزوعا إلى فرض

الضرائب الجمركية لحماية الصناعات المحلية الناشئة، وفتح إعانات التصدير لتدعيم المركز التنافسي۔ للمنتجات المحلية في الأسواق العالمية،واستخدام البدائل المحلية المماثلة المستوردة من الخارج وما إلى ذلك من القيود العديدة على التجار والمال.

قصة أوزريس:

وهي من الآداب المصرية، مسرحية دينية مثلت حياة أوزيس ومؤتة ودفنة وبعثة.

القاديانية:

حركة نشأت سنة ١٩٠٠م بتخطيط من الاستعمار الإنجليزي في القارة الهندية بهدف أبعاد المسلمين عن دينهم وعن فريضة الجهاد بشكل خاص حتى لا يواجهوا المستعمر باسم الإسلام وكان لسان حال هذه الحركة هو مجلة الأديان. التي تصدر باللغة الإنجليزية.

كان مرزا غلام احمد القادياني (١٨٣٩- ١٩٠٨) أداة التنفيذ الإسلامية لإيجاد القاديانية، وكان ينتمي إلى أسرة اشتهرت بخيانة الدين والوطن، وهو معروف عند اتباعه باختلال المزاج وكثرة الأمراض وإدمان المخدرات.

ينتشرون في الهند والباكستان وقليل منهم في إسرائيل والعالم العربي.

القرامطة:

حركة باطنية هدامة، اعتمدت التنظيم السري العسكري، ظاهرها التشيع لآل البيت والانتساب إلى محمد بن إسماعيل بن جعفر الصادق وحقيقتها الإلحاد والشيوعية والإباحية وهدم الأخلاق والقضاء على الدولة الإسلامية، سميت بهذا الاسم نسبة إلى حمدان قرمط بن الأشعث الذي نشرها في سواد الكوفة سنة ٢٧٨هـ

تبدأ الحركة بعبد الله بن ميمون القداح الذي نشر مبادئ الإسماعيلية في جنوب فارس (إيران الآن) سنة ٢٦٠هـ.

تنتشر في إيران والكوفة، والإحساء والبحرين والبصرة واليمامة واليمن، وعمان وخراسان، وسوريا والسعودية ومصر.

القوى السياسية:

تعبير اصطلاحي يقصد به الأحزاب، والحركات السياسية والمنظمات الشعبية والنقابية .

قناة السويس:

صاحب فكرة إنشاء قناة السويس، هو المهندس الفرنسي فردناندو دويلبس، وقد توفي ١٢٠.٠٠٠ مصري في أثناء عملهم في حفر قناة السويس، وقد تولت إدارة قناة السويس شركة فرنسية مصرية، ثم باعت مصر حصتها إلى بريطانيا فأصبحت القناة تدار بشراكة فرنسية بريطانية. وتم افتتاح هذه القناة عام ١٨٦٩م ويصل طولها نحو ١٧٣كم ابتداء من بور سعيد شمالا حتى بور توفيق جنوبا على خليج السويس ويبلغ متوسط عرض القناة ما بين ٢٠٠-١٦٠ متر ، ويبلغ غاطس القناة حاليا ٦٦ قدما (٢٠م) بعد أن كان عند اختتامها (٢٢) قدما.

القوانين المؤقتة:

تدابير قانونية يتم وضعها لمواجهة وضع معين لا يحتمل التأخير، ويلجأ لمثل هذه القوانين في أثناء عطلة مجلس النواب أو في أثناء حله على أن تعرض هذه القوانين على أول دورة للمجلس.

القطاع العام:

هو ذلك الجزء من الاقتصاد الذي تملكه أو تنظمه الحكومة وليس القطاع الخاص.

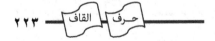

القانون:

مجموعة قواعد مثبتة في دولة معينة لتطبيق الأحكام الواردة في الدستور مثل قانون الانتخابات وقانون العمل.

القصبة:

وردت في المعجم الوسيط الجزء الثاني صفحة ٧٣٧ب: قصبة البلاد : مدينتها ويقصد بها مركز المدينة.

* * * * *

حرف الكــاف

الكارثة:

المحن المفاجئة كالفيضانات والزلازل والأعاصير وتهتم الدراسة الاجتماعية للكوارث بدراسة آثارها على النظام الاجتماعي والسلوك الفردي ومدى تكيفها لهذه الكوارث وشكل التنظيم الاجتماعي الذي يظهر خلال الكارثة وبعد حدوثها.

كارل ماركس:

ولد عام (١٨١٨ م) وتوفي عام (١٨٨٣ م) كان يهوديا ألمانيا متطرفا وأول داعية للثورة الشيوعية فطردته الحكومة البروسية فهاجر إلى فرنسا وهناك أتيحت له الفرصة للاتصال بزميله الكبير في وضع فلسفة الثورة الشيوعية فردريك انجلز ولم يلبث أن طردته فرنسا فذهب إلى لندن وعندما دعته الجمعية الشيوعية في بروكسل إلى وضع أسس الفلسفة الشيوعية فضمنها فيما عرف باسم (المانغستو الشيوعي)،(١٨٤٨ م) فكان أول بيان شيوعي وأطلق عبارته الشهيرة (يا عمال العالم اتحدوا).

الكبت:

هي عملية نفسية لا شعورية تحول دون خروج الأفكار والرغبات المؤلمة أو المحرمة من دائرة اللاشعور إلى نطاق الشعور رغم بقائها حية فعالة في اللاشعور.

الكتاب:

عند ظهور الإسلام ازداد طلب العلم لكتابة ما ينزل على الرسول صلى الله عليه وسلم فكان الناس بحاجة إلى كتب يكتبون عليه كل ذلك، ومن هنا اخترع الكتاب.

كتاب الأنساب:

هو الكتاب الذي يهتم بأنساب الناس، وعاداتهم وتقاليدهم حرصا على طبيعة الفكر القبلي.

كتاب التراجم:

هو العلم الذي يهتم بنقل المعلومات أو ترجمتها من لغتها الأصلية للغة العربية.

كتاب السير والمغازي:

ويقصد بها ما كتب عن سيرة الرسول صلى الله عليه وسلم وغزاوته وأخبار الصحابة والتابعين ومن أشهر الكتاب محمد بن اسحق في كتابه (سيرة الرسول).

الكتابة النبطية:

هو الخط الذي اتخذه المسلمون لكتابة القرآن،وأمتاز بأنه لا يستعمل كثيرا من الحروف المتحركة وبأنه لا يستعمل التاء المربوطة إلا قليلا وهذا سبب ما نجده من غرابة في كتابة بعض الألفاظ مثل (المؤمنت) ورحمت وغيرها.

كتب الفرق الإسلامية:

هي التي تتكلم عن الفرق المختلفة من حيث نشأتها ومذهبها.

الكفاح:

أحد أشكال التفاعل الاجتماعي ويتضمن المنافسة والصراع ويقال الكفاح الطبقي، والكفاح من أجل البقاء.

كفاحي:

كتاب وضعه هتلر وهو في السجن، عندما فشل في محاولة انقلابية فانتهز فرصة عزلته ليسرد مبادئه السياسية، محاولا الخروج بنمط الأيديولوجية النازية، وينقسم الكتاب إلى جزئيين في الجزء الأول، تحدث عن نفسه وحياته، وعن ظروف ألمانيا والشعب والعنصر، وفي الجزء الثاني، تحدث عن أهم الأفكار السياسية التي يطلب إلى الحاكم تبنيها، ويعد الكتاب مرجعا مهما عن النازية، وتعرض الكتاب لمشكلات ألمانيا المعاصرة، محاولا طرح حلول لها، كمشكلة تزايد السكان، كما رسم السياسة الخارجية لألمانيا، وناقش المشكلات الاجتماعية (مزج كفاحي بدستور الأيديولوجية النازية).

الكلاحة:

هي جراحة العين والكحالون هم أطباء العيون.

كلمة التجريبي:

ترجع إلى الكلمة الإغريقية empiria ومعناها التجربة والرتابة والروتين.

كومنولث:

كومنولث كلمة إنجليزية بمعنى الخير العام، ويقصد بها اصطلاحا تنظيم سياسي تشترك فيه عدة دول أو ولايات تهدف إلى تحقيق مصالحها المشتركة، ويطلق عادة في الإشارة إلى الكومنولث البريطاني، كما يطلق على الكومنولث الاسترالي.

الكوميكون:

الكوميكون اسم اصطلاحي يطلق على المنطقة الاقتصادية التي تضم الدولة الاشتراكية أي مجموعة دول الكتلة البشرية، أعلن قيام هذه المنظمة

في عام (١٩٤٩ م) وكانت تتألف من الاتحاد السوفيتي (سابقا)، وتشيكوسلوفاكيا (سابقا) والمجر وبولندا ورومانيا ثم بلغاريا،وحدد ميثاق المنظمة الغرض العام من قيامها في تشجيع وتنسيق العلاقات الاقتصادية بين دول المنظمة وقد كان قيام الكوميكون معاصرا لإعلان مشروع مارشال الأمريكي لتحقيق التعاون بين الدول الغربية وإعادة بناء اقتصادياتها بما تقدمه دولة كالولايات المتحدة من إعانات مالية وعينية، واتسع نطاق عضوية الكوميكون فشملت الدول الاشتراكية الأخرى في أوروبا وفي خارج أوروبا كما سمح بنظام المراقبين في حضور الاجتماعات الدورية.

كونجرس:

كونجرس كلمة إنجليزية بمعنى " مؤتمر " وتطلق على أي اجتماع ذو صفة دولية هامة، كما يطلق الاسم على الهيئات التمثيلية والنيابية، وبصفة أخص على المجلس التشريعي في الولايات المتحدة،وكذلك على المجالس التشريعية الأمريكية الأخرى التي تتألف من مجلسين للنواب والشيوخ.

كونفدرالية:

هي التعاهدية نظام سياسي بمقتضاه تدخل دولتان أو أكثر في اتحاد لغرض تحقيق مصالح مشتركة بينهما،على أن هذا الاتحاد ألتعاهدي لا يخلق دولة جديدة يعترف لها بالشخصية الدولية وتتمتع بحق التمثيل السياسي وبالتالي لا يلغي هذا الاتحاد الشخصيات الدولية لأعضاء الاتحاد كحق ممارسة التمثيل السياسي المستقل وحق الدخول في علاقات دولية مع الدول الأخرى فمن ثم تعتبر الكونفدرالية نظاما اتحاديا فضفاضا على مستوى الأحلاف السياسية والعسكرية التي تنظمها اتفاقات ثنائية أو جماعية بين عدد من الدول.

كيبوتز:

مزرعة جماعية إسرائيلية فيها الملكية الفردية ويتم الإنتاج والتوزيع والتعايش بين أفرادها بطريقة جماعية وقد قل الإقبال أخيرا على هذه المزارع واستبدلوا بها المزارع التعاونية الحديثة.

الكلدانيون الدولة البابلية الثانية ٦٤٦-٥٣٩ ق.م:

الكلدانيون شعب سامي سكن جنوب بلاد الرافدين على شواطئ الخليج العربي، وكانوا يخضعون لحكم الدولة البابلية والآشورية، وأعادوا نشاطهم في أثناء فترة ضعف الدولة الآشورية، واحتلوا بابل وأعادو إعمارها ، ويعد عصر بنوخذ نصر جعل عصر ازدهار الدولة واستقرارها فرمم العمائر والمعابر ، وبنى برج بابل والحدائق المعلقة، وزودها بأنظمة الري وإحياء الزراعة والتجارة، وشق الطرق، ولما ثار اليهود أرسل جيشا ودمر دولتهم وسبى اليهود وأرسلهم إلى بابل وعرف هذا الحدث بالسبي البابلي.

وشملت دولة الكلدانيين بلاد الرافدين وفلسطين وسوريا، وكانت تسيطر على الطرق التجارية، وتعاقب على الحكم بعد وفاة بنوخذ نصر حكام ضعفاء، ثم تعرضت الدولة لغزو قورش الفارسي عام ٥٣٩ ق. م والذي أخضع بابل وأنهى حكم الكلدانيين.

كلفن:

ولد كلفن في فرنسا عام ١٥٠٩م ودرس الإنجيل ووضع نظريته البروتستانتية الخاصة، وفي عام ١٥٣٦م نشر نظريته الدينية في كتاب مبدأ الدين المسيحي، الذي أصبح من أكثر الكتب شعبية في أوروبا وأثر بشكل كبير على جميع المصلحين الأوروبيين.

وانتشر المذهب (الكلفني) في هولندا واسكتلندا التي أصبح سكانها من أكثر المتحمسين لهذا المذهب.

وانتشر المذهب البروتستانتي في إنكلترا بشكل واسع، وعندما تولت اليزابيث الأولى العرش عام ١٥٥٨م عملت على الجمع بين المذهبين البروتستانتي والكاثوليكي، فيما عرف بالمذهب (الإنكليكاني).

الكرادلة:

هي جمع كاردينال والكاردينالية منصب رفيع في الكنيسة الكاثوليكية يصله نخبة قليلة من رجال الدين، وهم يساعدون البابا في إدارة وإرشاد رعايا الكنيسة في أرجاء العالم جميعها.

ومن مسؤوليات الكرادلة انتخاب البابا، في روما التي خضعت لسيطرة البابا والكرادلة الذين عاشوا في الفاتيكان، وشكلوا أغنى الطبقات في المدينة.

الكومونولث:

منظمة سياسية اقتصادية تضم الدول التي كانت خاضعة للاستعمار البريطاني، مثل كندا وأستراليا والهند والباكستان، وغيرها من الدول في آسيا وإفريقيا، وتعقد هذه الدول اجتماعات بصفة دورية لتنسيق سياساتها.

الكونفو شيوسية.

ديانة أهل الصين وهي ترجع إلى الفيلسوف الحكيم كونفوشيوس الذي ظهر في القرن السادس قبل الميلاد داعيا إلى إحياء الطقوس والعادات والتقاليد الدينية التي ورثها الصينيون عن أجدادهم مضيفا إليها من فلسفته وآرائه في الأخلاق والمعاملات والسلوك القديم، إنها تقوم على عبادة إله السماء أو الإله الأعظم، وتقديس الملائكة، وعبادة أرواح الأباء والأجداد.

يعتبر كونفوشيوس المؤسس الحقيقي لهذه العقيدة الصينية، ولد سنة ٥٥١.ق.م في مدينة تسو tsou وهي إحدى مدن مقاطعة لو lu .

أسمه كونج kung وهو اسم القبيلة التي ينتمي إليها، وفوتس futze معناه الرئيس أو الفيلسوف، فهو بذلك رئيس كونج أو فيلسوفها.

تنتشر في الصين وكوريا واليابان وغيرها من دول جنوب شرق أسيا.

كربلاء:

هو المكان الذي استشهد فيه الحسين بن علي بن أبي طالب، رضي الله عنه، ويقع على الطريق البري عند الكوفة في العراق.

كنيسة القيامة:

أمرت ببنائها هيلانة والدة الإمبراطور البيزنطي قسطنطين، وهو بناء كبير يتسع لثمانية آلاف شخص، بنيت بمهارة عالية، وزينت بالرخام الملون والنقوش النفيسة، وتعتبر أكبر كنائس القدس، وتتصف بجمال هندستها الغريبة، وهي تقع وسط المدينة، يحج إليها المسيحيون من الشرق والغرب.

* * * * *

حرف اللام

لاجئ:

هو الشخص الذي يضطر إلى ترك بلده لسبب ما والإقامة ببلد آخر وتعنى بحماية اللاجئين المعاهدة الدولية لتنظيم شؤون اللاجئين الصادرة في (٢٨) يوليو (تموز) سنة (١٩٥١م)، وخاصة وكالة غوث اللاجئين الفلسطينيين التي تعنى بالشعب الفلسطيني للعام (١٩٤٨ م)، والعام (١٩٦٧ م)، في كثير من دول العالم.

اللاعقلانية:

مذهب يؤكد الحدس أو الغريزة أو الشعور أو الأيمان أكثر من توكيده على العقل، أو يقول بأن الكون تسيره قوى غير عاقلة.

اللغة العربية:

هي المميز الأول للشخصية العربية لهذا حاول المستعمر دائما أن يمحو الشخصية العربية بمحو اللغة العربية من أجزاء العالم العربي التي وقعت فريسة لنفوذه وخاصة في المغرب العربي.

لواء الاسكندرونة:

أراضي سورية الأصل، مرفأ طبيعي للتجارة الخارجية لكل من سوريا والعراق أقتطع من قبل فرنسا عام (١٩٣٩ م) وأعطي إلى تركيا.

الليبرالية:

هو مذهب رأسمالي ينادي بالحرية المطلقة في الميدانيين السياسي والاقتصادي، وهو يحترم الناس جميعهم وعقائدهم وتتعارض مع الشيوعية والفاشية في شتى أشكالها.

لابوس ديى:

لابوس ديني هيئة (دينية لا رهبانية) نصرانية كاثوليكية معاصرة، تسعى إلى سيادة التعاليم الإنجيلية والعودة إلى المسيحية الأولى، وذلك وفق ضوابط تنظيمية دقيقة محكمة مع الاستفادة الكاملة من معطيات العصر ـ الحديث، وتتلمس طريقها من خلال السيطرة على النواحي السياسية والاقتصادية والتربوية، واسمها يشمل جمعية الصليب المقدس ومنظمة العمل الإلهي معا.

أسس هذه المنظمة القس خوسيه ماريا اسكريفا في إسبانيا وذلك في ٢ أكتوبر عام ١٩٢٨م، وهو يزعم بأنه قد اختير لهذه المهمة بوحي إلهي وذلك كي يضفي على هذا التأسيس هالة من التقديس.

في عام ١٩٣٠م تم تأسيس الفرع النسائي للمنظمة على نفس نمط الفرع الرجالي تنظيما وانتشارا.

منتشرة في أكثر من خمسين دولة في العالم.

الليونز:

إنها مجموعة نواد ذات طابع خيري اجتماعي في الظاهر، لكنها لا تعدو أن تكون واحدة من المنظمات التابعة للماسونية التي تديرها أصابع يهودية بغية إفساد العالم وإحكام السيطرة عليه.

ويعتبر مؤسس هذه النوادي ملفن جونس الذي دعا في صيف عام ١٩١٥م إلى فكرة إنشاء نواد تضم رجال الأعمال في مختلف أنحاء الولايات المتحدة، وكان أول ناد تأسس من هذا النوع في مدينة سانت أنطوانيو تكساس.

وفي مايو ١٩١٧م ظهرت المنظمة العالمية لنوادي الليونز إلى الوجود وقد عقدت اجتماعها الأول في شيكاغو حيث أقدم نوادي الروتاري هناك.

يعتقد بعض الدارسين بأن هذا النادي تابع لنوادي بناي برث أي (أبناء العهد) الذي تأسس في ١٨٣٤/١٠/١٣م في مدينة نيويورك تنتشر في أمريكا وأروبا وفي كثير من بلدان العالم.

ومركزها الرئيسي الحالي في أوك بروك بولاية الينوي في الولايات المتحدة الأمريكية.

اللبان والمر:

اللبان مادة تخرج من شجر اللبان عندما تجرح الشجرة، فيسيل صمغها ببطء، ويتجمد عند ملامسته الهواء، وبعد أن تجف يجمع في أكياس لتصديره، وكان اللبان مادة إساسية مطلوبة في العالم القديم، إذ يستعمل بكثرة عند تقديم النذور للآلهة.

وكان المر يستعمل في تحنيط الموتى قبل الدفن، وفي تحضير بعض الأدوية القديمة، ولذلك كان عليها إقبال شديد في بلاد ما بين النهرين (العراق) وبلاد الشام، وبلاد النيل.

* * * * *

حرف الميـم

مؤتمر:

في الاصطلاح السياسي اجتماع للتشاور، أو لمعالجة شأن من الشؤون التي لا نستطيع حلها إلا بالمفاوضة والاتصال الشخصي، فإذا كان هذا شأن يعني هيئات ومنظمات داخلية أعتبر المؤتمر وطنيا، أما إذا كان يمثل مصالح عدد من الدول اعتبر المؤتمر دوليا.

مؤتمر أكسرا:

عقد في ١٨/من إبريل عام / ١٩٥١م بمدينة أكسرا عاصمة غانا اشتركت فيه الدول الإفريقية المستقلة حينذاك فشاركت فيه مصر والمغرب والسودان وليبيا وهذا المؤتمر جاء توكيدا للمبادئ التي أقرها مؤتمر باندونغ.

مؤتمر بال:

هو المؤتمر الصهيوني الأول عام ١٨٩٧ م في مدينة " بال " في سويسرا برئاسة ثيودورهرتزل وحضور (٢٠٠) عضو من مختلف دول أوروبا حيث تم وضع الصيغة النهائية لدستور العمل للحركة الصهيونية.

مؤتمر سان ريمو عام (١٩٢٠):

هو المؤتمر الذي قرر فيه الحلفاء تقسيم بلاد الشام والعراق بين الانتداب البريطاني والفرنسي، إذ خضعت سوريا ولبنان للانتداب الفرنسي- بينما خضعت شرق الأردن وفلسطين والعراق للانتداب البريطاني.

المؤسسون:

هم الشعوب الآرية ووصفهم هتلر بأنها مؤسسة الحضارة وصاحبة الفضل على المدنيات.

المادة التاريخية:

نظرية تفسر التاريخ تفسيرا ماديا، وطبقا لهذه النظرية فإن الإنسان منتج اجتماعي لوسائل عيشه والإنتاج الاجتماعي يتضمن علاقات اجتماعية معينة تتوقف صفتها على درجة تطور القوى الإنتاجية والاجتماعية هذه العلاقات الاجتماعية تشكل البنيان الاقتصادي للمجتمع الذي يقام فوقه بنيان علوي من الأنظمة والمؤسسات السياسية والقانونية.

الماركسية:

هي المدرسة الكبرى للفكر الاشتراكي التي تنسب لكارل ماركس والتي ضمنها البيان (أو المانيفوستو) اليسوعي، الذي أصدره مع زميله أنجلز عام (١٨٤٧ م) كما ضمنها مؤلفه الكبير رأس المال الذي صدر الجزء الأول منه عام (١٨٧١ م) وتعرف الماركسية المعتدلة أو المتطرفة أو الاشتراكية الثورية مميزا لها عن مدارس الاشتراكية المعتدلة أو الإصلاحية، كما تعرف الماركسية بالاشتراكية العلمية تمييزا لها عن مدارس الاشتراكية المثالية الخيالية، لأنها حصيلة لدراسة استقرائية عن النظم الاجتماعية والاقتصادية والسياسية التي كانت قائمة ومتابعة لتطورها، فمن ثم كانت الماركسية مذهبا له صفته السياسية كما أن له الصفة الاقتصادية التي يقوم عليها.

ماسونية:

منظمة دولية تعرف باسم " جماعة البنائين الأحرار "، وهي ذات شعارات ومبادئ بعضها منشور ومتداول، وبعضها يحيط به السرية والإبهام، إلا بالنسبة لأعضائها وللخاصة من هؤلاء الأعضاء، فضلا عن السرية التي تحيط بطقوسها واجتماعاتها، نشأت الماسونية في أوروبا خلال القرون الوسطى دون أن يقرر المؤرخون لها تاريخا محددا من حيث الزمان والمكان كما أن الغموض يحيط باسمها " فالماسون " أو البناءون يقصد بهم بناة هيكل سليمان من اليهود

الذين عادوا من بابل بعد السبي، وهم يحملون المحارة للبناء في يد والسيف في اليد الأخرى، لهذا ارتبطت الماسونية باليهودية العالمية أو الصهيونية، وأقيمت المحافل الماسونية في إنجلترا وفرنسا وألمانيا وغيرها وانتقلت إلى الولايات المتحدة، كما انتقلت بالنسبة إلى المستعمرات، وانضمت هذه المحافل إلى الجمعيات المحلية في تنظيم.

ما قبل التاريخ:

العصر الذي يبدأ بظهور الإنسان على الأرض يستمر حتى يبدأ التاريخ المكتوب ويؤرخ هذا العصر من واقع دراسة المخلفات المادية للإنسان.

المبادأة:

قيام الفرد مدفوعا بنزعة استقلالية ببدء عمل أو سلسلة من الأعمال وخاصة في المجال الاجتماعي مع الابتكار وقد تكون المبادأة من الإلحاح إلى الحد الذي يركز فيها الإنسان كل طاقته لتحقيق غاية بعينها ويراها حيوية بالنسبة له لا مناص من التمسك بها والعمل على بلوغها حتى لو بذل في ذلك ذاته.

المبدأ:

القاعدة أو المعيار فيقال مبادئ دينية أي معايير دينية ومبادئ فيزيقية ومبادئ منطقية ومبادئ العلم، ويقال المبادئ الكلية أو الجامعة للتعميمات الأساسية التي تستخدم لتفسير التفاعل الإنساني والثقافة والنظريات العامة كمبدأ الاستمرار ومبدأ التطور ومبدأ الانتشار.

المترجمون:

هو الكاتب أو الشخص الذي يترجم كتابا من لغة أجنبية إلى لغة عربية.

المثالية:

اشتقت كلمة المثالية Idealism من كلمة Idea" ومعناها الفكرة " أما المعنى الفلسفي فهو أن حقيقة الأشياء لا تتمثل إلا في أفكارنا عنها، فهي ليست موجودة بشكل متصل عن إدراكنا ابرز فلاسفة المثالية أفلاطون حيث يقول أن هناك عالمين عالم الحقيقة وعالم الخيال أو عالم المعقول وعالم المحسوس.

مجتمع:

هي جماعة من الناس يعيشون معا في منطقة معينة وتجمع بينهم ثقافة مشتركة ومختلفة عن غيرها وشعور بالوحدة كما ينظرون إلى أنفسهم ككيان متميز ويتميز المجتمع كتجمع الجماعات ببنيان من الأدوار المتصلة ببعضها والتي تتبع في سلوكها المعايير الاجتماعية ويتضمن المجتمع جميع النظم الاجتماعية الأساسية الضرورية لمواجهة الحاجات البشرية الأساسية وهو مستقل لا بمعنى اكتفائه الذاتي التام اقتصاديا ولكن بمعنى شموله لجميع الأشكال التنظيمية الضرورية لبقائه.

مجتمع الاستهلاك:

وهو المجتمع الذي يتكون نتيجة للزيادة الملحوظة والمستمرة في الدخل إذ تزداد قدرات الأفراد الشرائية ويزداد ميلهم إلى الاستهلاك ويرتفع الطلب على السلع والخدمات.

المجتمع البسيط:

المجتمع الفطري حيث ينتمي أفراده إلى جماعة واحدة ويتصرفون تصرفات متشابهة كالمجتمع الريفي، ونظرا لتشابه الأفراد يقوم بينهم تضامن ميكانيكي.

المجتمع البدائي:

مصطلح انتروبولوجي يطلق على المجتمعات الصغيرة الحجم القليلة السكان نسبيا والتي تقيم في مساحة محدودة وتمتاز بسذاجة تكونها الآلية وبساطة حياتها الاقتصادية وقلة التخصص في الوظائف الاجتماعية وعدم وجود توسع في العمل أو تراث أو آداب أو لغة مكتوبة أو تاريخ مدون.

المجتمع الريفي:

هو المجتمع الذي يعيش على مستوى تنظيمي منخفض ونجده عند فلاحي الأرض والرعاة وصيادي الحيوانات وصيادي الأسماك، ويفهم عادة كمقابل للمجتمع الحضري ويتميز المجتمع الريفي بسيطرة للحرف الزراعية وبالعلاقة الوثيقة بين الناس ويصغر حجم تجمعاته الاجتماعية وبالتخلخل السكاني النسبي وبدرجة عالية من التجانس الاجتماعي وضآلة التمييز والتدرج الداخليين وضآلة الحراك الاجتماعي الرأسي والوظيفي عند السكان.

المجتمع الشعبي أو(الشعب):

يعني مصطلح (الشعب) في الانثولوجيا عامة الناس الذين يشتركون في رصيد أساسي من التراث القديم ويرتبطون بمصالح مشتركة، كما يقصد بالشعب بنوع خاص القطاع الطبقي الأدنى الذي يحتفظ بالعادات والتقاليد القديمة.

المجتمع الصناعي:

وهو مجتمع حضري يعيش معظمه في المدن ويعمل في قطاع الصناعة والخدمات وهو ذو دخل مرتفع وعدد أفراد الأسرة فيه متدن ويستخدم الآلات المتقدمة بشكل واسع ويتميز بالإنتاج الصناعي ويتيح فرص التدريب المتخصص على العمل وذلك من أجل تحقيق متطلبات المواطن.

 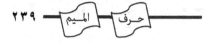

مجتمع طبقي:

المجتمع الذي يوجد به تمايز بين الطبقات الاجتماعية أي تبلور طبقي وتتميز كل طبقة ببعض الاتجاهات المتميزة وكذا القيم والصفات الثقافية الأخرى ومن ثم تكون ثقافة فرعية في نطاق ثقافة المجتمع الشاملة.

المجتمع العربي الإسلامي:

مجتمع يتكون من عدة طوائف تختلف باختلاف أحوالها وأقدارها الاجتماعية وهم:

١ - الحكام.

٢ - الفقهاء والأدباء والعلماء.

٣ - التجار.

٤ -الفلاحون.

٥ -الصناع.

الموالي والرقيق.

المجتمع اللاطبقي:

المجتمع غير المنقسم إلى طبقات ولا تظهر فيه بوضوح أية طبقة من الطبقات الاجتماعية كما أنه يتميز بضعف الوعي الطبقي وانخفاض التبلور الطبقي وكذلك لا تسود هذا المجتمع ثقافات فرعية قائمة على أساس الطبقات الاجتماعية

المجتمع المحلي:

مجموعة من الناس الذين يقيمون عادة على رقعة معينة من الأرض تربطهم علاقات دائمة نسبيا وليست من النوع العارض المؤقت لهم ونشاط منظم وفق

قواعد وأساليب وأنماط متعارف عليها وتسود بينهم روح حميمة تشعرهم بأن كلا منهم ينتمي لهذا المجتمع.

المجتمع المركب:

المجتمع الذي يضم عدة جماعات ينتمي الفرد إليها، فهو عضو في ناد أو في جمعية تعاونية أو نقابة عمالية يتصرف تصرفات متباينة تختلف باختلاف كل جماعة ونظرا لانتشار التخصص في العمل يقوم بين الأفراد تضامن عضوي.

مجتمع النفط:

هو لفظ يطلق على المجتمعات التي ظهر فيها النفط وأدى إلى تطورها من النواحي الاقتصادية والثقافية والاجتماعية.

المجلدون:

هم جماعة من الحرفين تخصصوا في فن تجليد وزخرفة الكتب، تمتاز بالمظهر الأنيق والشكل المقبول.

مجلس تأسيسي:

مجموعة من الأفراد يجتمعون مع برنامج محدد يبدأون به عمل مسارمعين.

مجلس الأمن:

هو أحد أجهزة منظمة الأمم المتحدة ويتكون من خمسة عشر عضوا ومنهم خمس دول دائمة العضوية ويتمتعون بحق العضوية (الفيتو) ومن عشرة أعضاء آخرين غير دائمين وتنتخبهم الجمعية العامة من أعضائها لمدة عامين لا يتمتعون بحق نقض للفيتو.

مجلس الشورى:

مجلس يتكون من كبار رجال القبيلة ووجوهها، وكان هذا المجلس ينتخب شيخ القبيلة الذي يراعي في اختياره كبر السن والكرم والشجاعة.

مجلس طبقات الأمة:

هو مجلس يتكون من إشراف ورجال الكنيسة والأمراء وخاصة في فرنسا.

مجلس العموم البريطاني:

هو الذي يمثل الشعب وله السلطة الفعلية في حين أن الملك الإنجليزي يملك ولا يحكم.

مجلس نيابي:

هم مجموعة من النواب الذين انتخبوا من الشعب لتنفيذ مصالحهم لدى السلطة التنفيذية.

مجلس الوصاية:

مجلس يؤلف في الدولة الملكية في حالة وفاة الملك الشرعي،وعدم وجود من يخلفه، أو في حالة عدم بلوغ ولي العهد سن الرشد،ويتألف المجلس من عدد من الأعضاء بينهم في العادة بعض الأمراء من البيت المالك،ويكون رئيس المجلس من الأسرة الملكية، وأشير إلى المجلس في المادة (٥٥) من الدستور عام (١٩٢٣ م) بقوله " من وقت وفاة الملك إلى أن يؤدي خلفه أوصياء العرش اليمين ٠٠٠٠ الخ.

المجلس الوطني:

اسم أطلق منذ عام (١٩٢١م) على البرلمان التركي الذي يعرف أبان عصر السلطة باسم مجلس المبعوثان، تألف هذا المجلس على أساس دستور وضعته

الجمعية الوطنية التي جعلت أنقره عاصمة لها بعد انشقاق الوطنين بزعامة " مصطفى كمال " عن الحكومة المركزية باسطنبول، والتي كانت واقعة تحت النفوذ والحماية الأجنبية.

المجموعة التجريبية:

المجموعة التجريبية في منهاج البحث مجموعة من الأفراد المعرضين للعامل موضوع التجربة المتصلة بالظاهرة موضوع البحث والذي يتوقع الباحث أن يعكس أداؤهم تأثير هذا العامل وإذا اقتصر البحث على هذه المجموعة تكون نتائجها محل نقص، لذلك يتم الالتجاء، عادة إلى مجموعة ضابطه مماثلة قدر الإمكان للمجموعة التجريبية.

محافظات:

وحدة إدارية كبرى ينقسم إليها الإقليم، وكانت المحافظات في مصر تطلق على المحافظات الحفرية، وكانت تشمل القاهرة الإسكندرية، بورسعيد والسويس، ثم محافظات الحدود تمييزا لها عن الوحدات الريفية وتعرف باسم المديريات،وعمم استخدام لفظ المحافظة فشمل الوحدات الحفرية والريفية والصحراوية على السواء، وبلغ عدد المحافظات المصرية (٢٥) محافظة منها (٤) حفرية، القاهرة الإسكندرية، بور سعيد والسويس و (٧) بالوجه البحري وهي: دمياط والدقهلية، والشرقي، والقليوبية، وكفرالشيخ، والغربية، والمنوفية، والبحيرة، والإسماعيلية، و(٨) بالوجه القبلي وهي الجيزة، وبني سويف، والفيوم، وآلمينا، وأسيوط، وسوهاج، قنا وأسوان، و(٤) صحراوية البحر الأحمر، والوادي الجديد، ومطروح وسيناء.

محاكم التفتيش:

هي محكمة مكونة من رجال الدين الكاثوليك مهمتها محاكمة ومعاقبة من يعارض أراء الكنيسة الكاثوليكية أو يتمرد عليها.

المحسوبية:

إسناد المناصب والمراكز ومنح العقود وتوزيع الأجور والامتيازات الأخرى ليس على أساس جداره وكفاءة المعين بل على أساس الارتباطات الحزبية وذلك لتدعيم تنظيم الحزب السياسي وأجهزته وتختلف المحسوبية عن محاباة الأقارب التي تعني منح المناصب على أساس الصلات الأسرية وليس على أساس الخدمات الحزبية أو الجدارة.

المحللات:

كائنات حية تعيش في التربة على المادة العضوية وتقوم بتحليلها إلى مواد بسيطة التركيب.

محمد علي باشا (١٧٦٩ ـ ١٨٤٩ م):

ولد في مدينة قوله، وهو من أصل الباني،اشتغل بالتجارة، ثم عين ضابطا في الجيش الألباني العثماني، ودخل مصر مع الجيش العثماني الذي جاء لطرد الفرنسيين عن مصر، أثر حملة نابليون، وتمكن بما أثبته من دراية عسكرية أن يصبح قائد الجيش في مصر، ثم وصل إلى السلطة بعد أن تغلب على قادة المماليك وأنصار العثمانيين وعملاء الإنجليز وأختاره المصريون واليا عليهم.

المد الإسلامي:

يقصد به تتبع انتشار الدعوة الإسلامية وامتدادها في كل بلد دخلته حتى تحولت الحياة في ذلك البلد إلى حياة إسلامية في جميع جوانبها.

مدائن صالح:

مدينة نبطية منحوتة في الصخر، تقع في منطقة الحجر في المملكة العربية السعودية ومن المدن الرومانية العشر (الديكابولس).

المدن الرومانية العشر (الديكابولس):

حلف أقامته الدول الرومانية لمنع الطامعين من مهاجمة (غـزو) أحـد هـذه المـدن وهـي (جرش، طبقة فحل، أيلا) بيسان، القويلبـة (ابـيلا) عـمان، ودمشـق، وقلعـة الحصـن، وقنـوات، وديوم، رافتا، ومدينتين غير معروفتين حتى الآن.

المدنية أو الحضارة:

هي المدنية ضد البداوة، وتقال الهمجية والوحشية وهي مرحلة سامية في مراحل التطور الإنساني تتمثل في إحراز التقدم في ميـادين الحيـاة والعلاقـات الاجتماعيـة وفي مظـاهر الرقـي العلمي والفني والأدبي التي تنتقل في المجتمع من جيل إلى جيل.

المديونية:

حالة كون الفرد مدينا، والدين المطلوب من المـرء حـق لغيره عليه وهـو واجـب الوفـاء، ويقابل الدين المطلوب من المرء الدين المطلوب له، ويحمـي القـانون أجـور العـمال المـدنيين في حالة الحجز عليها بتحديد نسبة معينة من الأجر للقدر الذي يجوز الحجز عليه

المذهب:

هو مجموعة من الآراء والنظريات العلمية والفلسفية أرتبط بعضها ببعض ارتباطا يجعلها وحدة منسقة.

مذهب التصوف:

المذهب القائل أن الحقيقـة النهائيـة تبلـغ عـن طريـق الحـدس لا عـن طريـق العقـل أو التجربة الحسية المعتادة وبأن المعرفة المباشرة بالله أو الحقيقة الروحية يمكن أن تتم للمرء عـن طريـق التأمـل أو الرؤيـا أو الشـعور البـاطني بطريقـة تختلـف عـن الإدراك الحسي ـ العـادي أو اصطناع التفكير المنطقي، ويمارس

التصوف عن طريق التقشف والزهد والتخلي عن الرذائل والتحلي بالفضائل لتزكي النفس وتسمو الروح، وهو حالة نفسية يشعر بأنه على اتصال بمبدأ أعلى.

المذهب الحسي:

وهو المذهب القائل بأن مصدر المعرفة هو الحواس وحدها وأنها هي الحكم الوحيد في قيمة هذه المعرفة كما يقصد به أن إشباع الحواس هو الخير الأسمى.

مذهب السفسطة:

ظهر السوفسطائيون في العهود اليونانية القديمة في وقت قويت فيه الديمقراطية وكثرت الخصومات القضائية والسياسية ومست الحاجة إلى تعلم الخطابة للدفاع عن حق أو تأييد عرض فتقدم السوفسطائيون ليعلموا الناس البيان وأساليب الجدل ولكنهم أساءوا استعمال الجدل وأصبحوا مغالطين ومعلمي مغالطة فتحول اللفظ تبعا لذلك، كان السوفسطائيون يعارضون المذاهب الفلسفية بعضها ببعض وينتقدون حجج أحدها بحجج الآخر دون أن يشتغلوا هم بالفلسفة ويعارضون العقائد والأخلاق والعادات بعضها ببعض عند مختلف الشعوب فأذاعوا الشك والإلحاد وتطلق السفسطة في المنطق على القياس الذي تكون مقدماته صحيحة ونتائجة كاذبة بقصد خداع الخصم وإسكاته.

المذهب العقلي:

١ . يقصد بالمدلول العام لهذا الاصطلاح أي كل ما هو موجود مردود إلى مبادئ عقلية.

٢ . ويقصد بالمدلول الخاص الاعتداء بالعقل ضد الدين بمعنى عدم تقبل المعاني إلا إذا كانت مطابقة للمبادئ المنطقية.

مذهب الكثرة (التعددية):

١ . هو المذهب الذي يرد الكون إلى ماهيات متعددة ولا ترجع إلى مبدأ واحد ويدع مستقبل العالم، ويحتمل إمكانيات عـدة يتوقـف تحقيقهـا علـى فصـل الكائنـات التـي تقـرر مصيره،ويقابله مذهب الوحدوية، الذي يرد الكون كله إلى مبدأ واحد كالروح أو الطبيعـة الواحدة.

٢ . التعددية السياسية , تعني وجود أكثر من حزب يتنافس للوصول إلى إدارة شـؤون الدولة، أو المشاركة بذلك وفق البرامج المعلنة المستندة إلى مصلحة الشعب ورفاهيته.

مذهب المنفعة:

في علم الأخلاق يجعل من نفع الفرد المجموع مقياسا للسلوك ويرى أن الخير الأسمى هو تحقيق أكبر سعادة لأكبر عدد من الناس.

المذهب الواقعي أو الواقعية:

المذهب الذي يجعل للواقع المادي المحسوس الاعتبار الأول ويـرى أن المفاهيم المجـردة ليس لها وجود حقيقي وفي علم الاجتماع يقترن هذا المذهب بالاتجـاه الـذي يـرى أن المفـاهيم المختلفة كالمجتمع والثقافة والجماعة والقيمة .... الخ. تشير إلى كيان موجود ويمكن فحصة مـن الناحية الواقعية، والواقعية في الأدب هي محاولة دراسة واقع الإنسان وتحسين حالة عن طريـق الكشف عن حقيقة كشفا موضوعيا.

مرتزقة:

اسم يطلق على طبقة من المحاربين المحترفين الذين يقدمون خدماتهم لمن يطلبها في نظير أجر معين، دون اعتبارات خلقية أو قومية، واستخدام المرتزقة في الحرب معروف منـذ عهـود قديمة، وقد برز بصفة خاصة في ظل الإمبراطورية الرومانية التي كانت تستخدم البرابرة كالهون والسلاف والجرمان في

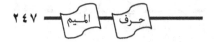

حروبها، وكان ذلك من أسباب انهيار هذه الإمبراطورية، كما أن استخدام المرتزقة كان شائعا أبان القرون الوسطى في الشرق والغرب حتى في الحروب الدينية بين المسيحيين فكان الفرنسيون البروتستانت ليستأجرون الألمان والإنجليز لحرب الفرنسيين الكاثوليك.

المراجع:

هي الكتب والمقالات التي نقلت عن المصادر وإذا ما وجد الغالب في المرجع نصا مقتبسا عن مصدر فإن عليه أن يرجع إلى المصدر الأصلي ليتحقق من وجود النص ودقته فبعض هذه الاقتباسات يكون محرفا أو مجتزأ بحيث أدى الاجتزاء إلى تغير معناه وتتركز قيمة المراجع في التحليلات التي تقدمها لمادة المصادر، وتعتبر مكتوبة من زاوية مفيدة أو مذهب سياسي أو اقتصادي أو اجتماعي معين.

المزاج:

وهي الطريقة التي يستجيب بها الفرد للمثيرات المختلفة طبقا لصفاته الجسمية والنفسية والتي تمتد بفعل التأثيرات الكيميائية لعمليات الهدم والبناء في الجسم وهي تأثيرات تنال النشاط العام للمخ أو الجهاز العصبي ومن هذه الصفات القابلة للتعب والانبساط والنشاط والانطواء.

مساواة:

هو عدم التمييز بين أفراد المجتمع بغض النظر عن الأصول والأنساب، والعمل هو الذي يميز.

المستأمنون:

هم التجار الأجانب من غير المسلمين الذين سمح لهم بالإقامة في الإمبراطورية العثمانية واعتراف الدولة بهم كطوائف أو ملل تطبق شرائعها الخاصة بهم.

مستعمرة:

المستعمرات في أقاليم ليست لها الشخصية الدولية وفرض عليها مظاهر السيادة الداخلية والخارجية، وهذه المستعمرات قد تكون في الأصل أقاليم غير مسكونة بشعوبها الوطنية ووضعت الدولة المستعمرة يديها عليها بالاستيلاء أو بالفتح العسكري ضد أرادة شعوبها.

مستعمرة استقلالية:

هي المستعمرة التي تحاول الدول الاستعمارية نشر لغتها وثقافتها وتعميمها بين أفراد هذه المستعمرة لتهيئتها لنقل المهاجرين إليها لخلق مصالح لها فيها واستغلالها فيما بعد.

المشاركة:

تفاعل الفرد عقليا وانفعاليا في موقف الجماعة بطريقة تشجعه على المساهمة في تحقيق أهداف الجماعة والمشاركة في تحمل المسؤولية.

المشكلات الاجتماعية:

هي المفارقات ما بين المستويات المرغوبة والظروف الواقعية فهي مشكلات بمعنى أنها تمثل اضطرابا وتعطيلا لسير الأمور بطريقة مرغوبة كما يحددها القائمون بدراسة المجتمع، وتتصل المشكلات الاجتماعية بالمسائل ذات الصفة الحميمة التي تشمل عددا من أفراد المجتمع بحيث تحول دون قيامهم بأدوارهم الاجتماعية وفق الإطار العام المتفق عليه والذي يتمشى مع المستوى المألوف للجماعة عادة تكون المشكلة الاجتماعية ذات تأثير معوق لأحد النظم الاجتماعية الأساسية كما في حالة البطالة وتشرد الأحداث وغيرها.

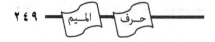

المشكلة:

ظاهرة تتكون من عدة أحداث ووقائع متشابكة وممتزجة بعضها بالبعض في فترة من الوقت ويكتنفها الغموض اللبس تواجه الفرد أو الجماعة ويصعب حلها قبل معرفة أسبابها والظروف المحيطة بها وتحليلها للوصول إلى اتخاذ قرار بشأنها.

المصدر:

اسم يطلق على الكتب أو الوثائق التي عالجت الموضوع لأول مرة ومن الأمثلة عليها المخطوطات وثائق الدول المذكرات الشخصية، والرسائل الشخصية، والمقابلات، ومؤلفات المفكر أو الأديب أو العالم نفسه.

المعاصرة:

هي مسايرة روح العصر وفهم الحاضر والتطلع إلى المستقبل.

المعاهدة:

١ . في القانون الدولي هو عقد قانوني تبرمه دولتان أو أكثر للاتفاق على تنظيم علاقة معينة، وتمر المعاهدة بأدوار مختلفة تبدأ بالمفاوضة ثم التوقيع ثم التصديق وهناك أنواع: معاهدة ثنائية وهي اتفاق طرفان دولتان، ومعاهدة جماعية وهي اتفاق بين أكثر من دولتين.

٢ . في الاصطلاح السياسي اتفاقية تبرم بين دولتين أو أكثر وتتم بالتراضي وتنشأ علاقة قانونية معينة بين أطراف الاتفاقية،ويغلب عليها الطابع السياسي، فالمعاهدة بهذا المعنى وثيقة رسمية دولية، إذ يشترط في أطراف المعاهدة أن تمثل دولا لها الشخصية القانونية أو منظمات معترفا بها.

المعتزلة:

هم فرقة إسلامية ظهرت للدفاع عن الإسلام عن طريق الحجة والمنطق، ويعتبر " واصل بن عطاء " زعيمهم والسبب في تسميتهم بهذا الاسم يعود إلى اعتزال واصل بن عطاء مجلس الحسن البصري، فسموا بالمعتزلة.

معركة عين جالوت (١٢٦٠ م):

تقدم المغول نحو الشام وسلمت لهم مدنها مثل حلب ودمشق وعاد هولاكو إلى بلاده، وتولى قائده (كتبغا) قيادة المغول وأرسل إلى سلطان مصر المملوكي (قطز) يهدده ويتوعده ويأمره بالتسليم، فرد سلطان مصر على إنذار المغول بقتل رسلهم وكان هذا إعلانا للحرب وتقدم الجيش الإسلامي إلى فلسطين يقوده قطز، وكان من قواده بيبرس، فهزم المغول هزيمة منكرة في معركة (عين جالوت) قرب بيسان.

معركة القادسية:

وقعت سنة (٦٣٥ م) بين النجف والكوفة حاليا، وكانت قيادة الجيش الفارسي بيد رستم والمسلمين بقيادة سعد بن أبي وقاص رضي الله عنه وكان النصر حليف المسلمين بعد أربعة أيام من المعارك، وفتح المسلمون بعد المعركة (المدائن عاصمة دولة الفرس) الساسانيين.

معركة نهاوند (م٦٤٢):

وقعت هذه المعركة الفاصلة في عهد الخليفة عمر بن الخطاب رضي الله عنه في موقع همدان (قرب طهران اليوم) وقد انتصر فيها المسلمون بقيادة (حذيفة بن اليمان) الذي تسلم القيادة من النعمان بن مقرن) الذي استشهد في بداية المعركة وقد سقط على أثر هذه المعركة بلال فارس في يد المسلمين.

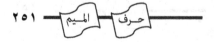

معركة اليرموك:

وقعت سنة (٦٣٤ م) بين المسلمين والروم وكان عدد الروم يزيد عن(١٠٠) ألف بقيادة (ماهان الأرمني) والقائد الأعلى هرقل والمسلين بقيادة خالد بن الوليد رضي الله عنه حيث نظم الجيش تنظيما مدهشا على كراديس جناحين وقلب ومقدمة وانتصر فيها المسلمين.

المعرفة:

هي الوصول للحقيقة عن طريق الحواس المختلفة والعقل.

المعيار الخلقي:

هي محكمة العدل العليا لفض المنازعات حين تتضارب المصالح الشخصية.

المفهوم:

يقصد في المنطق بمفهوم اللفظ الصفات التي إذا وجدت في فرد من الأفراد استحق أن يطلق عليه اللفظ، والتي إذا لم توجد في فرد لا يطلق عليه اللفظ، وبعبارة أخرى تدخل في مفهوم اللفظ الصفات الأساسية التي تدخل في تعريف الأشياء وتصنيفها، والتمييز بينها وبين غيرها.

مفهوم التدريب:

الإجراءات والنشاطات التي يوجه المعلم بواسطتها طلابه للحصول على المعرفة.

المقابلة:

هي استبيان شفوي يقوم من خلاله الباحث بجمع معلومات وبيانات شفوية من المفحوص،والفرق بين المقابلة والاستبيان يتمثل في أن المفحوص هو الذي يكتب الإجابة على أسئلة الاستبيان بينما يكتب الباحث بنفسه إجابات المفحوص في المقابلة.

المقاطعة:

وسيلة من وسائل الضغط الجماعي، والغرض منها الامتناع عن التعامل اجتماعيا أو اقتصاديا مع شخص أو جماعة ما وإبراز لروح السخط وعدم الرضا، ومن ثم كانت المقاطعة لاسيما في المجال السياسي سلاحا من أسلحة المقاومة السلبية.

المقاومة:

من الناحية السياسية رفض الأوامر وصد القوة وقد تكون المقاومة سلبية وهي المقاومة التي لا تقوم على العنف والمقاومة السليمة أي رفض التعاون، والمقاومة من الناحية السيكولوجية عبارة عن معارضة غريزية بالمعنى الديناميكي لأية محاولة لنقل موضوع من اللاشعور إلى الشعور أو إلى تجريد اللاشعور وبذلك يستبعد الشعور الموضوعات المكبوتة أو الميول التي تكدر (انظر القهر).

المكان:

هو البيئة بما فيها الكائن الحي في لحظة معينة ولذلك فهو أوسع دلالة من البيئة إذ يتضمن المنبهات الداخلية والخارجية معا.

المكتبات الخاصة:

هي مكتبات خاصة للخلفاء والأدباء موجودة في قصورهم حيث كانت وسيلة لجلب العلماء والباحثين في تأليف كتبهم المختلفة.

المكتبات العامة:

هي مكتبات خضعت لعامة الناس من مختلف أعمالهم وثقافتهم،وكانت تشاد بعراقة معينة تلائم الهدف الذي أنشئت من أجله.

الملاحظة:

هي وسيلة يستخدمها الإنسان العادي في اكتسابها بخبراته ومعلوماته، حيث تجمع خبراتنا من خلال ما نشاهده، أو نسمع عنه، ولكن الباحث حين يلاحظ فأنه يتبع منهجا معينا، يجعل من ملاحظاته أساسا لمعرفة واعية، أو فهم دقيق لظاهرة معينة وهي أداة من أدوات جمع الحقائق والمعلومات (البيانات).

الملكية:

من الناحية القانونية حق حيازة شيء ما والانتفاع به والتصرف فيه على أن حق الملكية قد تلحق مداه بعض القيود الإدارية والمدنية، وقد تكون الملكية عامة أي مخصصة لمنفعة العامة على السواء كما قد تكون الملكية خاصة وهي ما يملكه الأفراد من الأموال الخاصة، كما قد تكون الملكية مادية هي الأشياء المادية كالأراضي والعقارات والسلع وقد تكون الملكية معنوية كالأموال التي لا تدرك إلا بالتصور كالمؤلفات، المخترعات وسائر الحقوق الشخصية.

الملكية الجماعية لوسائل الإنتاج:

هو قيام النظام الرأسمالي على الملكية الجماعية، أي ملكية المجتمع لوسائل الإنتاج بحيث يكون عائدا للمجتمع كله.

المماليك:

وهو المملوك عبد يباع ويشترى غير أن التسمية اقتصرت في معظم الدول الإسلامية المتأخرة على فئة من الرقيق الأبيض (العبد ذو اللون الأبيض تميزأ لهم عن العبيد السود والزنوج) يشتريهم الحكام من أسواق النخاسة (بيع الرقيق) لتكوين فرق عسكرية في أيام السلم وأضافتها إلى الجيش العام أيام الحرب ثم أصبح المملوك الأداة الحربية الوحيدة في بعض الدول مثل دولة

المماليك في مصر والشام عام (١٢٥٠م) التي امتد حكمها إلى عام (١٥١٧م) حتى قضى عليها السلطان سليم العثماني.

وهناك المماليك البحرية نسبة إلى بحيرة النيل بالغرب من مدينة القاهرة وحكموا في الفترة ما بين (١٢٥٠ ١٣٨٢ م) التي سيطر عليها العنصر التركي مثل سيف الدين قطز والمماليك البرجية وتشبه برج قلعة القاهرة مقر إقامتهم حكموا ما بين(١٣٨٢ ١٥١٧ م) ومنهم برقوق وقانصوه الغوري ولقد تصدى هؤلاء المماليك للمغول وانتصروا عليهم في معركة عين جالوت.

مملكة:

دولة تامة السيادة تكون الرئاسة متوارثة فيها وقد أدى تطور التفكير الديمقراطي إلى زوال النظام الملكي كأحد أشكال الحكم المتوراث.

مناخ الآراء:

أي النظريات والمعتقدات التي تسود جماعة ما في فترة معينة من الزمن فتؤثر في تفكيرها وآرائها، وتصبح موجهه لهما.

المناخ الفكري:

هو مجموعة المثل القومية الحضارية المقبولة بصورة عامة ويشكل هذا الجو مصدرا عاما لفكر المواطنين في أية حضارة.

مندوب سامي:

لقب دبلوماسي يطلق على مفوض سياسي يشغل مرتبة ممتازة، بالنسبة للممثلين الدبلوماسيين في الدولة التي يمثل بلاده فيها على أساس علاقات سياسية استثنائية قائمة بينهما، وقد أضفت بريطانيا هذا التعبير على ممثليها الدبلوماسيين في الدولة المحمية ومثال ذلك: أن ممثل بريطانيا في مصر في أبان الاحتلال كان يعرف بالمعتمد البريطاني بعد إعلان الاستقلال المشروط في عام

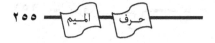

(١٩٢٢ م) بينما، كان يمثل مصر بريطانيا ممثل من درجة سفير وقد ألغيت هذه الصفة للممثل البريطاني بعد معاهدة (١٩٣٦ م).

المنطق:

هو العلم الذي يحدد قواعد الاستدلال السليم، وهي كلمة مشتقة من " نطق " بمعنى تكلم أو عقل، أما اللغات الأوروبية الحديثة كالإنجليزية فالمنطقLOGIC كلمة مشتقة من الكلمة اليونانية، Logos ومعناها الكلام، أما فلاسفة المسلمون قالوا أن المنطق هو أداة تعمم الذهن من الوقوع في الخطأ، والمنطق يعكس قدرة العقل على التفكير السليم.

منطقة أمان:

اصطلاح برز بعد الحرب العالمية الثانية ويرتبط بإجراءات الهدنة التي تضمنته اتفاقية جنيف الخاصة بقواعد الاحتلال العسكري للإقليم، وهي تعطى بإقامة مناطق محايدة حيادا تاما تعرف بمناطق الأمان، تخصص لإقامة الجرحى والمرضى والعجزة وكذلك النساء الحوامل والأطفال دون (١٥) سنة من العمر.

منطقة حرام:

اصطلاح أطلق منذ الحرب العظمى على المنطقة التي كانت بين خطين أماميين لقوتين متحاربتين، أو بين خطين من الخنادق تتمركز فيها قوات الجانبين، ولا تحتلها قوات مسلحة، وإنما تكون تحت دوريات كل من الفريقين.

منطقة محايدة:

وصف لنمط الحكم فيها بالازدواجية، أو بمثابة الإدارة المشتركة، أي أن تلك الدولتين على الأرض، وسلطة متساوية من أمثلتها المنطقة بين السعودية والكويت.

منطقة النفوذ:

نستعمل عبارة منطقة نفوذ للدلالة على منطقة جغرافية أو إقليم يكون من المعـروف أن لدوله معينة حقوقا سياسية أو اقتصادية مطلقة أو تفضيلية فيها ويعني تحديد منطقـة النفـوذ تحذيرا للدول الأخرى بعدم انتهاك حرمة المنطقة وقد تحصل الدول عـلى منطقـة النفـوذ وعـلى المزايا التي تنجم من جعل منطقة النفوذ ذيلا لها، بينما تفلت من المسؤوليات والتناقضات التـي تثيرها التبعية الكاملة.

المنظمة الاستشارية البحرية:

قامت المنظمة الدولية التابعة لهيئة الأمم المتحدة على أساس الاتفاقية التي وضعها مؤتمر الأمم المتحدة البحري، الذي عقد في جنيف خلال فبراير ـ مارس (١٩٤٨ م)، ووقعـت عليهـا (١٨) دولة وأصبحت نافذة بعد أن صدقت عليها (٢١) دولة في (١٧) مارس (١٩٥٨ م) مـن بينهـا دول تملك أساطيل تجارية حمولتها لا تقل عن مليون طن.

منظمة الأمانة العامة لجمعيات الهلال الأحمر والصليب الأحمر العربية:

تأسست هذه المنظمة الإنسانية عام (١٩٧٥) ومقرها جده في المملكة العربية السـعودية، وعملها مطابق تماما لعمل الاتحاد الدولي لجمعيات الصليب الأحمر والهلال الأحمـر، كالتنسـيق بين الجمعيات الأعضاء في عمليات الإغاثـة، وتضـم جمعيـات الهـلال الأحمـر والصـليب الأحمـر العربية، وتصدر مجلة دولية شهرية ((الغد)) باللغتين العربية والإنجليزية.

منظمة الأغذية والزراعة:

ظهرت عام (١٩٤٥ م) وكان مقرها مدينة كيوبيك بكندا عام (١٩٥١م) انتقلـت إلى مقرهـا الدائم بمدينة روما بايطاليـا وتتـألف مـن ثلاثـة أجهـزة أساسـية هـي المـؤتمر والمجلـس والأمانـة أهدافها دراسة ظروف الزراعة والتغذية في العالم

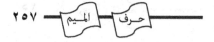

والعمل على رفع مستوى التغذية وزيادة مصالح الإنتاج لمسايرة زيادة الاستهلاك، تعمل على نشر معلومات التغذية الصحية ووسائل حفظ المنتجات الغذائية المحفوظة وتشرف على بعض المشروعات التي تهدف إلى تنمية الزراعة والغابات وصيد الأسماك.

منظمة الصحة العالمية:

ظهرت عام (١٩٤٨ م) بعد عقد مؤتمر دولي (مؤتمر الصحة العالمي) في نيويورك عام (١٩٤٦ م) وعضويته مفتوحة للدول الاعضاء وتهدف المنظمة إلى تشجيع الأبحاث الطبية وتقترح عقد الاتفاقيات في شؤون الصحة العالمية وتراقب تفشي الأمراض السارية مثل الجدري والطاعون والكوليرا ومكافحتها، وتعمل على توفير الحماية الصحية للأمومة والطفولة لرفع مستوى الصحة العقلية والنفسية، تنتشر الدعوى لحماية مياه الشرب من التلوث تعمل على أساس استئصال الملاريا.

منظمة العمل الدولية:

أنشأت عام (١٩١٩م) وقد أجريت تعديلات على نظام منظمة العمل الدولية الحالية في مؤتمر باريس عام (١٩٤٥) في مؤتمر مونتريال عام (١٩٤٦ م) ومن أهداف المنظمة توفير عمل مناسب بأجر مناسب لكل يد عاملة توسيع دائرة الضمان الاجتماعي والرعاية الصحية (التأمين الصحي) وتعميم حماية وعقد عدة اتفاقيات جماعية للعمل وتحديد ساعات العمل وحماية العمال من الإصابة الناشئة عن العمل، إضافة إلى إصدار قواعد دولية للعمل وتقديم المعونة الطبية.

منظمة المؤتمر الإسلامي:

تأسست عام (١٩٦٩ م) في أول قمة عقدها رؤساء الدول الإسلامية في مدينة الرباط في المملكة المغربية في أعقاب إحراق المسجد الأقصى في مدينة

القدس ويضم في عضويته اثنين وأربعين عضو من الدول الإسلامية واختيرت مدينة جدة في المملكة السعودية مقر للمؤتمر، ومن بين أعضاء المؤتمر:

١.   منظمة التحرير الفلسطينية.

٢.   الجمهورية التركية القبرصية المتحدة.

ومن أهدافه

١- إرساء أسس التعاون والتعاضد بين الدول الأعضاء.

٢- تنمية المبادلات الاقتصادية والتجارية خاصة بين البلدان الإسلامية.

٣- تشجيع البحث العلمي والتأهيل الفني لتوفير الكوادر المؤهلة والمدربة التي تحتاج إليها الدول الإسلامية.

٤- تعليم العربية في الأقطار الإسلامية والعمل على نشره وفهم القرآن الكريم.

٥- إحياء التراث الإسلامي والعمل على نشره.

٦- الدفاع عن قضايا المسلمين في العالم وعلى رأسها قضية القدس.

منظمة الوحدة الإفريقية:

منظمة إقليمية تضم دول القارة الإفريقية المستقلة التي تؤمن بالمبادئ التي قام عليها ميثاق المنظمة، تألفت المنظمة في (٢٥) مايو (١٩٦٣ م) على أثر اجتماع مؤتمر للقمة في أديس أبابا، اشترك فيه رؤساء دول وحكومات (٣٠) دولة إفريقية وأقر ميثاق المنظمة، وقد سبق إنشاء المنظمة محاولات لقيام منظمات إفريقية إقليمية منها منظمة دول الدار البيضاء في عام (١٩٦١م)، والاتحاد الإفريقي الملجاشي في عام (١٩٦١ م) كذلك، ثم محاولات لإقامة كتلة لدول شرق أفريقية واتحاد لدول غرب القارة.

منظمة اليونسكو الدولية:

هي إحدى المنظمات الدولية التي تهتم بالعلوم والتربية والثقافة في العالم ومقرها باريس.

المنفعة:

هي العلاقة بين الحاجات البشرية والمنتجات المختلفة ويعرفها البعض بأنها الامتناع أو الإشباع أو الرفاهية أي قدرة الشيء على إشباع الحاجات التي يستشعرها الإنسان، وقد تكون المنفعة متناقصة أو نهائية أو حدية أو كلية.

المنفعة الذاتية:

هي سلوك غريزي وفق الميول والحاجات الطبيعية.

المنهج:

هو الطريقة أو الأسلوب العلمي الذي يستخدمه الباحث في دراسته للوصول إلى الحقائق العلمية.

المنهج التاريخي:

هو المنهج الذي يتبع التطور التاريخي للمشكلات السياسية بغية فهم تلك المشكلات وأسبابها واقتراح الحلول المناسبة لها.

المهاجرون:

هم المهاجرون الذين تركوا بيوتهم وأحوالهم في مكة واتبعوا الرسول صلى الله عليه وسلم.

المواطنة الصالحة:

هي صفة المواطن التي تحدد حقوقه وواجباته الوطنية ويعرف الفرد حقوقه ويؤدي واجباته عن طريق التربية الوطنية،وتتميز المواطنة بنوع خاص

بولاء المواطن لبلاده وخدمتها في أوقات السلم والحرب والتعاون مـع المـواطنين الآخـرين في تحقيق الأهداف القومية.

الموشح:

هو شكل ونوع من أنواع الشعرالعربي الذي ظهر في الاندلس (اسبانيا حاليا) في ظل الدولة الاسلامية عندما كان نفوذها يصل إلى تلك البقعة من الارض.

الموضة:

عادات سلوكية معينة تأتي وتذهب، وهي ضمن العادات والتقاليد مثل: لبس شارلسـتون وقصة المارينز والسوالف والخنافس وغيرها.

الموظف العمومي:

هو الشخص الذي يساهم في عمل دائم بمرفق عام يدار بطريقة الاستقلال وفق تعليمات وقواعد العمل بإملاء هذه الوظيفة.

الميتافيزيقيا أو ما وراء الطبيعة:

فرع من الفلسفة يشمل الاونثولوجيا (علـم الوجـود) والكوزمولوجيا (علم أصل الكـون وتكوينه)، والثيولوجيا (العلم الإلهي).

ميثاق دمشق:

هو اجتماع الأمير فيصل بناء علـى أوامـر والـده الشريـف الحسـين بـن علـي مـع الهيئـات والجمعيات العربية في الشام لمعرفة مدى استعدادهم للمشاركة في الثورة العربية الكبرى التـي انطلقت رصاصتها الأولى من شرفة قصره بمدينة معان في (١٩١٦).

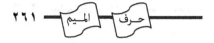

الميراث:

انتقال المال من ذمة شخص توفي إلى ذمة شخص حـي أو أكثر ويقـال التراث الاجتماعـي ويقصد به مجموع العادات والمأثورات الشعبية والأعراف والمنجزات الثقافية التي ورثها الخلف عن السلف.

الميزة أو الامتياز:

حق يقتصر ـ أثره علـى صاحبه دون غـيره في بعـض الوظائف والمناصب ولا يخضـع لأي اعتراض أو رقابة كالحق الذي ينفرد الملك في التمتع به دون الناس جميعا.

الميكافيلي:

مذهب ميكافيلي في السياسة، وبخاصة النظرة القائلة بأن السياسة لا علاقة لها بالأخلاق، وأن كل وسيلة مهما تكن لا أخلاقية أو غير قويمة مبررة من أجل تحقيق السلطان السياسي.

الملكة بلقيس / ملكة سبأ:

امرأة حكمت دولة سبأ، وقد أشار القرآن الكريم إلى ازدهار دولة سبأ وانتعاش اقتصـادها في ظل حكم الملكة بلقيس فقال تعالى: (وأوتيت من كل شيء ولها عرش عظيم).

وكان للملكة بلقيس مراسلات مـع الملك سليمان الذي بعث لها برسـالة مع الهدهـد وعندما جاءتها هذه الرسالة، جمعت مجلس الملأ الذي يساعدها في الحكم وطلبت مشورته في كيفية الرد على رسالة الملك سليمان قال تعالى:

((يأيها الملؤا أفتوني في أمري ما كنت قاطعة أمرا حتى تشهدون "٣٢"))[1]

─────────────

(١) سورة النحل : آية ٣٢.

 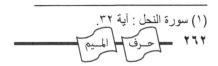

المارونية:

طائفة من طوائف النصارى الكاثوليك الشرقيين، قالوا بأن للمسيح طبيعتين ومشيئة واحدة، ينتسبون إلى القديس مارون ويعرفون باسم (الموارنة) متخذين من لبنان مركزا لهم.

تنتسب هذه الطائفة إلى القديس الزاهد المتقشف الناسك (مارون) الذي انعزل في الجبال والوديان مما جذب الناس إليه مشكلين طائفة عرفت باسمه، لقد كانت حياته في أواخر القرن الرابع الميلادي، فيما كان مؤته حوالي سنة ٤١٠م بين إنطاكية وقورس.

تنتشر في إنطاكية ولبنان والعراق، وسوريا، والقدس، ومصر، ورودس ومالطة وأمريكا وأفريقيا وإندونيسيا.

الماسونية:

لغة معناها البناؤون الأحرار، وهي في الاصطلاح منظمة يهودية سرية. إرهابية غامضة محكمة التنظيم تهدف إلى ضمان سيطرة اليهود على العالم وتدعو إلى الالحاد والإباحية والفساد، جل أعضائها من الشخصيات المرموقة في العالم يوثقهم عهد يحفظ الأسرار ويقومون بما يسمى بالمحافل للتجمع والتخطيط والتكليف بالمهام.

لقد أسسها هيرودس اكريبا (ت٤٤م) ملك الرومان بمساعدة مستشاريه اليهوديين :

- حيرام أبيود - نائب الرئيس.
- موآب لامي - كاتم سر أول.

ولقد قامت الماسونية منذ أيامها الأولى على المكر والتمويه والإرهاب حيث اختاروا رموزا واسماء وإشارات للإيهام والتخويف وسموا محفلهم (هيكل أورشليم) للإيهام بأنه هيكل سليمان عليه السلام.

لهم عصابات إرهابية لتنفيذ العمليات الإجرامية للتخلص من كـل مـن يقـف في طـريقهم عن قصد أو عن غير قصد.

ينتشرون في كل دول العالم.

المهاريشية:

المهاريشية نحلة هندوسية انتقلت إلى أمريكا وأوروبا متخذة ثوبا عصريا من الأفكار التي لم تخف حقيقتها الأصلية وهي تدعو إلى طقوس كهنوتية من التأمل التصاعدي (التجاوزي) بغية تحصيل السعادة الروحية، وهناك دلائل تشير إلى صلتها بالماسونية والصهيونية التـي تسعـى إلى تحطيم القيم والمثل الدينية وإشاعة الفوضى الفكرية والعقائدية والأخلاقية بين الناس.

مؤسسها فقير هندوسي لم نجمه في الستينات وأسمه (مهاريشي – ماهيش – يوجى) انتقل من الهند ليعيش في أمريكا ناشرا أفكاره بين الشباب الضائع الذي يبحث عن المتعة الروحية بعد أن أنهكته الحياة المادية الصاخبة.

تنتشر في أمريكا وإفريقيا والخليج العربي ومصر وأوروبا.

المهدية:

المهدية واحدة من أبرز حركات الاصطلاح التـي ظهـرت في العالـم العربي والإسلامي مـع نهاية القرن التاسع عشر وبداية القرن العشرين الميلادي، وهي ذات مضمون ديني سياسي ثابته بعض الانحرافات العقائدية والفكرية، وما يزال أحفاد المهـدي وأنصاره يسـعون لأن يكون لهـم دور في الحياة الدينية والسياسية في السودان.

مؤسسها محمد أحمد المهدي بن عبد اللـه (١٢٦٠-١٣٠٢هـ) (١٨٤٥-١٨٨٥م) ولـد في جزيرة لبب جنوب مدينة دنقله ، يقال بأن نسبه ينتمي إلى الأشراف، حفظ القرآن الكريم وهو صغير ونشأ نشأة دينية متتلمذا على يـد الشيخ محمـود الشـنقيطي، سـالكا الطريقـة السـمانية القادرية الصوفية، متلقيا عن شيخها محمد شريف نور الداهم.

تنتشر في السودان كما أن لهم أنصار في أمريكا وبريطانيا.

المورمون:

المورمون طائفة نصرانية جديدة منشقة، تلبس لباس الدعوة إلى دين المسيح عليه السلام، وتدعو إلى تطهير هذا الدين بالعودة إلى الأصل أي إلى كتاب اليهود، ذلك أن المسيح - في نظرهم - قد جاء لينقذ اليهود من الأخطار وليمكنهم من الأرض، إنها كما تسمى نفسها طائفة القديسين المعاصرين لكنيسة يسوع المسيح القديسي الأيام الأخيرة، بينها المؤسس يوسف سيمث حيث ولد في ١٨٠٥/١٢/٢٣م بمدينة شارون بمقاطعة وندسور التابعة لولاية فرمونت وعندما بلغ العاشرة من عمره رحل مع والده إلى مدينة بالمايرا بمقاطعة اونتاريو التابعة لولاية نيويورك وكتابها المقدس هو المورمون.

تنتشر في الولايات المتحدة الأمريكية، وأمريكا الجنوبية، وكندا وأوروبا.

المونية أو (حركة صن مون التوحيدية):

حركة مشبوهة تدعو إلى توحيد الأديان وصهرها في بوتقة واحدة بهدف إلغاء الفوارق الدينية بين الناس ليظهروا جميعا في بوتقة (صن مون) الكوري الذي ظهر بنبوءة جديدة في هذا العصر الحديث.

مؤسس هذه النحلة هو القس الثري صن مون المولود في كوريا عام ١٩٢٠م الذي أدعى بأنه على اتصال بالمسيح عليه السلام منذ عام ١٩٣٦م وأنه في السادسة والعشرين من عمره بدأ يدرس حياة الأنبياء والقادة الروحيين مثل موسى وعيسى ومحمد صلى الله عليه وسلم ومن مثل بوذا وكرشنا، ويطلع على تعاليم الأديان السماوية كاليهودية والنصرانية والإسلام وكذلك البوذية والهندوسية.

ينتشرون في جنوب ووسط أمريكا مثل تشيلي وارجواي والأرجنتين وهندوس وبوليفيا، وايرلندا وكوريا والولايات المتحدة الأمريكية.

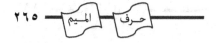

معركة ذي قار سنة ٦١٠م.

ذي قار (هي نبع ماء قرب الكوفة) وقد انتصر العرب في هـذه المعركـة بفضـل وحـدتهم وصمودهم، فكان أول نصر للعرب على الفرس وفي هـذا النصر ـ قـال الرسـول صـلى اللـه عليـه وسلم (هذا أول يوم انتصفت فيه العرب من العجم وبي نصروا).

والسبب هو وضع النعمان الثالث أمواله وأولاده أمانة عند شيوخ شـيبان بـن بكـر وائـل، وبعد موت النعمان طلب كسرى ملك الفرس مـن قبيلـة بكـر تسـليم أمـوال الـنعمان فرفضـوا، فأرسل كسرى جيش لإخضاعه، فوقفت القبائل العربية إلى جانب بكر وانتصرت علـى الفـرس في هذه المعركة.

معبد الكرنك:

وهي من المعابد التي بناها المصريون القدماء في عصر الدولة الوسطى، للآلة أمون.

مؤتمر الجزيرة الخضراء:

عقد هذا المؤتمر في مدينة الجزيرة الإسبانية عام ١٩٠٦م ، بناء على اقتراح مـن الإمبراطور الألماني لبحث المشكلة المراكشية، وقد حضرته كل من : فرنسا وبريطانيا وألمانيا وإيطاليا، وجاءت قراراته لصالح فرنسا، فقد كلفها المؤتمر بالمحافظة على الأمن في مراكش على الرغم مـن معارضـة ألمانيا.

مصطفى كامل:

ولد مصطفى كامل في القاهرة عام ١٨٧٤م وحصل على شهادة الحقوق من جامعة تولـوز في فرنسا، كتب المقالات التي تطالب بالانسحاب البريطاني من مصر، أنشأ صـحيفة اللـواء وكتـب فيها المقالات الوطنية.

وأسس عام ١٩٠٧م الحزب الوطني.

واستغل حادثة دنشواي سنة ١٩٠٦م فعمل على إثارة الرأي الأوروبي تجاه فظائع الاحتلال وطالب بجلاء القوات البريطانية من مصر وتوفي سنة ١٩٠٨م.

المهدية:

ظهرت هذه الحركة في السودان عام ١٨٨١م على يد محمد بن أحمد المهدي، الذي دعا إلى فتح باب الاجتهاد ووقف التقليد، والتف حول المهدي الكثير من السودانيين بسبب فساد الحكم وتفشي الرشوة والظلم وسوء الأحوال المعيشية.

معركة أم درمان:

تحركت القوات البريطانية بقيادة كتشز عن طريق النيل، واستولت على دنقلة في ٢١أيلول من عام ١٨٩٦م ، وعلى (أبو حامد) في ٧آب ١٨٩٧م، ودمرت قوات كتشز الدراويش أتباع المهدي[1] في معركة نهر عطبره في ٩ نيسان من عام ١٨٩٨م.

أخذ قائد الدراويش خليفة عبد الله بحشد قواته في أم درمان شمالي الخرطوم، وكان الجيش البريطاني المصري أقل عددا، إلا أنهم كانوا متفوقين في الأسلحة الحديثة.

وقد أحدثت الرشاشات خسائر جسيمة في صفوف رجال القبائل ، الذين هاجموا المعسكر البريطاني في اجيجة على بعد أربعة أميال من أم درمان، وكان خليفة قد أخفى عشرين ألفا من أفضل مقاتليه في مرتفع قريب، وحفظها لمهاجمة عدوه.

تقدم بعد ذلك كتشز نحو أم درمان وتراجعت قوات الدراويش، وبلغ مجموع خسائر قوات كتشز أقل من ٥٠٠ في حين زاد عدد خسائر الدراويش على ٢٠ ألف قتيل وجريح، بالإضافة إلى خمسة آلف أسير.

---

[1] محمد أحمد عبد الله المهدي، صاحب الثورة المهدية سنة ١٨٨١م.

محمد فريد:

تولى قيادة الحزب الوطني في مصر بعد وفاة مصطفى كامل، ودافع عن حق مصر في الحرية والاستقلال في مؤتمر السلام في جنيف عام ١٩١٢م، ثم في مؤتمر لاهاي للسلام المنعقد عام ١٦١٣م، ولكنه لقي المعارضة والاضطهاد من قبل حكومة الخديوي عباس حلمي فسجن ونفي حتى توفي عام ١٩١٩م.

المجلس التشريعي:

مصطلح قانوني أطلق على مجلس النواب الأردني (سابقا) انبثق الاسم من المهمة التشريعية لطبيعة عمل المجالس النيابية في كافة أنحاء العالم.

المكابيون:

جماعة يهودية ظهرت في القرنين الأول والثاني قبل الميلاد، قادت المقاومة ضد محاولة القادة اليونانيين خلفاء الإسكندر المقدوني الذين حاولوا إحلال النظم والطقوس الهللينية محل الطقوس اليهودية، وسموا بالمكابيين لحملهم المطرقة (وتعني بالعبرية المكابي) في أثناء مقاومتهم الحكم اليوناني.

المعلوماتية:

هي بيانات محددة ترتبط مفاهيمها بالإنسان أو الحاسوب أو مختلف وسائل التوثيق والمعلومات، وهي التي تكون أما على شكل أرقام أو رموز أو علامات يستقرأ منها الحقائق الكمية أو الرقمية.

مجلس التعاون الخليجي:

في ٤ شباط عام ١٩٨١م عقد في مدينة الرياض مؤتمر ضم وزراء خارجية دول الخليج (الإمارات، البحرين، السعودية، عمان، قطر، الكويت) واتفق المؤتمرون على إنشاء مجلس للتعاون بين الدول الخليجية، ثم أعقب ذلك مؤتمر القمة الأول للدول الخليجية، الذي أصدر بيان ختاميا أكد فيه أن أمن المنطقة

واستقرارها مسؤولية شعوبها، ودعا إلى رفض أي تدخل أجنبي في المنطقة مهما كان مصدره.

مجلس التعاون العربي:

أنشئ هذا المجلس عام ١٩٨٩م ويضم الأردن والعراق واليمن ومصر،، ويهدف إلى التنسيق والتكامل بين الدول الأعضاء، ويتألف من الهيئة العليا التي تضم رؤساء الدول الأعضاء، ومهمتها تخطيط السياسة العليا، ويضم المجلس كذلك الهيئة الوزارية التي تتكون من رؤساء حكومات الدول الأعضاء، وتهتم بدراسة الشؤون المتعلقة بالمجلس وقضاياه كما يتكون من الأمانة العامة المؤلفة من الأمين العام ومساعدين، وتختص بتنفيذ قرارا الهيئة العليا.

وقد توقف نشاط هذا المجلس على أثر حرب الخليج عام ١٩٩٠م، كما أن مصر قد جمدت عضويتها فيه.

معركة العلمين عام ١٩٤٢م.

تنتسب المعركة إلى قرية مصرية على ساحل البحر المتوسط غرب الإسكندرية انتصر فيها البريطانيون بقيادة مونتغمري على القوات الإيطالية والألمانية بقيادة رومل في شباط عام ١٩٤٢م، وذلك على أثر محاولة الإيطاليين احتلال مصر والسيطرة على قناة السويس، وتعد هذه المعركة إحدى نقاط التحول في الحرب.

(الجات) منظمة التعرفة والتجارة الدولية:

تأسست هذه المنظمة عام ١٩٤٨م وهدفها تنظيم التبادل التجاري بين الدول المنتسبة إليها، وتنظيم الإعفاءات الجمركية وبلغ عدد الدول المنتسبة إليها، ١٥ دولة وفي مطلع عام ١٩٩٤م تقدمت المملكة الأردنية الهاشمية بطلب للانضمام إلى الجات، وسيتغير أسم هذه المنظمة إلى منظمة التجارة الدولية اعتبارا من عام ١٩٩٥م.

محكمة العدل الدولية:

تتكون من ١٥ قاضيا، ينظرون في المشاكل التي تقع بين دول العالم ، ومقرها مدينة لاهـاي في هولندا.

منظمة الأغذية والزراعة الدولية (الفاو)

تأسست في تشرين الأول عام ١٩٤٥م ومقرهـا في إيطاليـا، وتهتم برفع مسـتوى المعيشـة للسكان في العالم وزيادة الإنتاج الزراعي في دول العالم الثالث (F.A.O) وتساهم منظمة الأغذيـة والزراعة الدولية في مكافحة الأمراض، والأوبئة والجفاف والجراد في الدول الناميـة بهـدف زيـادة الإنتاج الغذائي.

منظمة الصحة العالمية:

تأسست عام ١٩٤٨م وهدفها رفع المستوى الصحي لجميع شعوب العالم، ومساعده الدول على مكافحة الأمراض والأوبئة.

منظمة الطيران الدولية:

تأسست عام ١٩٤٧ وهدفها تقديم الخبرات الفنية في مجال الطيران.

وتقدم منظمة الطيران الدولية التسهيلات الضرورية لشركات الطيران العالمية فيما يتعلق بنظم الإقلاع والهبوط ومسارات الطائرات في الأجواء العالمية.

المدن العشر (الديكابوليس)

هي عمان (فيلادلفيا)، جرش(جراسا)، اربد (اربيلا)، الحصن، بيت راس (كابتولياس)، طبقة فحل (بيلا)، أم قيس (جدارا)، بصرى، درعا، بيسـان، وقـد ارتبطت هـذه المـدن إقليميا بقصد التجارة والحفاظ على تراثها الحضاري.

وكانت هـذه المـدن حجـر الأسـاس في طريـق تراجـان الجديـد، الـذي ربـط شـمال الأردن بجنوبه.

منظمة الوحدة الإفريقية:

تأسست عام ١٩٦٣م لتشجيع الوحدة بين الشعوب الإفريقية والتحرر من كافة أشكال الاستعمار، ومساعدة الحركات الوطنية في إفريقيا، للتخلص من بقايا الاستعمار، وحل الحروب والمشاكل التي تقع بين الدول الإفريقية وعلى الرغم من الحماس الفائق والتصميم على التضامن والعمل المشترك بين الدول الأعضاء، إلا أن المنظمة عجزت عن إيجاد حلول لعدد من المشاكل والخلافات الإفريقية.

المحاكم النظامية:

تمارس المحاكم النظامية اختصاصاتها في القضاء الحقوقي والجزائي وفق أحكام القوانين الأخذة المفعول في المملكة، على أنه في مسائل الأحوال الشخصية للأجانب أو في الأمور الحقوقية والتجارية، التي قضت العادة في العرف الدولي بتطبيق قانون بلاد أخرى بشأنها ينفذ ذلك القانون بالكيفية التي ينص عليها القانون.

(مادة ١٠٣) الدستور الأردني/ ١٩٥٢م.

المحاكم الشرعية:

محاكم تختص بقضايا الأحوال الشخصية وقضايا الدين والأوقاف الإسلامية.

(مادة ١٠٥) الدستور الأردني ١٩٥٢م.

مجالس الطوائف:

مجالس تختص بالقضاء في مسائل الأحوال الشخصية والأوقاف المنشأة لمصلحة الطائفة ذات العلاقة.

(مادة ١٠٩) الدستور الأردني ١٩٥٢م.

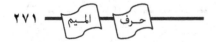

مشروع سوريا الكبرى:

مشروع وحدوي دعا لإقامته الأمير عبد اللـه بن الحسين عام ١٩٤٣م وقد كان القصد منه توحيد الأقطار السورية (سوريا ، لبنان، الأردن، فلسطين)، في دولة واحدة على أساس أن يكون نظام الحكم فيها ملكيا نيابيا.

الموناليزا/ الجيوكندا.

هي لوحة فنية رسمها ليوناردو دافنشي- ما بين عام ١٥٠٣-١٥٠٦م مصورا فيها زوجة التاجر الفلورنسي- فرانسيكودل الجيوكندا، وأهم ما يميزها وجه المرأة ذو التعبير الغامض، واللوحة محفوظة في متحف اللوفر في باريس.

مارتن لوثر:

ولد مارتن لوثر في ألمانيا عام ١٤٨٣م ودخل الدير راهبا عام ١٥٠٥م وأثناء إقامته في الدير ركز على فكرة الخلاص بالإيمان وعدها وسيلة لخلاص تالإنسان ودخوله الجنة، وتعني الفكرة أن الإنسان يتقرب إلى اللـه بالإيمان وليس بالأعمال التي تفرضها الكنيسة عليه وهاجم لوثر إدعاء الكنيسة أن البابا يستطيع إصدار شهادة تغفر للإنسان ذنوبه مقابل التبرع للكنيسة بمبلغ من المال، ودعيت الشهادات بصكوك الغفران.

وطالب مارتن لوثر بالسماح لرجال الدين بالزواج وبالاعتماد على الإنجيل فقط لتقصي- الحقيقية.

الموريسكيون:

اسم يطلق على المسلمين الذين بقوا في أسبانيا بعد انتهاء الحكم الإسلامي فيها عام ١٤٩٢م وقد ضمن الإسبان لهؤلاء المسلمين حرية العبادة بداية، إلا أنهم بدأوا بعد ذلك بإجبار المسلمين على التحول إلى المسيحية، مما دفع المسلمين للثورة عام ١٥٠٢م، فقضى- على ثورتهم بالقوة وأجبروا إما على التنصر أو النفي، فغادر عدد كبير منهم الأندلس إلى المغرب وبلاد الشام،

قو إلى العالم الجديد، ومارس من بقي منهم العبادة سرا فظهرت محاكم التفتيش (محاكم الاستجواب) وتعقبت هؤلاء لمنعهم من البقاء على دينهم.

مونتيسكيو:

هو صاحب كتاب روح القوانين الذي درس فيه أشكال الحكومات، وعبر عن إعجابه بنظام الحكم في بريطانيا، وطالب بفصل سلطات الحكم، وقد صنف السلطات حسب مسؤولياتها، فالسلطة التشريعية تضع القوانين ، والسلطة التنفيذية تنفذ القوانين، والسلطة القضائية تفسرها، وتصدر الأحكام عندما تخالف القوانين ، وأكد على أهمية استقلال كل من هذه السلطات ، وعدم تجاوز أي منها وصلاحيتها القانونية، وقد أثرت أفكاره في صياغة دساتير عدد من الدول الأوروبية والولايات المتحدة الأمريكية.

ماري انطوانيت:

هي زوجة لويس السادس عشر، تنتمي للعائلة المالكة في النمسا أعدمت بعد إعدام زوجها بفترة وجيزة أي عام ١٧٩٢م.

منظمة الأقطار العربية المصدرة للنفط (أوابك):

هي منظمة قامت ليبيا والكويت والسعودية بإنشائها للأقطار العربية المصدرة للنفط أوابك عام ١٩٦٨م ثم انضمت إليها كل من الجزائر والبحرين والإمارات عام ١٩٧١م ثم العراق وسوريا عام ١٩٧٢ ومصر عام ١٩٧٣، وتمتلك ٦٠% من مجموعة الاحتياط العالمي.

لقد جاء تأسيس هذه المنظمة نتيجة حاجة الدول العربية المنتجة للنفط للتنسيق والتعاون في مجال الصناعة النفطية، ونص ميثاق الأوابك على إنشاء مشروعات مشتركة في مختلف أوجه الصناعة النفطية.

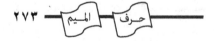

منظمة الدول المصدرة للنفط (أوبك)

تم تأسيس منظمة الدول المصدرة للنفط في مطلع عام ١٩٦٠م نتيجة تحدي الشركات النفطية الاحتكارية لتخفيض أشعار النفط الخام، وقد عقد الاجتماع الأول في كارأكاس (عاصمة فنزويلا).

وتضم هذه المنظمة جميع الدول المصدرة للبترول.

مترنيخ (١٧٧٣-١٨٥٩م):

سياسي نمساوي وزير خارجية النمسا ومستشارها ١٨٠٩-١٨٤٨م ويعد واحدا من ألمع رجال السياسة في القرن التاسع عشر، قاوم الحركات التحريرية وسيطر على مؤتمر فينا عدم ١٨١٤م - ١٨١٥م.

المنظمة الدولية للطيران المدني: Icao.

أنشات هذه المنظمة عام ١٩٤٤م، وهي إحدى المنظمات الدولية المنبثقة عن هيئة الأمم المتحدة بمشاركة ١٣٠ دولة ومن أهم واجباتها ما يلي:

١- المحافظة على سلامة الطيران المدني العالمي.

٢- تشجيع التقدم التكنولوجي في مجال صناعة الطيران (طائرات، مطارات ، تسهيلات الطيران).

٣- توفير وسائل الطيران لنقل المسافرين والبضائع بإسعار مناسبة.

٤- التأكد من تقيد الدول بقوانين الطيران المدني والإلتزام بخطوطها الملاحية والمعايير المتعلقة بها.

٥- عدم التمييز بين أعضاء المنظمة.

المنظمة الدولية للنقل الجوي: IAIA .

تعمل هذه المنظمة على تنظيم النقل الجوي بالتعاون مع منظمة (الإكوا) وقد أنشأت عام ١٩١٩م وجرى إعادة تنظيمها عام ١٩٤٥م، ومقر هذه المنظمة

يوجد بمدينة جنيف السويسرا، وتشرف هذه المنظمة على ١١١ خط جوي مجدول أي خطوط جوية ثابتة) تتبع ثمانين دولة. ومن أهم واجباتها:

١- تنظيم ثقل جوي اقتصادي وآمن.

٢- دراسة المشاكل التي تعترض النقل الجوي.

٣- بالتعاون مع منظمة (إكوا) تضع المعايير الدولية الخاصة بعناصر الطيران الرئيسية (الطائرة ، الطيار ، المطار).

٤- بالتعاون مع منظمة (إكوا) يتم تحديد خطوط الملاحة الجوية الدولية.

المواطنة:

المواطن هو الشخص أو الفرد الذي يعيش في دولة ما ويحمل جنسيتها، كما يعد جميع الأشخاص المولودين لمواطنين يعملون خارج الدولة ويقيمون فيها، مواطنين، والمواطنة صفة يكتسبها الإنسان وتعطيه حق المشاركة في الانتخابات النيابية والبلدية والترشيح لها وتولي الوظائف العامة، كما تقع عليه مسؤوليات تجاه وطنه.

محكمة التمييز:

ومن مهماتها النظر في الأحكام الصادرة عن محكمة الاستئناف حين يطعن أحد المتخاصمين في أحكامها ويكون قرارها قطعيا.

محاكم شرعية:

ومن مهماتها تطبيق أحكام الشريعة الإسلامية في القضايا الشرعية ذات العلاقة بالأسرة مثل الزواج والطلاق وحصر الإرث بين الورثة، ورعاية شؤون الأيتام وحفظ حقوقهم.

محاكم الطوائف الدينية الأخرى:

ومن مهماتها تطبيق أحكام ديانتهم الخاصة بها في قضايا الزواج والطلاق ، أما حصر الإرث بين الورثة فيكون بحسب أحكام الشريعة الإسلامية.

المحاكم العسكرية:

وهي خاصة بأفراد القوات المسلحة.

المحكمة الجمركية:

وهي محكمة خاصة بقضايا مخالفات قانون الجمارك.

محاكم الاستئناف:

من مهماتها إعادة النظر في الأحكام الصادرة عن محاكم الصلح حين يطلب أحد المتخاصمين استئناف الحكم في المحكمة.

محاكم الصلح والبداية:

ومن مهماتها النظر في المنازعات والمشاكل بين الناس.

المرتدون:

القبائل والأفراد الذين ارتدوا عن الإسلام بعد وفاة الرسول صلى الله عليه وسلم معتقدين أن الإسلام انتهى بوفاته عليه السلام وحاربهم الصحابي الجليل خالد بن الوليد رضي الله عنه.

* * * * *

حرف النـــون

نازية:

مذهب وحركة سياسية ظهرت في ألمانيا عام (١٩١٩ م) وتؤمن بالتفوق العنصري الجرماني على بقية شعوب العالم أطلق على الحزب الاشتراكي الوطني الألماني، الذي أشتق هذا الاسم من المقطعين الأولين من الاسم الكامل لهذا الحزب، وارتبطت النازية بنظام الحكم في ألمانيا خلال الفترة التي تولى فيها الحزب الاشتراكي الوطني الحكومة، وبزعامة أودلف هتلر والتي امتدت من٣/يناير/١٩٣٣م لحين إعلان استسلام ألمانيا للحلفاء في ٧/ مايو ١٩٤٥م.

النبالة:

فئة من السكان تحوز كنتيجة للوراثة على مركز متميز ومرتبه وامتيازات خاصة، ويرى المؤرخون وعلماء الاجتماع أن الملوك لا يمنحون صفة النبالة إذ أن ذلك يتعارض مع النبالة والحقيقة التي لا تحتاج إلى أوامر ملكية لتعيين زملاء جدد في صفوفها وإنما يخول حق الاندماج فيها للأفراد ذوي المراكز العالية والموروثة إلى حد بعيد.

النخاسة:

سوق كان يتم فيه بيع وشراء العبيد ويتم عن طريق وفاء الدين والتجارة.

النرفانا:

يقصد بالنرفانا هي البوذية للوصول إلى الانفصال التام بين الروح والجسد وقتل شهوات النفس وذلك بمراعاة المفاهيم الدينية والاتصال الشخصي- بالقوى الإلهية التي تسير الوجود، وتمثل النرفانا هروبا من الوجود الدنيوي رغم استمرار حياة الفرد.

نزع السلاح:

نزع السلاح من القوى التي برزت في المحيط الدولي منذ الحرب العالمية الأولى نتيجة للآثار المدمرة التي انتهت إليها تلك الحرب، وأن كانت المحاولات لنزع السلاح قد سبقت هذا التاريخ، لذلك فقد تطور مفهوم نزع السلاح نتيجة لتطور المعدات العسكرية وظهور أسلحة ومعدات لم تكن معروفة واقتصر امتلاكها على دول معينة كالأسلحة النووية.

النزعة الإقليمية:

هي من نظم اللامركزية السياسية والإدارية وقوامها أن تمنح الدولة بعض أقاليمها المتجاورة والمتماثلة باقتصادياتها وثقافتها وعاداتها شيئا من الاستقلال عن الحكومة المركزية، والأقاليم داخل الدولة هي أيضا أعضاء بين مقاطعة متكاملة في كيان الدولة ولذلك تقوم بتنسيق العلاقات بين الأقاليم بعضها ببعض وبين إقليم الدولة فتحفظ التوازن بما يضمن العدالة الاقتصادية والسياسية ولا يطغي إقليم على غيره أو يميز إقليم على آخر.

النضال السياسي:

هو أسلوب مقاومة من خلال الاحتجاجات والمؤتمرات وكتابة المقالات الصحفية وإصدار البيانات وتوقيع اعتراضات مثل ثورة القدس عام (١٩٢١م) وثورة عام (١٩٣٦م) في فلسطين.

النظام:

عبارة عن عدد من المتغيرات المرتبطة مع بعضها البعض بعلاقات متبادلة، فالنظام الأرضي مثلا يتكون من الغلاف الجوي والغلاف الصخري والغلاف الحيوي والتربة وما بينهما من علاقات متبادلة.

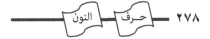

النظام الاشتراكي:

نظام اقتصادي تميز بملكية الدول لعوامل الإنتاج وإلغاء الملكية الفردية، ولقد ساد هذا النظام في الإتحاد السوفيتي (سابقا) والصين الشعبية وكوريا الشمالية.

النظام الاقتصادي الرأسمالي:

أخذ هذا النظام الاقتصادي الرأسمالي بالظهور على أثر قيام الثورة الصناعية وضعف النظام الإقطاعي وتدهور النفوذ الاقتصادي والسياسي فظهرت طبقة الملاك الزراعيين وتدهور مع بروز الطبقة الوسطى العاملة في مجالات المهن الحرة والتجارة والصناعة.

النظام الإقطاعي

هو نظام سياسي اجتماعي أساسه اقتصاديات الريف ويتم تثبيت السلطة في أنواع الأقاليم شبه المستقلة ويطلق على هذه الأقاليم اسم إقطاعيات، ويكون الحصول عليها مشروطا بأداء خدمة،وقد عمم هذا النظام في أوروبا خلال القرنين الثاني عشر والثالث عشر،وكان كبار الملاك طبقا لهذا النظام يحوزون الأرض ثم يعهدون بها للمزارعين أو رقيق الأرض لاستغلال ولائهم للإقطاعي والقيام بالخدمات العسكرية.

نظام الالتزام:

١ – هو النظام المتبع لجباية الضرائب من أهل الذمة (اليهود النصارى).

٢ - هو نظام ضريبي اتبعته الدولة العثمانية وكان يتم بالمزايدة بطرح عدة إيرادات لعدة ولايات في وقت واحد، ويفوز بالمزايدة المزايد الأخير وكان هذا النظام سبب من أسباب تدهور الزراعة في الدولة العثمانية لأنه أرهق الناس والاقتصاد في وقت واحد.

النظام البيئي:

وحدة طبيعية تتألف من مكونات حية وأخرى غير حية تتفاعل مع بعضها بعضا وتتبـادل فيه المواد الكيماوية والطاقة وفق نظام لتستمر في أداء دورها.

نظام تعدد الأحزاب:

تعدد الأحزاب وسيلة لتنظيم القوى السياسية في الدول الديمقراطية وتـتراوح في اتجاهـات هذه الأحزاب عادة بين أقصى اليمين وأقصى اليسار.

نظام جمهوري:

وهو أحد الأنظمة السياسية في العالم وتقوم على أساس انتخاب رئيس الدولـة لمـدة زمنيـة محـددة، مثـل الولايـات المتحـدة الأمريكيـة وبعـض الأنظمـة العربيـة التـي يقـوم بعضـها عـلى الانتخاب.

نظام الحزب الواحد:

تنظيم الحكومة التي تتولى الحكم سلطة واحدة معترفا بها للتعبير السياسي وهي الطريق الوحيد المقبول للاشتراك في السياسة، ويـدين هـذا الحـزب بالأيديولوجيـة للجماعـة التـي تتـولى الحكم وقد تفرض هذه الأيديولوجية بوسائل الإكراه (الإقناع ألقسري)، ويعتبر نقد الحزب خيانة للدولة ويعاقب عليها، كما يجد الأفراد غير المشتركين في الحزب صعوبة شديدة في الحصـول عـلى مراكز سواء في الحكومة أو في الاقتصاد أو في المجتمع وتمثل الأحزاب الفاشية والنازية والشيوعية نموذج الحزب الواحد أنظر (تعدد الأحزاب).

النظام الدولي الجديد:

هو عبارة عن ائتلافية بين عدد قليل من الدول الكبرى لإعادة فرض سـيطرتها عـلى العـالم، تم العمل به بعد الحرب العالمية الثانية.

النظام الدولي لطنجة:

وضع عام (١٩٢٩م) يقضي بجعل السلطة التنفيذية في طنجه في يد هيئة مراقبة تتألف من ممثل فرنسي وأسباني وبريطاني، ومندوب عن سلطان مراكش، وأن يكون لطنجة مجلس تشريعي يتكون من (٢٦) عضوا تمثل فيه الجاليات الأجنبية والمسلمون واليهود، وأن يعين للميناء حاكم إداري فرنسي له مساعدان الأول فرنسي والأخر بريطاني.

النظام الرئاسي:

أحد أشكال الحكومات يقوم على وجود رئيس دولة منتخب يجمع صفة رئيس الدولة ورئيس الحكومة أي لا يصبح رئيس الدولة مجرد سلطة اسمية أو رمزية بل تخول له سلطة فعلية.

النظام الملكي:

وهو النظام السياسي الذي يتولى فيه رئيس الدولة الحكم عن طريق الوراثة، ويسمى هذا الرئيس ملكا أو سلطانا أو أميرا، ويكون رئيس الدولة في النظام الملكي الرئيس الأعلى للسلطة التنفيذية ويتولى هذه السلطة مجلس الوزراء (الحكومة) نيابة عن الملك.

النظام النيابي:

هو الهيئة التشريعية التي تجمع النواب الذين يتم اختيارهم عن طريق الانتخاب بحيث يمثل كل منهم دائرة معينة ليمارسوا السلطة باسم الشعب ونيابة عنه ويقوم المجلس النيابي على مبدأ الفصل بين عمل السلطة التشريعية والسلطة التنفيذية المتمثلة بالحكومة بحيث تكون مسؤولة أمامه على تطبيق

برنامجها الذي على أساسه تم إنجاحها، ويتولى المجلس النيابي القوانين وفرض الضرائب ومحاسبة الحكومة ويسحب الثقة منها في حالة الاختلاف معها، وتقوم الحكومة البرلمانية عادة عن طريق اختيار الوزراء الذين يتكون منهم مجلس الوزراء من بين أعضاء الحزب الذي يكون الأغلبية البرلمانية.

النظرية:

النظرية عبارة عن إطار فكري يفسر ـ مجموعة من الفروض العلمية ويصغها في نسق علمي مترابط، وبناء النظرية العلمية يعتمد على جهد عقلي تركيبي من جانب الباحث يتميز بالنظرة الكلية إلى الحقائق الجزئية ويحرص على تنظيم الأجزاء في نطاق كل موحد ولذا تعتبر دائما أعلى مستويات المعرفة وتشترك النظرية العلمية مع القوانين العملية في كونها نسبية وتقريبية إلا أنها في الوقت نفسه أقل تأكيدا من القوانين ولذا ينظر إليها على أنها فرض من الدرجة الثانية ويزداد يقين العلماء بالنظريات كلما أيدتها التجارب من ناحية، وكلما فسرت أكبر عدد من الظواهر والقوانين من ناحية أخرى.

ولا بد للنظريات أن تتطور دائما مع تطور الزمن وهي تعبر عن المرحلة الراهنة لمعرفتنا، ولذا يجب تعديلها تبعا لتقدم العلم.

نظرية مالثوس أو مالتس:

نظرية خاصة بالعلاقة بين السكان وموارد المعيشة وتقول بإن زيادة السكان هي السبب الرئيسي في انتشار الفقر وأن المواد الغذائية تزيد وفقا لمتوالية حسابية على غرار أن السكان يتزايدون وفقا لمتواليه هندسية وترى أن العلاج الوحيد لذلك هو تحديد النسل عن طريق تأخير الزواج والعزوبية مع العفة وذلك بجانب الحروب والمجاعات والأمراض المعدية وغيرها من العوامل التي تحد من الزيادة الطبيعية للسكان وقد استوحت من المالتسية نظرية

المالتسية الحديثة وتدعو أيضا تحديد نسبة المواليد بالاستعانة بآية وسائل صناعية كشرط أساسي لتحسين مستوى المعيشة والقضاء على البؤس والفقر في العالم.

النفقات العامة:

هو مبلغ نقدي تنفقه الدولة بقصد تحقيق منفعة عامة.

نفي:

كان التعبير يدل عند قدماء اليونان على نفي المواطن الذي يعتبر عدوا للوطن، ولكنه أصبح يدل على تجنب العلاقات الاجتماعية العادية مع الأشخاص الذين يمثلون لأنماط من السلوك غير المرغوب فيه وتعتبر ذلك بمثابة فرض نوع من العزلة على الفرد أنظر (العزلة).

النقابة:

وهي عبارة عن تنظيم للعمال والمهنيين في مجال ما غرضه المحافظة على شروط استخدامهم وتحسينها والدفاع عن مصالحهم أمام أصحاب العمل والسلطات المختلفة.

نهضة:

هي حركة تغير واسعة شملت جوانب الحياة المختلفة السياسية منها والاجتماعية والاقتصادية والفكرية والفنية، وظهرت في أواخر العصور الوسطى في أوروبا.

النهضة العربية الحديثة:

تعد الثورة العربية الكبرى عام (١٩١٦م) تتويجا لحركة النهضة العربية التي بدأت في النصف الثاني من القرن الثامن عشر واتسعت ينابيعها وتنوعت خلال القرن التاسع عشر، فقد بدأ العرب يحسون بأهميتهم وبدورهم التاريخي

وبضرورة وحدتهم ويقارنون عظمة ماضيهم بما هم عليه من ضعف في ظل الدولة العثمانية، وعدم أخذها بأسباب التقدم الحديثة.

النوادي الأدبية:

أنشئت في الدولة العربية الإسلامية التي كانت تتم فيها المناقشات الأدبية والثقافية والاجتماعية لما ألف الأدباء كتبا بهذا الصدد ومنها كتاب (الامتاع والمؤانسة) لأبي حيان التوحيدي.

النوع:

كلمة تطلق على أفراد عديدين يشتركون في صفات أساسية، مثال الإنسان هو نوع أما أفراد هذا النوع فهم عديدون مثل، ثائر، محمد، أحمد , سماح، سندس، رنا...... وغيرهم.

النصيرية:

حركة باطنية ظهرت في القرن الثالث للهجرة، أصحابها يعدون من غلات الشيعة الذي زعموا وجود جزء الهي في علي وألهوه به ، مقصدهم هدم الإسلام ونقض عراه، وهم مع كل غاز لأرض المسلمين، ولقد أطلق عليهم الاستعمار الفرنسيـ لسوريا اسم (العلويين) تمويها وتغطية لحقيقتهم الرافضة.

مؤسس هذه الفرقة أبو شعيب محمد بن نصير البصري النميري   (ت٢٧٠هـ) عاصر ثلاثة من أئمة الشيعة وهم علي الهادي (العاشر) والحسن العسكري (الحادي عشرـ) ومحمد المهدي (الموهوم) (الثاني عشر) وينتشرون في سوريا وتركيا والبانيا وإيران وتركستان ولبنان وفلسطين.

نقولا ميكافيلي: ١٤٦٩-١٥٢٧م.

ركز ميكافيلي تعاليمه على مبدأ (الغاية تبرر الوسيلة) وفيه ينصح الحكام والإمراء بأن يلجأوا إلى آية وسيلة للحفاظ على سلطتهم ولو كانت هذه الوسيلة مؤذية وغير محمودة.

ومن أبرز الإنجازات الفكرية والسياسية كتاب الأمير الذي ألفه.

النورسية في تركيا:

جماعة دينية إسلامية هي أقرب في تكوينها إلى الطرق الصوفية منها إلى الحركات المنظمة ركز مؤسسها على الدعوة إلى حقائق الإيمان والعمل على تهذيب النفوس محدثا تيارا إسلاميا في محاولة منه للوقوف أمام المد العلماني الماسوني الكمالي الذي اجتاح تركيا عقب سقوط الخلافة العثمانية واستيلاء كمال أتاتورك على دفة الحكم فيها.

المؤسس هو الشيخ سعيد النورسي (١٨٧٣- ١٩٦٠) ولد من أبوين كرديين في قرية (نورس) القريبة من بحيرة (وان) في مقاطعة هزان بإقليم تبلس شرقي الأناضول، تلقى تعليمه الأولي في بلدته، ولما شب ظهرت عليه علامات الذكاء والنجابة حتى لقب بـ(بديع الزمان) و(سعيدي مشهور).

تنتشر في تركيا والباكستان والهند وفي أمريكا.

النظام الرأسمالي:

الرأسمالية نظام اقتصادي تميز بالملكية الخاصة لعوامل الإنتاج وبالحافز الشخصي ـ الذي يقوده باعثا الربح مع تدني دور الدولة، وقد ساد هذا النظام في الولايات المتحدة الأمريكية ودول أوروبا الغربية، وللرأسمالية أنواع منها الرأسمالية التجارية، والرأسمالية الصناعية، والرأسمالية المالية ورأسمالية الدولة.

النظام الاشتراكي:

الاشتراكية نظام اقتصادي تميز بملكية الدولة لعوامل الإنتاج والغاء الملكية الفردية، ولقد ساد هذا النظام في الاتحاد السوفيتي (سابقا) والصين الشعبية وكوريا الشمالية.

النظام الستيني:

إذا قلت إنني جلبت دينارا ونصف فهذا يعني أنني جلبت دينارا وخمسين قرشا، وإذا قلنا أن المسافة تبلغ كيلومترا ونصف فهذا يعني أنها تبلغ كيلومتر وخمسمائة متر، هذا الحساب مبني على النظام العشري، حيث أن وحدات الحساب هي عشرية ومئوية، فهل يطبق هذا في حساب الوقت، ماذا نعني إذا قلنا أن الساعة الثانية والنصف بالطبع نعني أن الساعة هي الثانية وثلاثون دقيقة، فنظام وحساب الوقت يرتكز على النظام الستيني، أي أن كل وحدة مقسومة إلى ستين جزء ، فالساعة مقسومة إلى ستين دقيقة والدقيقة مقسومة إلى ستين ثانية.

وقد ابتكر هذا النظام الستيني شعوب الرافدين في الحقبة التاريخية القديمة ولا زلنا نستعمل هذا النظام في حساب الوقت.

نقابة الإشراف الهاشميين:

يقصد بالإشراف الهاشميين أولئك الذين ينحدرون من سلالة الحسن بن علي أبي طالب رضي الله عنهما، ظهرت في العصر العباسي وتحديدا في سنة (٣٠١هـ) كون الإشراف نقابة حملتا أسمهم وكان يتم اختيار شخص من بينهم في الغالب رئيسا لها، ومن مهماته تسجيل من يولد ومن يموت منهم، ويبحث في دعاوى الانتساب إلى علي بن أبي طالب كرم الله وجهه ومراقبة سلوك الأشراف ويأخذهم من الأدب بما يضاهي شرف أنسابهم والموافقة عن حقوقهم والسهر على حسن إدارة أوقاتهم.

نظام الإقطاع الحربي:

نظام ظهر في بعض أنحاء العالم الإسلامي، هدفه تأمين مصدر رزق يعتمد عليه الجيش في وقت عجز الخزينة عن توفير رواتب نقدية لهم، ويختلف هذا الإقطاع عما ساد في أوروبا في العصور الوسطى في أن ملكية الأرض تبقى

للدولة، ويحق لها نزعها متى شاءت، ويتمتع الفلاح الذي يعيش عليها بحريته، ورث العثمانيون من هذا النظام من السلاجقة، وتقسم الإقطاعات تبعا لقيمة الإيراد الذي تدره الأرض .

وهو الإقطاع الذي يدر واردا يتراوح بين (٢٠٠٠-٩٩.٩٩٩) أقجة[1] وهناك نوع ذو دخل كبير يسمى (الخاص) يخصص للسلاطين والأمراء العثمانيين والباشوات.

النازية:

ظهرت الحركة النازية في ألمانيا، وقد تبنى هتلر الفكر النازي وأسس الحزب القومي الاشتراكي الذي عرف بالحزب النازي ، وقد دعا هذا الحزب إلى سيطرة الجنس الجرماني وعودة ألمانيا إلى أمجادها السابقة، فعمل على نشر آرائه ومبادئهم بين الألمان.

* * * * *

(١) وحدة نقد عثمانية مصنوعة من الفضة.

حرف الهـــاء

الهدامون:

هم اليهود الذين يحملون من الخصائص والصفات ما يكون ضد الآرية (أي الشعوب غير اليهودية).

هدنة:

اتفاق بمقتضاه تتوقف الأعمال الحربية بين أطراف نزاع مسلح، وذلك لفترة محددة تبدأ وتنتهي في تاريخ متفق عليه، أو يكون توقف الأعمال الحربية غير مسمى واتفاق الهدنة يختلف عن حالة وقف القتال بناء على اتفاق بين العسكريين في الميدان، لأن اتفاق الهدنة باعتباره وثيقة دولية تستلزم أن يتم بناء على رغبة الحكومات المشتركة في النزاع.

هرقل:

بطل جبار من أبطال الميثولوجيا الإغريقية وهو أسطورة ترمز إلى القوة.

الهسكالا:

هي حركة تعني دمج اليهود اجتماعيا وسياسيا في المجتمعات التي يعيشون فيها وصاحب هذه الحركة هو (مندل) والاندماج على أساس أن اليهودية عقيدة دينية، والسبب في الدمج إنقاذ اليهود لأنفسهم من الاضطهاد كما يعتقدون.

الهدف:

هو عبارة عن المنتوج النهائي للعملية التعليمية، أو هو سلوك إيجابي يتوقع أن يكتسبه التلميذ بتنمية تفاعله مع موقف تعليمي وتأثره بعناصره أو عبارة عن مجموعة من الكلمات والرموز تصف واحدا من المقاصد التربوية.

الهندوسية:

ديانة وثنية يعتنقها معظم أهل الهند، وقد تشكلت عبر مسيرة طويلة من القرن الخامس قبل الميلاد إلى وقتنا الحاضر، إنها ديانة تضم القيم الروحية والخلقية إلى جانب المبادئ القانونية والتنظيمية متخذة عدة آلهة بحسب الأعمال المتعلقة بها فلكل منطقة إله، ولكل عمل أو ظاهرة إله.

لا يوجد للديانة الهندوسية مؤسس معين، ولا يعرف لمعظم كتبها مؤلفون معينون، فقد تم تشكل الديانة وكذلك الكتب عبر مراحل طويلة من الزمن.

وتنتشر في القارة الهندية (الهند والباكستان).

الهند الشرقية:

تعبير تاريخي يقصد به أحيانا جزر إندونيسيا، وأحيانا جزر أرخبيل الملايو وإندونيسيا وجنوب شرق أسيا والهند.

وقد أسست كل من الدول الاستعمارية الغربية شركة بهذا الاسم لتحتكر تجارة بلادهم مع هذه المنطقة.

الهيروغليفية (الكتابة المقدسة):

استخدم المصريون في كتبهم الأدبية الكتابة التصويرية التي عرفت بالهيروغليفية (الكتابة المقدسة) وبرع بها الكهنة، وكانوا يعلمونها في المدارس التابعة للمعابد، وكان المصريون يدونون كتاباتهم على أوراق النبات (البردي) وعلى جدران المعابد والمقابر والمسلات وعلى الأختام الإسطوانية.

وتعتمد الكتابة المصرية القديمة على الصورة، لتدل على الشيء نفسه أو الكلمة، ثم تطورت وأصبحت الصورة ترمز إلى مقطع لفظي، وبذلك أصبحت العلامات تدل على المقاطع أو الحروف.

* * * * *

حرف الــواو

الواجب:

١. يقصد به من ناحية تنظيم العمل ويطلق على كل موقف يبذل فيه مجهود بشري لغرض معين، وهذا المجهود إما أن يكون بدنيا أو عقليا ويقال قوة العمل للدلالة على مجموعة من الأفراد المدربين لأجل عمل معين.

٢. هو محور العملية الأخلاقية، وحكم وجوب ينطوي على نفي حكمي بحكم آخر.

الوالي:

وهو الذي ينوب عن السلطان في الأمور الإدارية والعسكرية وحفظ الأمن وجباية الضرائب في الولاية وإرسال الأموال المفروضة على الولاية إلى خزينة الدولة، ويختار الولاية من الأمراء الإقطاعيين وبمرور الزمن حول هؤلاء ولاياتهم إلى حكم وراثي في الولايات العربية، مثل العظم في سوريا والأسرة القرنفلية في ليبيا، والأسرة الحسينية في تونس ويوضع تحت الوالي من القوات الإقطاعية والانتشار في المدن الهامة، بالإضافة لما يجنده بنفسه من العناصر المحلية والجنود المرتزقة.

وحدة الشعور:

اشتراك أفراد المجتمع في إدراكات معينة تربط بعضهم ببعض وتطلق في المسيحية على الاتحاد في العقيدة.

الوحدة العربية:

هو مصطلح يقصد به اتحاد جميع الدول العربية لتوفر شروط مقومات الوحدة من حيث اللغة والعادات والمصير المشترك، والدين وغيرها وتمتلك

مقومات الدولة العظمى، وهي السبيل للقوة وطريق النجاة وهي السبيل الوحيد للقضاء على أعداء الأمة وتحقيق أماني وآمال العرب جميعا.

الوراثة:

هي العملية البيولوجية النظامية التي تنتقل بها الخصائص من الأصول إلى الفروع، ويتم ذلك عن طريق المورثات أو حوامل الصفات الوراثية طبقا لقوانين ثابتة وقد تكون الوراثة فسيولوجية أو سيكولوجية، كما قد تكون صالحة أو مرضية كالعجز الوراثي، والمرض الوراثي، وتلتزم بعض القوانين بتعقيم الأفراد والمصابين بأمراض تنقل بالوراثة.

الوراقون:

هم باعة الكتب في الزمن السابق.

الوزارة:

جاء معنى الوزارة من المؤازرة والمعاونة وهي المنصب الثاني بعد منصب الخلافة لأن الوزير يشارك الخليفة في إدارة شؤون البلاد وظهر في بداية الدولة العباسية وكان " أبو سلمة الخلال " أول من تقلد هذا المنصب في عهد أبي عبد الله السفاح الخليفة العباسي الأول

الوسائل التعليمية:

يطلق على ما يشاهده أو يسمعه أو يقرأه الطالب أثناء الدرس الصفي ويستخدمه المعلم لترسيخ المادة في أذهان الطلاب مثل الخرائط والكرات الأرضية والصورة اللوحات والعينات ..... الخ.

الوسيطة:

١ – يقصد بها إتباع أسلوب الموازنة بين الأفكار والنظريات والحلول من جهة وبين البدائل المطروحة والأمور المتباعدة من جهة أخرى وموازنة ترتكز

على العلم والمعرفة والتعمق لصالح المجتمع واختيار الأفضل في الإدارة والتنفيذ.

٢ – هو موقف علمي عقلي يتمثل في عدم تبني منظور واحد جامد إزاء المواقف والأحوال المتباينة.

الوطن:

هو البلد الذي تسكنه أمه ويشعر المرء بارتباطه به وانتمائه إليه، حتى إن كان هذا البلد خاضعا لدولة أخرى أو كانت هذه الأمة لم تنظم دولة بعد.

الوعي أو الشعور:

وهو إدراك المرء لذاته ولما يحيط به إدراكا مباشرا وهو أساس كل معرفة مباشرة ويمكن إرجاع مظاهر الشعور إلى ثلاث حالات:

١ ـ الإدراك والمعرفة ٢ ـ الوجدان ٣ ـ النزوع والإدارة.وهذه المظاهر الثلاث متصلة كل الاتصال للشعور وهي ١ ـ الشعور الظاهر ٢ ـ واللاشعور يتضمن الميول والرغبات المكبوتة ٣ـ ما قبل الشعور وهو ما يكمن وراء الشعور مباشرة ويمكن للفرد استحضاره متى أراد، ويعتبر مرحلة متوسطة بين الشعور واللاشعور.

الوعي الطبقي:

هو الانتماء إلى طبقة اجتماعية معينة والتوحد معها مع ما يصاحب هذا التوحد من شعور بالتضامن مع الآخرين في نفس الطبقة والاعتقاد بأن المصالح الشخصية للفرد تعتمد على ظروف الطبقة الاجتماعية كلها، ويقال وعي طبق زائف أي يوجد الفرد ضمن طبقة اجتماعية لا ينتمي إليها حقيقة وذلك حين تستند إلى سياسات طبقية ومصالح لا تتفق مع مصالحة الموضوعية الخاصة.

وعي قومي:

وهو ما يصل إليه الفرد من أقطار تدعوه إلى الاهتمام بقضايا وطنية وأسرته ودولته.

الوقف:

وهي الأراضي والمباني التي يتبرع بها بعض المسلمين، وينفق إنتاجها على وجه الخير طلبا لنيل الثواب الدائم، وهي لا تباع، وتبقى موقوفة على أعمال الخير المخصصة لها، ومنها أيضا المرافق الإسلامية التي يتم فيها الدفن حاليا، أو التي امتلأت، أو المدافن القديمة جدا التي اندرست، والمقدسات الإسلامية المتمثلة بالمساجد وبخاصة المسجد الأقصى ـ (المحتل) والشؤون الإسلامية كشؤون الزكاة، والحج، والوعظ والإرشاد، والمدارس والمعاهد الدينية التي تنفق عليها وزارة الأوقاف.

الوقفي:

تخصيص أرض أو عقار لمنطقة عامة أو مصلحة مشتركة لعامة المسلمين وهو نوعان: وقف خيري، ووقف ذري.

الوقف الخيري:

هو العقار الذي يخصص لجهة من جهات الخير الدائمة من مساجد ومدارس.

الوقف الذري:

هو العقار الذي يخصص للإنفاق على ذرية الواقف ثم من بعدهم إلى أي جهة غير دائمة.

الولاية:

وضعه الرسول [صلى الله عليه وسلم] بتسمية بعض الولاة على المناطق التي كانت تحت ولايته، ومهمة الوالي إمامة الناس في الصلاة والفصل في الخلافات وقيادة الجند في الحرب، وتقسم إلى قسمين، الولاية الخاصة والولاية العامة.

ولاية العهد:

هو حكم وراثي أوجده الخلفاء الأمويين وسار العباسيون على نهجهم في جعل الخلافة وراثية.

ولاية المظالم:

عبارة عن هيئة قضائية يشرف عليها شخص يدعى قاضي المظالم أو صاحب المظالم ومن مهام صاحب المظالم:

١- النظر في الشكوى التي يرفعها أفراد الرعية ضد ولاتهم وحكامهم، وموظفي الدولة.

٢- تنفيذ الأحكام التي صدرت عن القضاة.

٣- النظر في تظلم الجند إذا نقصت أرزاقهم أو تأخر دفعها تعد قضايا المظالم، والنظر فيها من المهام الأساسية للخليفة والسلطان أو من ينوب عنه.

وعد بلفور عام ١٩١٧م:

أصدرت بريطانيا هذا الوعد بسبب تأثير اليهود الكبير في السياسة البريطانية، وبسبب رغبتها في الحصول على تأييد اليهود في الولايات المتحدة الأمريكية لإقناع الرئيس الأمريكي ويلسون بدخول الحرب إلى جانب بريطانيا، كما رغبت بريطانيا في دعم اليهود في أوروبا لسياستها في فرض

الحصار الإقتصادي على ألمانيا ومقاطعة بضائعها، إضافة إلى رغبتها في فرض نفوذها على فلسطين من خلال تأييدها لليهود.

يقول أحد العرب معلقا على وعد بلفور ((لقد أعطى من لا يملك وعدا لمن لا يستحق)).

نص وعد بلفور:

" إن حكومة جلالة الملك تنظر بعين العطف إن تأسيس وطن قومي للشعب اليهودي في فلسطين وستبذل جهودها لتسهيل تحقيق هذه الغاية، على أن يفهم جليا أنه لن يؤتى بعمل من شأنه أن يضر بالحقوق المدنية والدينية التي تتمتع بها الطوائف غير اليهودية المقيمة الآن في فلسطين، ولا بالحقوق أو الوضع السياسي الذي يتمتع به اليهود في البلاد الأخرى"

هل يحق لمن لا يملك أرضا أن يمنحها لمن يشاء؟

وزن طبيعي:

هي الموازنة من الطاقة التي يحصل عليها الإنسان من الغذاء والطاقة التي يستهلكها الإنسان في النشاط الحركي.

وكالة الطاقة الدولية:

تأسست بدعوة من الولايات المتحدة عام ١٩٧٤م وتتألف من خمس عشرة دولة أوروبية، بالإضافة إلى كندا ونيوزلندا والولايات المتحدة ، وأهم سبب لقيامها هو انتقال الصناعة النفطية في السبعينات، خاصة في المنطقة العربية، من أيدي الشركات إلى أيدي الحكومات .

* * * * *

حرف اليـــاء

اليهودية :

هي ديانة العبرانيين المنحدرين من إبراهيم عليـه السـلام والمعـروفين بالأسـباط مـن بنـي إسرائيل الذين أرسل اللـه إليهم موسى عليه السلام مؤيدا بالتوارة ليكون لهم نبيا.

اليزيدية:

فرق منحرفة نشأت سنة ١٣٢هـ إثر انهيار الدولة الأموية، كانت في بدايتها حركة سياسـية لإعادة مجد بني أمية ولكن الظروف البيئية وعوامل الجهل انحرفـت بهـا فأوصـلتها إلى تقـديس يزيد بن معاوية وإبليس الذي يطلقون عليه إسم (طاووس ملك) وعزارئيل.

وتنتشر في سوريا وتركيا وإيران وروسيا والعراق ولهم جاليات قليلة العدد نسـبيا في لبنـان وألمانيا وبلجيكا.

يهود الدونمة:

هم جماعة من اليهود وأظهروا الإسلام وأبطنوا اليهودية للكيد بالمسلمين ، سـكنوا منطقـة الغرب من آسيا الصغرى وأسهموا في تقويض الدولة العثمانية وإلغاء الخلافة عن طريـق انقـلاب جماعة الإتحاد والترقـي، ولا يزالـون إلى الأن يكيـدون للإسـلام، لهـم براعـة في مجـالات الإقتصـاد والثقافة والإعلام لأنها هي وسائل السيطرة على المجتمعات.

أسسها سباتاي زيفي (١٦٢٦-١٦٧٥م) وهو يهـودي أسـباني الأصـل، تـركي المولـد والنشـأة، وكان ذلك سنة ١٦٤٨م حين أعلن أنه مع بني إسرائيل ومخلصهم الموعود.

وتنتشر في تركيا.

اليقظة العربية:

مصطلح يطلق على المحاولات التي بدأت في البلاد العربية في أثناء القرن التاسع عشر وأوائل القرن العشرين للنهوض بالعرب من حالة التخلف التي يعيشونها وكانت بداياتها على شكل يقظة أدبية هدفها بعث الأدب والفكر العربي، وتحولت إلى الميدان السياسي وسعى العرب من خلالها إلى التخلص من الحكم التركي.

اليونسكو:

تأسست عام ١٩٤٦م ومقرها في باريس وتهتم بتوثيق التعاون بين مختلف شعوب العالم، في مجالات الثقافة والعلوم بغض النظر عن الجنس واللغة والدين.

اليعاقبة:

أعضاء في ناد عرف بنادي اليعاقبة الذي أصبح حزبا سياسيا ومن أكثر الأحزاب راديكالية في فرنسا، وقد عارض اليعاقبة الحروب الخارجية مع الدول الأوروبية خوفا من ظهور الدكتاتورية العسكرية، ولكن عندما بدأت الحرب مع روسيا والنمسا عام ١٧٩٢م أعلن اليعاقبة تأييدهم للحرب، وتولى اليعاقبة السلطة عام ١٧٩٣م، فبدأت في عهدهم فترة الإرهاب.

* * * * *

المراجع

١) اليهود: نشأتهم وعقيدتهم ومجتمعهم - زكي شنودة - ط١ - مكتبة نهضة مصر - ١٩٧٤م.

٢) الإباضية بين الفرق الإسلامية، علي يحيى معمر - مكتبة وهبة ط١ - ١٣٩٦هـ/١٩٧٦م القاهرة.

٣) الأخوان المسلمين - د. ريتشارد ميتشل - ترجمة عبد السلام رضوان - مكتبة مدبولي - ط١ القاهرة ١٩٧٧م.

٤) الاستشراف - إدوارد سعيد - ترجمة كمال أبو ديب - مؤسسته الأبحاث العربية - بيروت ١٩٨١م.

٥) طائفة الإسماعيلية، تاريخها، نظمها، عقائدها - د. محمد كامل حسين - مكتبة النهضة المصرية ١٩٥٩م.

٦) منظمة لاوبوس دي- النشأة ، التنظيم، التطور تقرير في ملفات الندوة العالمية للشباب الإسلامي.

٧) البابيون والبهائيون ماضيهم وحاضرهم، عبد الرزاق الحسين.

٨) البريلوية: عقائد وتاريخ- احسان الهي ظهير - ط١ - ١٩٨٣م إدارة ترجمان السنة - لاهور - باكستان.

٩) الفرق الباطية المعاصرة في الولايات المتحدة - بلال فيليبس - رسالة ماجستير بكلية التربية بجامعة الملك سعود - الرياض - ١٩٨٤م.

١٠) الماسونية ما هي حقيقتها ، أسرارها، أهدافها.

١١) رابطة العالم الإسلامي - الأمانة العامة للمجلس الأعلى للمساجد - الدورة الثالثة - ١٩٧٨م.

١٢) الملل والنحل ج٢ - محمد بن عبد الكريم الشهرستاني.

١٣) جماعة التبليغ عقيدتها وأفكار مشايخها، ميان محمد أسلم الباكستاني، وهو بحث مقدم لكلية الشريعة بالجامعة الإسلامية بالمدينة المنورة ١٣٩٧/١٣٩٦هـ

١٤) التجانية: علي بن محمد الدخيل الله - نشر وتوزيع دار طيبة- الرياض- دار مصر للطباعة - ١٩٨١م.

١٥) تاريخ الدعوة إلى العامية وآثارها في مصر - د. نفوسة زكريا - دار الثقافة بالإسكندرية - ١٩٦٤م.

١٦) معاول الهدم والتدمير في النصرانية والتبشير - إبراهيم سليمان الجبهان - ط٤ عالم الكتب - الرياض ١٩٨١م.

١٧) مها وير - مؤسس الجينية - ثقافة الهند ديسمبر ١٩٥١م.

١٨) الحشاثون - تأليف برنارد لويس وتعريب محمد العزب موسى - دار المشرق العربي الكبير- بيروت ط١ - ١٩٨٠م.

١٩) نظرية داروين بين مؤيديها ومعارضيها، قيس القرطاس-بيروت١٣٩١هـ

٢٠) أصل الموحدين الدروز وأصولهم - آمين طلع.

٢١) الماسونية في العراء- د. الشيخ محمد علي الزعبي.

٢٢) الوهابية (حركة الفكر والدولة الإسلامية) عبد الرحمن سليمان الرويشد - ط١ دار العلوم للطباعة - القاهرة - ١٩٧٧م.

٢٣) مجلة الدعوة المصرية - العدد ٩٥ ذو الحجة ١٩٨٤م.

٢٤) شهود يهود - د. محمد حرب.

٢٥) نشأة الفلسفة الصوفية وتطورها د. عرفان عبد الحميد فتاح - المكتب الإسلامي - بيروت - ١٩٧٤م.

٢٦) العلمانية - سفرين عبد الرحمن الحولي.

٢٧) التراث اليهودي الصهيوني في الفكر الفرويدي تأليف د. صبري جرجس- عالم الكتاب - طبعة ١٩٧٠م.

٢٨) تاريخ القاديانية - ثناء الله تسري.

٢٩)   كشف أسرار الباطية وأخبار القرامطة- محمد بن مالك الحمادي اليماني.

٣٠)   كونفوشيوس – النبي الصيني- د. حسن شحاته سعفان – مكتبة النهضة مصر.

٣١)   حقيقة نوادي الروتاري- جمعية الاصطلاح الاجتماعي – ط٢ ١٩٧٤م.

٣٢)   النصرانية والإسلام – المستشار محمد عزت إسماعيل الطهطاوي – مطبعة التقدم – مصر ١٩٧٧م.

٣٣)   مجلة المجتمع الكويتية العدد ٢٨٦ في ١٠ صفر ١٣٩٦هـ

٣٤)   المهدي والمهدوية – د. أحمد أمين بك- إصدار دار المعارف بمصر.

٣٥)   أضواء على المسيحية – متولي يوسف شلبي – الدار الكويتية ١٩٦٨م.

٣٦)   الجذور التاريخية للنصيرية – الحسيني عبد الله – دار الإعتصام – القاهرة ١٩٨٠م.

٣٧)   بديع الزمان (نظرة عامة عن حياته وآثاره) مصطفى زكي عاشور.

٣٨)   تاريخ الإسلام في الهند – عبد المنعم النمر.

٣٩)   الوجودية وواجهات الصهيونية- د.محسن عبد الحميد.

٤٠)   اليزيدية أحوالهم ومعتقداتهم – تأليف الدكتور سامي سعيد الاحمد.

* * * * *

Printed in the United States
By Bookmasters

T0300925

Printed in the United States
By Bookmasters